STARK

ABITUR-TRAINING FRANZÖSISCH

Heller-Doyère • Wußler

Themenwortschatz

STARK

Bildnachweis
S. 20: © Vivian Chen/www.sxc.hu
S. 25: © Annie Andre/www.sxc.hu
S. 33: © Norbert Machinek/www.sxc.hu
S. 35: © Alexander Koutse/www.photocase.de
S. 39: © Joseph Zlomek/www.sxc.hu
S. 46: © Jeff Osborn/www.sxc.hu
S. 47: Landschaft: © Sorin Brinzei/www.sxc.hu; Fernbedienung: © Annette Gulick/www.sxc.hu
S. 52: Felsenküste: © Claude Coquilleau/www.sxc.hu; Mont Saint Michel: © Angelo Fils-Aimé/www.sxc.hu; Schloss: © Yvan Lagarrigue/www.sxc.hu; Strand: © Reto Morgenthaler/www.sxc.hu; Sonnenschirme: © Joel Devalez/www.sxc.hu
S. 60: Bäume: © Daniel V./www.sxc.hu; Wasserfall: © Donald Lee/www.sxc.hu
S. 61: © Andreas Payer/www.photocase.de
S. 69: © Myles Davidson/www.sxc.hu
S. 71: © www.aviewoncities.com
S. 80: © www.aviewoncities.com
S. 81: © www.aviewoncities.com
S. 84: Küstenpromenade : © Matthieu Blanquart; Straßenbahn: © Claude Coquilleau/www.sxc.hu; Bretagne: © Beddie/www.photocase.de
S. 90: © Daniel V./www.sxc.hu
S. 91: © Monica P./www.sxc.hu
S. 95: © Alberto Grilo/www.sxc.hu
S. 99: © Joao Estevao A. de Freitas/www.sxc.hu
S. 105: © Kenn Kiser/www.sxc.hu
S. 108: © Galina Barskaya/www.dreamstime.com
S. 112: © CGT Energies 66
S. 121: © Matt Williams/www.sxc.hu

ISBN: 3-89449-325-9

v 05-04
D-85318 Freising · Postfach 1852 · Tel. (08161) 1790

Inhalt

Fortsetzung siehe nächste Seite

Autoren: Christiane Heller-Doyère, Werner Wußler

Vorwort

Liebe Schülerinnen und Schüler,

mit dem vorliegenden Buch können Sie gezielt Ihren französischen Wortschatz vertiefen und erweitern. Der Band besteht aus zwei Teilen:

Der Teil Themenwortschatz und Training

- enthält „Regeln zur Wortbildung", die Ihnen helfen, die Bedeutung unbekannter Wörter zu erschließen,
- ist übersichtlich nach neun Themenbereichen gegliedert, die jeweils verschiedene Aspekte der französischen Gesellschaft und Politik, der Wirtschaft, Arbeitswelt und Umwelt beleuchten,
- bietet Ihnen eine umfangreiche Auswahl an oberstufenrelevanten Vokabeln und Redewendungen,
- eignet sich durch abwechslungsreiche Übungsaufgaben unterschiedlicher Schwierigkeit mit vollständigen Lösungen zum systematischen Trainieren des Themenwortschatzes. Durch das Aufgabenmaterial erhalten Sie darüber hinaus eine Menge interessanter Informationen zu Frankreich und zur französischen Gesellschaft.

Der Teil Systematischer Wortschatz enthält eine alphabetische Wortschatzliste und bietet eine Übersicht über den oberstufenrelevanten Wortschatz.

- Die französischen Wörter sind alphabetisch geordnet und in Wortfamilien zusammengefasst, sodass sich der Band sowohl zum systematischen Lernen als auch zum Nachschlagen von Vokabeln eignet.
- Ein Beispielsatz zu jedem französischen Wort zeigt Ihnen, wie dieses verwendet wird und sich in einen Satz einfügt. Die Beispielsätze enthalten darüber hinaus nützliche Informationen zur französischen Landeskunde.
- Synonyme und Antonyme, die den Wortfamilien zugeordnet sind, bieten Ihnen alternative Ausdrucksmöglichkeiten an, durch die Sie Wortwiederholungen vermeiden können.

Und nun wünschen wir Ihnen viel Spaß und Erfolg beim Trainieren Ihres französischen Wortschatzes!

Christiane Heller-Doyère

Werner Wußler

Regeln zur Wortbildung

1 Regelmäßigkeiten

Die folgenden Regeln zur Wortbildung dienen in erster Linie dazu, die Bedeutung eines Wortes, das aus einer Vorsilbe bzw. Endsilbe + Wortstamm oder aus zwei zusammengesetzten Wörtern besteht, zu erschließen.

Mithilfe dieser Regeln eigene Ableitungen zu bilden ist jedoch nur bedingt möglich, da zu viele Ausnahmen den Schüler oft in die Irre leiten. So hat z. B. *indifférent* nicht die gegenteilige Bedeutung von *différent* obwohl die Vorsilbe *in-* dies nach der Regel anzeigt.

1.1 Vorsilben (Präfixe) und deren Bedeutung

Die französischen Vorsilben *(préfixes)* sind in der Regel lateinischen, seltener auch griechischen Ursprungs und lassen sich deshalb in ihrer Bedeutung leicht erschließen.

In der folgenden Übersicht sind die Vorsilben in sechs Gruppen zusammengefasst.

Vorsilben mit der Bedeutung einer Tätigkeit oder Veränderung

en-, em-	**ver-, be-**
enrichir	bereichern
embellir	verschönern
empoisonner	vergiften
re-, ré-, r-, rétro-	**rück-, zurück-, neu-, wieder-**
refaire	wieder machen
relire	noch einmal lesen
réchauffer	wieder aufwärmen
rétroviseur	Rückspiegel
ranimer	wiederbeleben

Vorsilben mit Bezug auf einen Ort oder eine Zeit

après-, post-	**nach-**
après-midi (m./f.)	Nachmittag
postérité (f.)	Nachkommenschaft
avant-, pré-	**vor-, vorher-**
avant-hier	vorgestern
prévisible	vorhersehbar
entre-, inter-	**zwischen-, unter-**
entre-temps	inzwischen, zwischenzeitig
entreprise (f.)	Unternehmen
interrompre	unterbrechen
ex-	**aus-, ex-, ehemals, ehemalig**
exterminer	ausrotten
s'expatrier	auswandern
exclure	ausschließen
ex-président (m.)	ehemaliger Präsident
trans-	**über-, durch-, um-**
transmettre	überbringen, übertragen
transparent,e	durchsichtig
transition (f.)	Übergang
transformer	umwandeln

Vorsilben, die einen Gegensatz ausdrücken

dé-, dés-	**un-, ent-**
dépeuplé, e	entvölkert
désagréable	unangenehm
in-, il-, im-, ir-*	**un-, in-, nicht**
insensible	unempfindlich
illégal, e	ungesetzlich
immortel, le	unsterblich
irréparable	nicht wieder gutzumachen
a-	**a-, un-**
asocial, e	asozial
atypique	untypisch, ungewöhnlich

* Die Vorsilbe *ir-* steht nur vor Wörtern, die mit *r-* beginnen *(irr-...)*

Vorsilben, die einen Grad angeben

micro-, mini-, sous-	klein-, kleinst-, unter-, minder-
micro-ordinateur (m.)	Mikrocomputer
minimiser	verkleinern, verharmlosen
sous-estimer	unterschätzen
demi-, mi-	halb-, halbe(r)
à mi-chemin	auf halbem Wege
demi-frère (m.)	Halbbruder
demi-heure (f.)	halbe Stunde
uni-	gleich-, uni-
uniformément	gleichförmig
sur-, super-, extra-, ultra-	über-, besonders, außer-, ultra-
surestimer	überschätzen
superfin, e	besonders fein
extraordinaire	außergewöhnlich
ultrason (m.)	Ultraschall

Vorsilben, die Widerstand oder Zustimmung ausdrücken

anti-, contre-, para-	gegen-, anti-
antidote (m.)	Gegengift
contre-attaque (f.)	Gegenangriff
parasol (m.)	Sonnenschirm
pro-	für, pro-
pro-communiste	kommunistisch gesinnt, prokommunistisch

Griechische Vorsilben

hydro-	wasser-, hydro-
hydrothérapie (f.)	Wassertherapie
hyper-	über-, zu sehr, hyper-
hypercritique	überkritisch
sym-, syn-	mit-, syn-, sym-
sympathie (f.)	Sympathie, Mitgefühl
synchroniser	synchronisieren, in Einklang bringen
mono-	ein-, mono-, allein-
monogamie (f.)	Einehe
monopole (m.)	Alleinverkauf, Monopol
poly-	viel-, mehr-, poly-
polygamie (f.)	Mehrehe

1.2 Endsilben (Suffixe) und deren Bedeutung

Es gibt im Französischen keine Regel, die es erlaubt, aufgrund der Endung eines Substantives ein anderes Wort derselben Wortfamilie abzuleiten. Dagegen ist es möglich, anhand der Suffixe Rückschlüsse auf die Bedeutung des Wortes zu ziehen.

Endungen von Substantiven können häufig Aufschluss darüber geben,
- ob es sich um ein **männliches** oder **weibliches Substantiv** handelt;
- ob das Substantiv einen **Zustand, Gegenstand, Beruf,** ein **Mittel**, eine **Tätigkeit**, **Eigenschaft** oder **Geisteshaltung** bzw. **Lehre** ausdrückt;
- ob das Substantiv eine **Qualität** bzw. eine **Qualitätsminderung** bezeichnet.

Endsilben mit der Bedeutung einer Tätigkeit, seltener eines Zustandes

Männliche Endungen:

- **-age**
  un passage — Passage
  un atterrissage — Landung
- **-ment**
  un déménagement — Umzug
  un embellissement — Verschönerung

Weibliche Endungen:

- **-sion**
  une division — Teilung
- **-tion**
  une acclamation — Beifallskundgebung
  une introduction — Einleitung
- **-ure**
  une ouverture — Eröffnung

Ohne besondere Endung: Substantive in der Form der 3. Person Singular des dazugehörigen Verbs oder der weiblichen Form des participe passé.

3. Pers. Sing.

une demande	Anfrage, Bitte
une offre	Angebot
une copie	Kopie, Abschrift

participe passé

une prise	Übernahme
une fumée	Rauch

Endsilben, die einen Beruf angeben

-eur (m.), -euse (f.)

coiffeur, -euse	Friseur(in)

-teur (m.), -trice (f.)

décorateur, -trice	Dekorateur(in)

-ien (m.), -ienne (f.)

politicien, -ienne	Politiker(in)
technicien, -ienne	Techniker(in)

-ier (m.), -ière (f.)

charcutier, -ière	Metzger(in)
cuisinier, -ière	Koch, Köchin

-iste (m., f.)

garagiste	Automechaniker(in)
occuliste	Augenarzt, -ärztin
spécialiste	Fachmann, -frau

Endsilben, die einen Gebrauchsgegenstand, ein Mittel bezeichnen

-ier (m.)

un sablier	Sanduhr
un collier	Halskette

-ière (f.)

une saucière	Soßenschüssel
une barrière	Hindernis, Schranke

-ant (m.)

un désinfectant	Desinfizierungsmittel

Endsilben mit diminutivem (verkleinerndem) Charakter

-ot (m.)

Jeannot	Hänschen
Pierrot	Peterchen

-et (m.), -ette (f.)

un garçonnet	kleiner Junge
un cabinet	kleiner Nebenraum
une maisonnette	Häuschen

Endsilben, die eine Charaktereigenschaft, eine physikalische Eigenschaft oder eine Stimmung ausdrücken

Weibliche Endungen:

- -eté, -ité

honnêteté	Ehrlichkeit
fraternité	Brüderlichkeit

- -ie, -erie*

jalousie	Eifersucht
cochonnerie	Schweinerei

- -tude

solitude	Einsamkeit
inquiétude	Unruhe

- -ance, -ence

indépendance	Unabhängigkeit
prudence	Vorsicht

- -esse

paresse	Faulheit
tristesse	Traurigkeit

* Die Endung *-erie* ist meist negativ besetzt und von einem Substantiv abgeleitet. Alle anderen Substantive leiten sich vom dazugehörigen Adjektiv ab.

Endsilben, die eine Geisteshaltung oder eine Lehre bezeichnen

-isme (m.)	-ismus
communisme	Kommunismus
chauvinisme	Chauvinismus
nationalisme	Nationalismus

Griechische Endsilben

-logie (f.)	-logie (die Lehre von …)
terminologie	Terminologie
-logue (m., f.), -logiste (m., f.)	-loge (Spezialist der Lehre von …)
gynécologue	Gynäkologe, Frauenarzt
physiologiste	Physiologe
-métrie (f.)	-metrie (Maß)
symétrie	Symmetrie
-mètre (m.)	-meter (Gegenstand/Person, die misst)
chronomètre	Chronometer, Zeitmesser, Uhr

-graphie (f.), **-graphe** (m., f.)	**-grafie, -graf**
géographie	Geografie, Erdkunde
géographe	Geograf
-phile (m., f.)	**-freund, -freundlich**
bibliophile	Bücherfreund, bücherfreundlich
-phobe (m., f.)	**-feind, -feindlich**
xénophobe	Ausländerfeind, ausländerfeindlich

1.3 Zusammengesetzte Substantive

Zusammengesetzte Substantive sind Verbindungen zweier selbstständiger Wörter, die meist mit Bindestrich geschrieben werden. Einige werden aber auch zusammengeschrieben, z. B. *un passeport* (ein Reisepass), *un vaurien* (ein Taugenichts), *un gentilhomme* (ein Edelmann).

Bei den zusammengesetzten Substantiven, die mit Bindestrich geschrieben werden sind folgende Verbindungen möglich:

Substantiv-Substantiv

un timbre-poste	Briefmarke
un wagon-lit	Liegewagen
une station-service	Tankstelle

Das Genus richtet sich nach dem Genus des ersten Substantivs.
Pluralbildung: meist mit *-s* an dem Substantiv, das den Gegenstand als ganzen bezeichnet, z. B.: *les timbres-poste.*

Substantiv-Adjektiv / Adjektiv-Substantiv

un coffre-fort	Geldschrank
une basse-cour	Hühnerhof

Das Genus lässt sich an der Form des Adjektivs ablesen.
Pluralbildung: beide Kompositionselemente erhalten ein *-s*, z. B.: *les coffres-forts*.

Verb-Substantiv

un gratte-ciel	Wolkenkratzer
un tire-bouchon	Korkenzieher
un porte-monnaie	Geldbeutel
un ouvre-boîte	Dosenöffner
un cure-dent	Zahnstocher
un chasse-neige	Schneepflug

Das Genus ist immer männlich.
Pluralbildung: Das Verb erhält nie ein -s, das Substantiv immer dann, wenn es im Plural existiert, z. B.: *les tire-bouchons, les ouvre-boîtes, les cure-dents*; aber: *les gratte-ciel, les porte-monnaie, les chasse-neige.*

Verb-Verb / Verb-Adverb

un laisser-passer	Passierschein
un passe-partout	Hauptschlüssel

Das Genus ist immer männlich.
Die Pluralbildung erfolgt ohne -s, z. B.: *les passe-partout, les laisser-passer*

Adjektiv-Adjektiv

un sourd-muet	Taubstummer
le dernier-né	Letztgeborener, Jüngster

Das Genus richtet sich nach dem Genus der bezeichneten Person, z. B.: *une sourde-muette.* Es werden beide Adjektive verändert. Ebenso bei der Pluralbildung, z. B.: *les sourds-muets, les sourdes-muettes.*

2 Unregelmäßigkeiten

Als Unregelmäßigkeiten werden im folgenden diejenigen Wörter bezeichnet, die sich nicht nach den Regeln der Wortbildung von Kapitel 1 erschließen lassen.

Desweiteren enthält dieser Abschnitt eine Reihe von so genannten *faux-amis* (falsche Freunde). Dies sind französische Wörter, die auch im Deutschen verwendet werden, dort aber im Lauf der Zeit einen Bedeutungswandel erfahren haben und deshalb dazu verführen, falsch übersetzt zu werden.

Substantive, die nur im Plural existieren

les alentours (m.)	die Umgebung
les archives (f.)	das Archiv
les dépens (m.)	die Ausgaben
les épinards (m.)	der Spinat
les environs (m.)	die Umgebung
les fiançailles (f.)	die Verlobung
les frais (m.)	die Kosten
les mathématiques (f.)	die Mathematik
les mœurs (f.)	die Sitten
les ténèbres (f.)	die Finsternis
les vivres (m.)	die Lebensmittel
les gens (m.)	die Leute

Substantive mit maskulinem und femininem Genus

Einige französische Substantive, die von gleicher Herkunft sind und gleich geschrieben werden, existieren in der männlichen und in der weiblichen Form, haben jedoch mit wechselndem Genus unterschiedliche Bedeutung:

un aide	ein Gehilfe
une aide	eine Hilfe
un garde	ein Wächter
une garde	eine Wache
un manche	ein Stiel
une manche	ein Ärmel
un merci	ein Dankeschön
la merci	die Gnade
un mode	eine Art, Weise
une mode	eine Mode
un vapeur	ein Dampfer
une vapeur	ein Dampf
un voile	ein Schleier
une voile	ein Segel

Besonderheiten: *amour* ist im Singular männlich (= Liebe), im Plural weiblich (= Liebschaften); *après-midi* kann sowohl männlich als auch weiblich sein.

Falsche Freunde

Viele Wörter verleiten zu falschen Übersetzungen, da sie im Deutschen auch verwendet werden, allerdings eine andere Bedeutung haben.

addition (f.)	Addition, aber auch: Rechnung
adresse (f.)	Adresse, aber auch: Gewandtheit, Geschicklichkeit
affaire (f.)	Geschäft; Fall
aliment (m.)	Nahrungsmittel
bagage (m.)	Gepäck
brisant (m.)	Klippe
civilisation (f.)	Kultur
costume (m.)	Anzug
couvert (m.)	Besteck
démonstration (f.)	Vorführung, Beweis
délicatesse (f.)	Empfindlichkeit, Zartheit
désintéressé, e	uneigennützig, selbstlos
exclusif, ve	alleinig
foyer (m.)	Heim, Feuerstelle
frisé, e	gelockt, lockig
friser	sich kräuseln, grenzen an
garage (m.)	Garage, aber auch: Werkstatt
gros, se	dick
gymnase (m.)	Turnhalle
médecin (m.)	Arzt
négligé, e	vernachlässigt, ungepflegt, versäumt
ordinaire	gewöhnlich
partisan, e	Anhänger, Anhängerin
partout	überall
patron, ne	Chef(in)
pénible	hart, schwer
pointe (f.)	Spitze
sensation (f.)	Sensation, aber auch: Gefühl, Empfindung
sensible	empfindlich, wahrnehmbar
serviette (f.)	Serviette, aber auch: Handtuch, Aktentasche
tablette (f.)	Wandbrett
toutefois	immerhin, dennoch
traîner	hinterherziehen, sich herumtreiben

3 Bildung von Adverbien

Es gibt neben den einfachen Adverbien wie *bien, mal, très* auch Adverbien, die von einem Adjektiv abgeleitet werden und auf die Silbe *-ment* enden.

3.1 Regelmäßige Bildung

Die Ableitung des Adverbs vom Adjektiv erfolgt nach folgender Regel:
1. weibliche Form des Adjektivs bilden
2. Silbe *-ment* anhängen

Adjektiv (m.)		Adjektiv (f.)		Adverb
parfait	→	parfaite	→	parfaitement
doux	→	douce	→	doucement
heureux	→	heureuse	→	heureusement

3.2 Sonderformen

Ableitung von der männlichen Form des Adjektivs
Das Adverb wird bei Adjektiven, deren weibliche Form im Lautbild auf Vokal endet, von der männlichen Form des Adjektivs abgeleitet:

Adjektiv (f.)		Adjektiv (m.)		Adverb
jolie [ɩ]	→	joli	→	joliment
absolue [ɣ]	→	absolu	→	absolument
vraie [ɛ]	→	vrai	→	vraiment
aisée [ɛ]	→	aisé	→	aisément
Ausnahme:				
gaie [ɛ]	→	gai	→	gaiement

Adverbien, die auf *-amment* oder *-emment* enden

Adjektive, die auf *-ant* oder *-ent* enden, bilden das Adverb mit ***-amment*** bzw. ***-emment:***

Adjektiv (m.)				Adverb
élégant			→	élégamment
prudent			→	prudemment
Ausnahmen:				
présent	→	présente	→	présentement
lent	→	lente	→	lentement
véhément	→	véhémente	→	véhémentement

Adverbien, die auf *-ément* enden

Einige Adverbien werden anstelle von *-ment* mit der Endung ***-ément*** gebildet:

Adjektiv (m.)		Adverb
énorme	→	énorm**ément**
conforme	→	conform**ément**
profond	→	profond**ément**
précise	→	précis**ément**
commode	→	commod**ément**
décidé	→	décid**ément**
impuni	→	impun**ément**
exprès	→	express**ément**
uniforme	→	uniform**ément**

3.3 Unregelmäßige Bildung

Adjektiv (m.)	Adjektiv (f.)	Adverb
bon	bonne	**bien**
mauvais	mauvaise	**mal**
meilleur	meilleure	**mieux**
bref	brève	**brièvement**

La société

Vocabulaire

l'accueil [m.]	Empfang, Aufnahme
l'alcoolisme [m.]	Alkoholsucht
asocial, e	asozial
l'association [f.]	Verein, Vereinigung
l'attitude envers qn./qc. [f.]	Haltung gegenüber jdm./etwas
bénévole	unentgeltlich, wohltätig
le bouc émissaire	Sündenbock
cacher	verstecken, verheimlichen
cesser (de faire) qc.	aufhören (etwas zu tun)
clandestin, e	illegal, heimlich
le combat	Kampf
les conditions de vie [f. pl.]	Lebensbedingungen
la conquête	Eroberung, Sieg
considérer qn./qc. comme	jdn./etwas betrachten als
le contact	Kontakt
la coutume	Brauch, Sitte
défavorisé, e	benachteiligt, mit schlechten Voraussetzungen
la dégradation	Verschlechterung, Beschädigung
le demandeur d'asile	Asylbewerber
le désespoir	Verzweiflung
la détresse	Not, Elend
la dignité	Würde
la discrimination	Diskriminierung
distribuer	verteilen, ausgeben
la diversité	Vielfalt, Verschiedenartigkeit
le don	Spende
émigrer	auswandern
équivalent, e	gleichwertig
l'esclavage [m.]	Sklaverei
l'espoir [m.]	Hoffnung
étranger, ère	fremd, ausländisch
éviter	vermeiden

évoluer	sich entwickeln
l'exclusion [f.]	Ausweisung, Ausschluss
la fatalité	Verhängnis, Bestimmung
favoriser	begünstigen
féminin, e	weiblich
le foyer/centre d'accueil	Übergangswohnheim
frustré, e	frustriert, niedergeschlagen
fuir	fliehen
haineux, euse	hasserfüllt
la honte	Scham, Schande
hostile	feindlich
l'identité [f.]	Identität
immigrer	einwandern
inadapté, e	unangepasst; (einer Sache) nicht gewachsen
l'indifférence [f.]	Gleichgültigkeit
indigne	unwürdig
indigné, e	empört, entrüstet
l'inégalité [f.]	Ungleichheit
(in)humain, e	(un)menschlich
l'injustice [f.]	Ungerechtigkeit
l'insertion [f.]	Integration, Einführung
l'intolérance [f.]	Intoleranz
l'isolement [m.]	Vereinsamung, Isolation
limiter	begrenzen
le logement	Wohnung, Unterkunft
maltraiter	schlecht behandeln, misshandeln
marginal, e	Außenseiter(in)
la méfiance	Misstrauen
la mendicité	Bettelei
mendier	betteln
mépriser	verachten
la minorité	Minderheit
la misère	Elend
misogyne	frauenfeindlich
naître	geboren werden
la naturalisation	Einbürgerung
l'oppression [f.]	Unterdrückung
l'origine [f.]	Herkunft, Ursprung
les papiers [m. pl.]	Ausweispapiere

la pauvreté	Armut
la peau	Haut
le permis de séjour	Aufenthaltserlaubnis
la persécution	Verfolgung
le pouvoir d'achat	Kaufkraft
le préjugé	Vorurteil
le processus	Vorgang
le progrès	Fortschritt
raciste	Rassist, rassistisch
réfugié, e	Flüchtling
la régression	Rückschritt
le rejet	Ablehnung
renvoyer	zurückschicken, abschieben
reprocher qc. à qn.	jdm. etwas vorwerfen
la résignation	Resignation, Selbstaufgabe
la revendication	Forderung
le sac de couchage	Schlafsack
le sans-abri	Obdachloser
le sans-papiers	illegaler Einwanderer
sans ressources	mittellos
le, la, les S.D.F. (sans domicile fixe)	Obdachloser, Obdachlose
se détériorer	sich verschlechtern
la ségrégation	Rassentrennung
se mobiliser	etwas unternehmen
le sentiment	Gefühl
s'intégrer	sich integrieren, sich anpassen
la société	Gesellschaft
la solidarité	Solidarität
souffrir de	leiden unter
terrible	schrecklich
la tolérance	Toleranz
la xénophobie	Ausländerhass, Fremdenfeindlichkeit

Idiomes et locutions

être laissé pour compte	Les S.D.F. sont souvent laissés pour compte.	von der Gesellschaft im Stich gelassen werden
vivre en marge de la société	Les personnes qui refusent de vivre comme tout le monde vivent en marge de la société.	am Rande der Gesellschaft leben
attirer l'attention de qn. sur qc.	Quelques personnes charitables essaient d'attirer l'attention des gens sur la misère des sans-abri.	jdn. auf etwas aufmerksam machen
traîner dans la rue	Souvent, les jeunes qui n'ont pas de travail/pas d'occupation, traînent dans la rue.	sich auf der Straße herumtreiben
tomber très bas dans l'échelle sociale	Quand on perd son travail, son logement, sa famille, on risque de tomber très bas dans l'échelle sociale.	gesellschaftlich tief sinken
mourir de faim et de froid	En hiver les S.D.F. risquent de mourir de faim et de froid.	vor Hunger und Kälte sterben
se donner du mal pour faire qc.	Les restos du cœur se donnent beaucoup de mal pour essayer de nourrir les plus pauvres.	sich bei/mit etwas Mühe geben
l'attitude envers	L'attitude raciste de certaines personnes envers les immigrés provoque des conflits.	die Haltung gegenüber
faire la manche	Quand on n'a plus d'argent pour vivre, on est parfois obligé de faire la manche.	betteln
amener qn. à faire qc.	Il faut amener le gouvernement à faire place aux femmes dans la vie politique.	jdn. dazu bringen etwas zu tun

Exercices

Aufgabe 1 *Complétez le tableau.*

substantif	verbe	adjectif
	diversifier	
	exclure	
le mépris		
	naître	
		fugitif, ive
	se solidariser	
	souffrir	
		tolérable
		haineux, euse
la faveur		
		discriminatoire
la misère	– – –	
		méfiant, e
l'accueil (m.)		
	appauvrir	
	terroriser	

Aufgabe 2 *Remplacez les mots ou expressions entre parenthèses par un synonyme.*

(La lutte) ______________________ [1] des femmes pour leur insertion dans la vie politique continue.

Les jeunes sont (révoltés/outrés/hors d'eux) _________________ [2] par le racisme et l'injustice.

Les sans-abri souffrent surtout de leur (isolement) _________________ [3].

Les sans-abri n'ont pas de (logement) ____________________[4].

Le chômage de longue durée conduit souvent à une grande (détresse) ____________________[5].

Tout le monde n'a pas la chance de (venir au monde) ____________________[6] dans un milieu social aisé.

(L'insertion) ____________________[7] des immigrés dans la société ne se fait pas toujours facilement.

Beaucoup de gens sont obligés de (s'expatrier) ____________________[8] pour faire vivre leur famille.

Aufgabe 3 *Remplacez les mots entre parenthèses par un antonyme.*

a) Cette personne est (sensible) ____________________ à la misère des sans-abri.

b) La situation actuelle fait naître (l'espoir) ____________________.

c) Dans ce pays, nous voyons la situation des femmes (évoluer) ______________.

d) Ici, nous pouvons constater (l'intégration) ____________________ des immigrés dans la société.

e) La population s'est montrée (amicale) __________________ envers les immigrés.

f) Ils ont fait preuve d'une grande (confiance) ____________________.

g) Cette propagande incite à (estimer/respecter) ________________ les étrangers.

h) C'est une attitude tout à fait (égoïste) ____________________.

i) Il est (fier) ____________________ de sa situation.

j) A leur arrivée en France, les immigrés sont souvent très (entourés) ____________________.

k) (L'amour) ____________________ est un sentiment difficile à maîtriser.

l) Elle est (humaine) ________________ et (sociale) ____________________.

Aufgabe 4 *Cherchez dans la liste de mots celui qui correspond à chaque définition.*

bénévole / bouc émissaire / clandestin / défavorisé / dégradation / détresse / discrimination / insertion / marginal / mendier / minorité / misogynie / naturalisation / permis de séjour / préjugé / racisme / réfugié / xénophobie

a) une personne qui vit en marge de la société : ____________________

b) demander l'aumône, faire la manche : ____________________

c) un petit nombre de personnes : ____________________

d) la haine de l'étranger : ____________________

e) le rejet d'une personne de race différente : ____________________

f) sentiment de haine et de mépris pour les femmes : ____________________

g) un document ou un papier qui vous donne le droit de vivre dans un pays : ____________________

h) un immigré qui n'a pas de papiers, qui se cache : ____________________

i) le fait d'obtenir la nationalité d'un pays d'accueil : ____________________

j) une personne en fuite devant la guerre, l'oppression ou une catastrophe : ____________________

k) un sentiment que l'on adopte sans preuves et sans connaissances : ____________________

l) la détérioration, l'aggravation : ____________________

m) une personne victime d'inégalité, d'inconvénients : ____________________

n) une personne que l'on rend injustement responsable de tous les maux : ____________________

o) le fait de trouver sa place dans la société : ____________________

p) une grande misère, un besoin urgent d'aide : ____________________

q) une personne qui rend un service gratuitement et volontairement : ____________________

r) la séparation, la différenciation selon les races, les ethnies, le rang social : ____________________

Aufgabe 5 *Traduisez les mots entre parenthèses.*

S.D.F. – les nouveaux (Arme) ____________________[1]

Combien sont-ils, chaque soir, à se demander où ils vont passer la nuit ? A chercher une porte d'entrée, une bouche de métro, un endroit un peu moins froid où ils pourront dérouler leur (Schlafsack) ____________________[2] et essayer de dormir un peu ? Question difficile quand les S.D.F., les (Obdachlose) ____________________[3], n'ont ni (Ausweispapiere) ____________________[4] ni adresse. Contrairement aux clochards qui vivaient autrefois principalement sous les ponts de Paris, les S.D.F d'aujourd'hui se trouvent partout en France, surtout dans la banlieue des grandes villes. Ces (Außenseiter) ____________________[5], véritables exclus de la (Gesellschaft) ____________________[6] n'ont pas tous choisi la vie qu'ils mènent. Souvent, le drame commence par la perte d'un (Arbeitsstelle) ____________________[7] suivie de celle du (Wohnung/Unterkunft) ____________________[8] et de la (Familienleben) ____________________[9]. Très vite, ces laissés pour compte tombent au plus bas de l' (gesellschaftliche Leiter) ____________________[10].

Comment s'en sortir en effet quand on n'a plus d'adresse à donner à un éventuel (Arbeitgeber) ________________[11] ? Quand la (Schande) ________[12] et la (Wut) ______________________[13] ont fini par faire place à la (Einsamkeit) ________________[14] et au (Hoffnungslosigkeit) ________________[15] ?

La (Elend) ____________[16] qui, autrefois, touchait surtout certains milieux dits (mit schlechten Voraussetzungen) ________________[17], n'épargne aujourd'hui aucune classe sociale ni aucune tranche d'âge, même si les jeunes en sont les plus nombreuses (Opfer) __________________[18]. Prisonniers d'une situation à laquelle souvent ils ne peuvent rien, (nicht gewachsen) __________ ______________________[19] aux exigences d'une société où les (Schwächsten) ____________[20] ne trouvent plus leur place, les sans-abri voient leurs (Lebens-bedingungen) ________________[21] (sich verschlechtern) ______________[22] de jour en jour. Beaucoup (vermeiden) ______________[23] de se rendre dans les (Wohnheime) ________________[24] où ils pourraient (eine Nacht verbringen) ______________[25] dans un lit et prendre un (warmes Essen) ____________[26] parce qu'ils ne veulent pas se séparer de leur chien ou parce qu'ils refusent l'idée de se retrouver avec d'autres sans-abri aussi (beschämt) ____________[27] et aussi (verzweifelt) ____________[28] qu'eux-mêmes. C'est ainsi que chaque (Winter) ___________[29], souvent dans l' (Gleichgültigkeit) ______________[30] générale, des S.D.F. (sterben vor Hunger und Kälte) ______________________ ____________[31] alors qu'il y a encore de la place dans les (Übergangswohn-heime) __________________________[32].

Aufgabe 6 *Complétez le texte à l'aide de la liste de mots. Certains mots doivent être accordés.*

attaque raciste / chômage / diversité / émigrer / étranger / histoire / immigré de la deuxième génération / incompréhension / insécurité / maltraité / multiracial / pacifique / passé colonial / peau / préjugé / propagande / réfugié / révolté / se détériorer / ségrégation / solidarité / terre d'accueil / tolérance / tolérant / tradition / xénophobe

« S.O.S. racisme », une belle leçon de ________________ [1]

A une époque où le monde entier connaît une des migrations les plus importantes de toute son histoire, la France est certainement le plus ____________ [2] de tous les pays européens.

Cette grande ________________ [3] de cultures, de mentalités, de religions, elle la doit non seulement à son ________________ [4], à son ________________ [5], mais encore à une vieille ________________ [6] qui veut que la France soit une ______________ [7] pour tous les immigrés et les ______________ [8] politiques ou économiques.

Malheureusement, ce pays si prometteur pour beaucoup de malheureux obligés d'____________ [9] pour survivre, a vu son climat social ____________ [10] au cours des dernières années. Le ______________ [11] et l'________________ [12] qui ne cessent d'augmenter dans la plupart des grandes villes, la peur et l'______________________ [13] devant les problèmes que posent les enfants d'immigrés, ceux que l'on appelle les _______________ [14], et surtout la _______________ [15] du Front National, parti politique de l'extrême droite, ont amené des citoyens jusque-là ________________ [16] et ________________ [17] à développer des sentiments racistes et _______________ [18]. Quelques jeunes lycéens français, indignés et ________________ [19] de voir leurs amis noirs ou maghrébins attaqués ou _____________ [20] sous le seul prétexte de la couleur de leur ______________[21], ont décidé de réagir publiquement en fondant avec leurs copains immigrés un club qu'ils ont appelé « S.O.S. racisme ». Cette organisation qui a eu très rapidement des ramifications dans toute la France a pour but de venir en aide aux ______________[22] et de les protéger contre les ______________[23] dont il font l'objet. Les membres de cette association se reconnaissent à un badge qu'ils portent sur leur blouson, une petite broche qui représente une main ouverte avec le slogan: « Touche pas à mon pote ». Ce symbole de la main ouverte est une invitation à la ______________[24], au respect de l'autre, à la lutte contre la ______________[25] et les ______________[26].

Aufgabe 7 *Complétez le texte à l'aide de la liste de mots, accordez-les si nécessaire.*

avoir faim / avoir froid / bénévole / défavorisé / désespérer / détresse / don / exemple / financement / généreux / gratuitement / hiver / repas / ressource / solidarité / survivre / travail

Les restaurants du cœur

« Aujourd'hui, on n'a plus le droit d'______________[1] ni d'______________[2] ». Cette chanson, connue de tous les Français a fait l'objet d'un disque dont la vente à des milliers d'exemplaires a servi au ______________[3] des « restos du cœur ».

A l'origine de ces restaurants pas comme les autres, un célèbre comédien français, Coluche, qui s'est ému de la ______________[4] et de la misère de certains de ses concitoyens.

Pour que les personnes sans ______________[5] puissent prendre au moins un ______________[6] chaud par jour, cet homme ______________[7] a décidé d'ouvrir des restaurants où les plus pauvres pourraient manger gratuitement pendant les mois d'hiver et surtout trouver un peu de chaleur et de ________________[8] humaine.

Coluche est mort en 1986, un an après l'ouverture des premiers « restos du cœur », mais son ____________[9] a été suivi par des milliers de ______________[10] qui, soit par des _______________[11] en argent, soit par leur _______________[12], contribuent à la poursuite de son action.

Dans presque toutes les grandes villes de France, dès les premiers jours de l'______________[13], des millions de repas servis ______________[14] permettent aux plus _________________[15] de ne pas _________________[16] tout à fait ou tout simplement de _________________[17].

Aufgabe 8 *Complétez le texte en traduisant les mots entre parenthèses.*

Femmes d'aujourd'hui : la lutte continue

Les hommes naissent libres et égaux en droit. Les hommes, peut-être, mais qu'en est-il des femmes ? Qu'en est-il de l' (Gleichberechtigung) __________[1] ? Si beaucoup d'entre-elles ont vu leurs (Lebensbedingungen) _______________[2] s'améliorer sensiblement au cours des dernières décennies, il reste encore beaucoup à faire pour remédier à l' (Ungerechtigkeit) _________________[3] dont certaines font encore l'objet. Longtemps victimes de (Vorurteile) ___________[4] et de (Bräuche) _____________[5] qui empêchaient toute évolution de leur statut, les femmes d'autrefois ont dû mener un dur (Kampf) _____________[6] pour que celles d'aujourd'hui puissent enfin obtenir leur émancipation. Conduire une voiture, disposer d'un compte en banque, mener de front une (Berufsleben) ________________[7] et familiale, autant de choses qui ne sont devenues naturelles qu'au prix de gros efforts. Le « sexe faible », longtemps (betrachtet als)

_______________[8] inférieur à l'homme, a depuis longtemps fait ses preuves. Et pourtant elles n'en ont pas encore fini avec certaines formes de (Diskriminierung) _______________[9] comme l' (ungleiche Bezahlung) _______________[10] et l'impossibilité d'accéder à de hautes fonctions réservées aux hommes. Les femmes, très peu représentées dans les assemblées parlementaires revendiquent également leur participation à la gestion des affaires de l'Etat mais le caractère particulièrement (frauenfeindlich) _______________[11] des politiciens français ne permet guère d'espérer. Alors patience. En attendant, la femme moderne continue à assurer sa place dans la société. De plus en plus (unabhängig) _______________[12], elle reste longtemps (ledig) _______________[13] afin de profiter pleinement d'une liberté difficilement acquise, et partage la même fierté que ses sœurs lorsque le président Jacques Chirac place pour la première fois une femme à la tête de l'armée française en nommant, en 2002, madame Alliot-Marie, ministre de la Défense.

Aufgabe 9 *Complétez les phrases suivantes et dites quelles revendications se rapportent: (1) aux femmes d'aujourd'hui, (2) aux immigrés, (3) aux sans-abri.*

	1	2	3
a) Leurs diplômes devraient être équ__________ à ceux des hommes.	☐	☐	☐
b) Un fo__________ pour dormir quand il pleut ou quand il fait très froid.	☐	☐	☐
c) Pour le même travail, le même sal__________.	☐	☐	☐
d) La nat__________ automatique de leurs enfants nés en France.	☐	☐	☐
e) Un endroit où pouvoir prendre une douche gr__________.	☐	☐	☐
f) Vivre en paix sans risquer d'être ag__________ à cause de sa peau ou de son accent.	☐	☐	☐
g) Le droit de pratiquer leur rel__________.	☐	☐	☐
h) L'abrogation de la loi interdisant de me__________ dans certaines villes.	☐	☐	☐
i) Prendre davantage part à la vie pol__________.	☐	☐	☐
j) La création d'un office qui les aiderait à trouver un lo__________ et du tr__________.	☐	☐	☐
k) Une aide de l'Et__________ pour créer des crèches et des jardins d'enfants.	☐	☐	☐
l) Refus des pré__________ selon lesquels ces personnes seraient moins performantes, moins qualifiées, moins solides que d'autres.	☐	☐	☐
m) Les mêmes ch__________ que chaque Français sur le marché du travail.	☐	☐	☐
n) Le droit de garder leur chien dans les f__________.	☐	☐	☐
o) Les res__________ devraient être ouverts toute l'année.	☐	☐	☐

Les jeunes

Vocabulaire

l'adolescent, e	Jugendliche(r)
l'adulte [m. f.]	Erwachsene(r)
l'agression [f.]	Angriff, Überfall
(l')aîné, e	Ältere(r), ältere(r)
alarmant, e	alarmierend, beängstigend
alerter	alarmieren
l'arme [f.]	Waffe
arrêter	festnehmen
attaquer	überfallen, angreifen
avouer	gestehen, zugeben
la banlieue	Vorort, Vorstadt
brancher	gefallen, interessieren
le cas	Fall
le casseur	Randalierer
le chantage	Erpressung
la cocaïne	Kokain
la colère	Wut
condamner	verurteilen, bestrafen
le conflit	Konflikt
contagieux, euse	ansteckend, übertragbar
le crack	Crack (Droge)
la criminalité	Kriminalität, Verbrechen
la cure de désintoxication	Entziehungskur
la curiosité	Neugier
défendre	verteidigen, verbieten
la délinquance	Kriminalität
le délit	Delikt
la dépendance	Abhängigkeit
détruire	zerstören
doux, douce	sanft (Droge: leicht)
dur, e	hart, schwierig
l'effet [m.]	Wirkung

l'émeute [f.]	Krawall
l'enseignant, e	Lehrer(in)
l'entourage [m.]	Umfeld
l'épanouissement [m.]	Aufblühen, Entfaltung
l'escalade [f.]	Eskalation, Steigerung
excitant, e	aufregend
la force de l'ordre [f.]	Ordnungshüter, Polizei
fournir	beschaffen, besorgen
goûter	versuchen, schmecken
guérir	heilen
la haine	Hass
le haschisch	Haschisch
l'héroïne [f.]	Heroin
la honte	Scham
impuissant, e	hilflos, machtlos
incendier	anzünden, Feuer legen
l'indulgence [f.]	Nachsicht
influencer	beeinflussen
interdire	verbieten
laxiste	lasch, lax
lutter	kämpfen
majeur, e	volljährig
la maladie	Krankheit
la manifestation	Demonstration, Kundgebung
mineur, e	minderjährig
mortel, le	tödlich
l'occupation [f.]	Beschäftigung
oser	wagen
l'overdose [f.]	Überdosis
la peur	Angst
la prévention	Vorbeugung, Verbrechensbekämpfung
la prison	Gefängnis
le produit de substitution	Ersatzdroge
la provocation	Provokation, Herausforderung
punir	bestrafen
réagir	reagieren, tätig werden
rejeter	ablehnen
la relation	Beziehung
les représailles [f. pl.]	Strafen, Repressalien

la répression	Bekämpfung, Bestrafung, Unterbindung
rêver	träumen
la révolte	Aufruhr
le risque	Risiko, Gefahr
s'éclater	sich austoben
la sécurité	Sicherheit
se droguer	Drogen nehmen
se plaindre	(sich be)klagen
(se) procurer	(sich) besorgen, beschaffen
la sensation	Gefühl
la seringue	Spritze
séropositif, ive	HIV-infiziert
sévère	streng
le SIDA	AIDS
s'occuper de	sich beschäftigen mit, sich kümmern um
soupçonner	verdächtigen
le surveillant	Aufsichtsperson
surveiller	beaufsichtigen, aufpassen
la tension	Spannung
tourner mal	schlecht ausgehen, auf die schiefe Bahn geraten
le, la toxicomane	Süchtige(r)
le trafic	illegaler Handel
le trafiquant	Drogenhändler
le traitement	Behandlung
la transmission	Übertragung
la victime	Opfer
vigilant, e	wachsam
la violence	Gewalt
la vitrine	Schaufenster
voler	stehlen
la volonté	Wille

Idiomes et locutions

être en situation d'échec scolaire	Les jeunes qui quittent l'école sans diplôme sont en situation d'échec scolaire.	schulisch versagen, ohne Abschluss von der Schule gehen
s'en sortir (se sortir de qc.)	Quand on est dépendant d'une drogue, il faut du courage et de la volonté pour s'en sortir.	sich zu helfen wissen, loskommen von, sich (aus einer misslichen Lage) befreien
prendre à partie	Des professeurs ont été pris à partie par des élèves en colère.	angreifen
être en manque	Le malade dépendant ne pouvant pas se procurer la drogue dont il a besoin, est en manque.	unter Entzug leiden
sous peine de	Il ne faut ni consommer de drogue ni en avoir sur soi sous peine de condamnation à la prison.	bei Strafe
être dans le coup	Beaucoup de très jeunes gens goûtent à la drogue pour être dans le coup.	dazugehören, „in" sein
être à la portée de	Trop de drogues bon marché sont à la portée de tous.	erreichbar sein
faire face à un problème	Les enseignants et les parents ont du mal à faire face au problème de la violence des jeunes.	sich mit einem Problem auseinandersetzen
faire l'objet de	Les mesures prises par le ministre de l'éducation ont fait l'objet d'une manifestation des étudiants.	Grund/Gegenstand für etwas sein
attraper une maladie	Les jeunes qui utilisent des seringues contaminées pour se droguer risquent d'attraper le SIDA.	sich eine Krankheit zuziehen
pousser qn. à bout	Les enseignants sont souvent poussés à bout par la violence qui règne à l'école.	jdn. bis zum Äußersten treiben

Exercices

Aufgabe 1 *Complétez le tableau à l'aide de mots de la même famille.*

substantif	verbe	adjectif
	intéresser	
la défense		
		agressif, ive
	influencer	
la mort		
		volé, e
		résigné, e
		avouable
	dépendre	
la provocation		
		transmissible
l'alarme		
	se révolter	

Aufgabe 2 *Remplacez les mots entre parenthèses par un synonyme.*

a) Les (grandes personnes) ________________ ne comprennent pas toujours les adolescents.

b) Le rap et le reggae sont des musiques qui (intéressent beaucoup) ________ ____________ la jeunesse.

c) Les (professeurs) ________________ sont souvent impuissants devant la révolte des jeunes.

d) Il est malheureusement trop facile de (se fournir) ____________________ certaines drogues.

e) A une époque où les jeunes sont exposés à tant de dangers, les parents doivent être très (attentifs) ____________________.

f) Il est urgent de (se battre) ____________________ contre la violence à l'école.

g) Dans certaines banlieues la (criminalité) ____________________ des très jeunes augmente dangereusement.

h) Les personnes âgées sont souvent victimes d'(attaques) ____________________ à main armée.

i) Les jeunes organisent des mega parties pour (s'éclater) ____________________.

j) Il est (défendu) ____________________ de consommer et de vendre de la drogue.

Aufgabe 3 *Trouvez le mot ou l'expression correspondant à la définition.*

a) un endroit où on enferme les délinquants : ____________________

b) un objet dont les criminels se servent pour menacer quelqu'un : ____________________

c) un objet dont on se sert pour une injection : ____________________

d) une personne qui est dépendante d'une drogue : ____________________

e) s'attaquer à quelqu'un ou à quelque chose : ____________________

f) la périphérie d'une grande ville : ____________________

g) les drogues dangereuses comme la cocaïne ou l'héroïne : ____________________

h) le commerce de la drogue ou d'une marchandise interdite : ____________________

i) celle du SIDA est mortelle : ____________________

j) mettre le feu à quelque chose : ____________________

k) avoir moins de 18 ans : ____________________

Aufgabe 4 *Complétez les phrases à l'aide de la liste de mots. Attention à l'accord!*

adulte / casseur / conflit / curiosité / délinquance / laxiste / manifestation / overdose / produit de substitution / répression / SIDA / trafiquant

a) Le ____________________ est une des maladies les plus graves de notre époque.

b) Au cours de la manifestation, des ____________________ ont incendié des voitures.

c) Les ____________________ gagnent beaucoup d'argent en vendant de la drogue.

d) Pour aider les drogués en état de manque, on leur donne des ____________.

e) La ____________________ de la violence à l'école est indispensable au bon fonctionnement de l'éducation.

f) Les étudiants ont organisé une ____________________ pour protester contre la nouvelle loi.

g) C'est parfois par ____________________ que les jeunes goûtent à la drogue.

h) Avant de devenir ____________________, les adolescents doivent souvent surmonter une crise.

i) Le ____________________ des générations a toujours existé.

j) Beaucoup de drogués meurent d'une ____________________.

k) S'il est vrai qu'il ne faut pas être trop sévère envers les jeunes, il est tout aussi dangereux d'être ____________________.

l) Le chômage, la crise économique, les problèmes sociaux sont les causes de la ____________________ des jeunes.

Aufgabe 5 *Complétez le texte à l'aide de la liste des mots suivants, accordez-les si nécessaire.*

bon marché / consommation / dangereux / difficile / expérience / exportation / goûter / influençable / lutter / menacé / pilule / plaisir / SIDA / sensation / seringue / stupéfait / victime

Les jeunes et la drogue

Jusque dans les années cinquante, le haschisch, une des drogues les plus consommées en France, était réservé aux riches, aux amateurs de ____________[1] fortes. Vendu très cher, il ne touchait qu'une clientèle assez restreinte.

Aujourd'hui, dans les écoles des grandes banlieues, 7 élèves sur 10 avouent avoir touché au moins une fois à cette drogue dite « drogue douce » et les parents ______________[2] découvrent que leurs enfants ont ______________[3] à la drogue alors qu'ils pensaient que cela n'arrivait qu'aux autres.

Les plus __________________[4] par les trafiquants qui rôdent devant les écoles sont les jeunes adolescents. Désireux de faire comme les grands, ___________[5], ils font souvent leur première ____________________[6] pour s'intégrer dans un groupe. Pour beaucoup d'entre eux, heureusement, les choses s'arrêtent là.

D'autres jeunes, moins chanceux, vont chercher dans la ________________[7] de drogue dure un moyen d'échapper momentanément à un monde qui ne les branche plus ou tout simplement à augmenter leur ____________________[8] de s'éclater avec la danse et la musique.

C'est ainsi que l'Ecstasy, vendue ____________________[9] par des chimistes sans scrupules, a fait son apparition dans les «super mega soirées» réunissant plusieurs centaines de jeunes gens.

Ces nouvelles drogues, justement plus ____________________[10] que les autres parce qu'elles sont banalisées et déclarées sans danger, ont déjà fait beaucoup de ___________________[11]. Vendues sous forme de ________________[12], elles

ne nécessitent pas l'utilisation d'une ____________________[13] et sont donc plus facilement consommées par une jeunesse confrontée au terrible problème du ____________________[14]. Alors comment ____________________[15] contre ce fléau?

Le plus ____________________[16] sera sans doute de s'attaquer au marché le plus en expansion de notre époque, quand la survie économique de certains pays repose sur la culture et l'____________________[17] de la drogue.

Aufgabe 6 *Complétez le texte en traduisant les mots entre parenthèses. Attention à l'accord!*

Quand la violence entre à l'école

Un proviseur à l'hôpital après avoir été gravement blessé par un de ses élèves, des professeurs quotidiennement (bedroht) ______________[1] et (angegriffen) ______________[2], matériel et locaux volontairement (zerstört) ______________[3], l'école devient le théâtre d'une (Gewalt) ____________________[4] de moins en moins contenue.

Révoltés, (machtlos) ____________________[5], les enseignants poussés à bout ont fini par (streiken) ______________[6] afin d'attirer l'attention du gouvernement sur des problèmes auxquels ils ne sont pas préparés à faire face.

Le chômage, la crise économique, les (Beziehungen) ______________[7] difficiles des jeunes avec un milieu familial qui a tendance à se décharger sur l'école de ses (Pflichten) ____________[8], sont autant de (Ursachen/Gründe) ____________[9] de cette situation difficile dont les (Jugendlichen) ____________[10] eux-mêmes sont les premières (Opfer) ____________________[11]. Confrontés chaque jour à la

(Angst) ____________________[12], au racket, à la brutalité et aux menaces, ils (nicht wagen) ____________________[13] se plaindre par peur des (Strafen/Repressalien) ____________________[14]. Si l'école a toujours connu de tels (Verhaltensweise/Benehmen) ____________________[15] de la part de certains élèves, ce qui est nouveau et alarmant aujourd'hui c'est la violence des plus jeunes et la multiplication des (Waffen) ____________________[16] dans les cartables. Les jeunes enfants (die schulisch versagen) ____________________[17] refusent l'éducation et l'autorité du maître. Dans certains collèges de (Vorort) ____________________[18], l' (Unsicherheit) ____________________[19] et la (Spannung) ____________________[20] qui règnent dans les classes où 80 % des élèves ne savent pas lire le français rendent tout enseignement pratiquement impossible.

Aux professeurs (aufgebracht/in Aufruhr) ____________________[21] et impuissants, le ministre a proposé trois solutions.

D'abord un numéro de téléphone à la disposition des enseignants victimes d' (Angriffe) ____________________[22] et de (Erpressung) ____________________[23]. Ensuite une formation spéciale qui devrait les aider à faire face à la violence. Enfin il a proposé d'embaucher comme «surveillants» des jeunes issus eux-mêmes de milieux considérés comme difficiles.

Ces propositions devaient contribuer à rétablir l'ordre dans un lieu qui devrait être pour tous synonyme d' (Entfaltung) ____________________[24] dans le calme et la sécurité.

Elles ont eu malheureusement peu d'effet puisque la violence à l'école est restée constante et a plutôt tendance à s'aggraver. Quant aux jeunes surveillants, ils ont perdu leur emploi très rapidement, faute de moyens pour pouvoir les payer.

Aufgabe 7 *Complétez le texte à l'aide de la liste de mots. Attention à l'accord!*

bénévole / conséquence / corriger / échec scolaire / injustice / milieu social / miracle / patience / remédier / réussir / s'entraîner / solidarité / solution / surchargé / temps-libre / venir en aide

Des enseignants pas comme les autres

En entrant dans cette salle de classe, on ne voit d'abord rien qui permette de la distinguer des autres. Un groupe de jeunes enfants ________________[1] à la lecture et à l'écriture. Et puis, très vite, on remarque l'absence de l'instituteur. Il est plus de 17 heures, et celui-ci a quitté son lieu de travail. Alors qui sont ces jeunes gens qui se penchent sur les cahiers pour aider à ________________[2] une faute ou à trouver la ________________[3] d'un problème? Ce sont des ________________[4], des adolescents à peine plus âgés que leurs « élèves », qui ont accepté de sacrifier une partie de leur ________________[5] pour ________________[6] à des enfants en difficultés.

C'est sans conteste dès les premières années que se décide la scolarité de l'élève. Dans les écoles primaires aux classes ________________[7], de nombreux enfants, souvent issus de ________________[8] modestes, se retrouvent rapidement en situation d'________________[9], faute de recevoir à temps l'aide dont ils auraient besoin et que leur entourage familial ne peut leur apporter. Pour ________________[10] à ce problème dont les ________________[11] sont toujours graves, voire irrémédiables, des jeunes gens courageux ont décidé de lutter à leur manière contre cette forme d'________________[12] sociale particulièrement inacceptable. Après chaque jour de classe, des garçons et des filles (souvent des étudiants) désireux de se battre contre une situation qu'ils ont parfois connue eux-mêmes, retrouvent les plus jeunes pour les aider à faire leurs devoirs. Leur ________________[13], leur compréhension et surtout leur temps qu'ils donnent sans compter font de véritables ____________[14]. Grâce à eux, plus d'un enfant pourra entrer au lycée dans des conditions normales et avoir une chance de ____________[15] sa scolarité. Ce bel exemple de ____________[16] prend toute sa dimension à une époque où les diplômes sont devenus indispensables et où l'avenir se joue sur les bancs de l'école.

Aufgabe 8 *Choisissez parmi ces adjectifs: ceux qui se rapportent à la drogue, ceux qui se rapportent aux jeunes. Attention aux accords!*

agressif / consommé / curieux / dangereux / délinquant / dépendant / dur / excitant / influençable / interdit / mineur / mortel / raisonnable / séropositif / toxicomane / trafiqué / vigilant

La drogue peut être …	Les jeunes peuvent être …
____________	____________
____________	____________
____________	____________
____________	____________
____________	____________
____________	____________
____________	____________
____________	____________
____________	____________
____________	____________

Aufgabe 9 *Remplissez la grille et trouvez le mot caché. C'est un âge parfois difficile.*

1 il s'attaque aux voitures, aux vitrines des magasins par exemple
2 un antonyme de l'adjectif dur
3 un adjectif qui qualifie une maladie qui se transmet très facilement
4 la périphérie d'une grande ville
5 défendre de faire quelque chose
6 un antonyme pour le laxisme ou l'indulgence
7 une nouvelle drogue dure très dangereuse
8 il va à l'école ou au lycée
9 un professeur ou un instituteur
10 un sentiment que l'on éprouve quand on est très fâché
11 une manifestation qui tourne mal

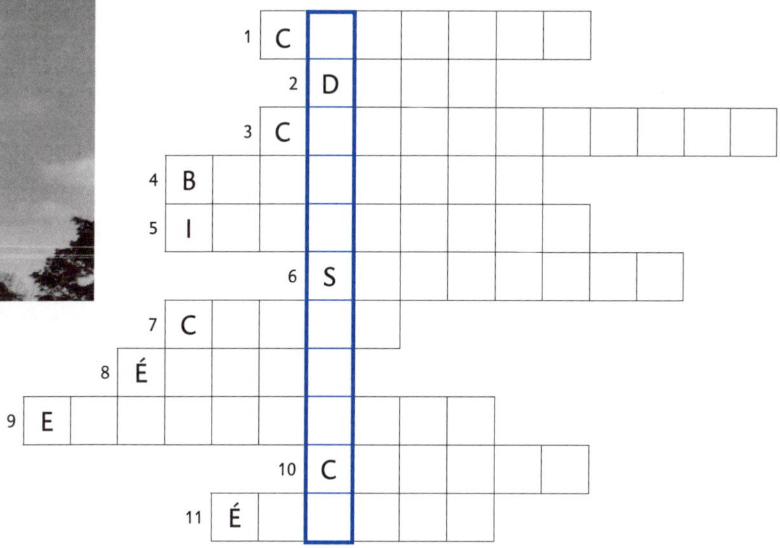

Aufgabe 10

Escalier de mots

Placez sur chaque marche, en commençant par la première marche en bas de l'escalier, un mot ou une expression, dans l'ordre chronologique de leur déroulement.

a) cure de désintoxication / curiosité / dépendance / goûter / guérir / se procurer

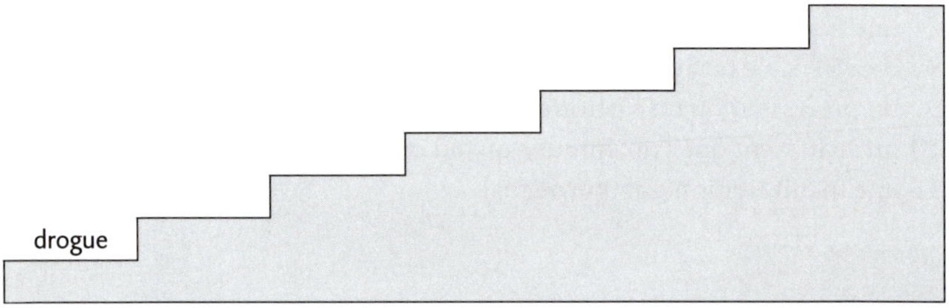

b) attaquer / avouer / colère / délit / être arrêté par la police / pousser à bout / prison / punir

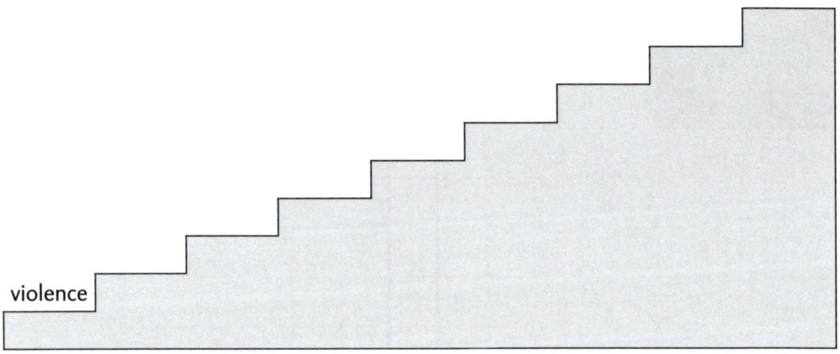

Les loisirs

Vocabulaire

l'agence de voyage [f.]	Reiseagentur
annuel, le	jährlich
apprécié, e	geschätzt, beliebt
automnal, e	herbstlich
l'aventure [f.]	Abenteuer
baigneur, euse	Badegast, Badende(r)
bénéficier de	Nutzen ziehen aus, genießen
bouleverser	völlig verändern, erschüttern
le bricolage	Basteln
la chaîne (de télé)	Fernsehsender
le champion	Meister (Sport)
la clientèle	Kundschaft
le cocooning	Abschottung, Sichabschotten
la colonie de vacances	Ferienkolonie
la compétition	Wettkampf
le comportement	Benehmen, Verhaltensweise
les congés (payés) [m. pl.]	(bezahlter) Urlaub
le, la consommateur, trice	Verbraucher(in)
(le, la) contemporain, e	Zeitgenosse(in), zeitgenössisch
la contrainte	Zwang
la convivialité	Geselligkeit
la croisière	Kreuzfahrt
le cycliste	Radfahrer
dangereux, euse	gefährlich
décontracté, e	entspannt
découvrir	entdecken
le désir	Wunsch
la détente	Entspannung
diffuser	senden, ausstrahlen
disposer de	verfügen über
l'écran [m.]	Bildschirm
émettre	senden

l'endroit [m.]	Ort, Platz
l'ennui [m.]	Langeweile, Ärger
enregistrer	aufnehmen
envahir	überschwemmen, überfallen, einfallen
l'équipe [f.]	Mannschaft
estival, e	sommerlich
l'estivant, e	Sommerurlauber(in)
éteindre	ausschalten, löschen
l'exigence [f.]	Forderung
l'exode [m.]	Flucht
favori, ite	Lieblings-, bevorzugt
le feuilleton	Fernsehserie
la foule	Menschenmenge
fréquenter	besuchen
gratuit, e	kostenlos, frei
l'habitude [f.]	Gewohnheit
hebdomadaire	wöchentlich
hivernal, e	winterlich
inciter à	verleiten zu, anregen zu
indispensable	unentbehrlich
individuel, le	Einzel-, individuell
interrompre	unterbrechen
le jardinage	Gartenarbeit
le jeu vidéo	Videospiel
jouer à	spielen (Sport)
jouer de	spielen (Musik)
jouir de qc.	etwas genießen
le lieu de rencontre	Begegnungsstätte
le loisir	Freizeit
le magnétoscope	Videorecorder
modifier	verändern
la multitude	Menge
muni, e de	ausgestattet mit
l'obstacle [m.]	Hindernis
l'ordinateur [m.]	Computer
participer à qc.	an etwas teilnehmen
le passe-temps	Zeitvertreib
passionné, e	leidenschaftlich
plein air	Freiluft-

populaire	beliebt, verbreitet
pratiquer un sport	Sport treiben
la préférence	Vorliebe, Vorzug
prendre part à qc.	an etwas teilnehmen
printanier, ière	Frühlings-
le privilège	Vorrecht, Privileg
propice à	geeignet für, günstig
la quiétude	Ruhe
quotidien, ne	täglich
la randonnée	Wanderung
le récepteur	Fernsehapparat, Empfänger
le refuge	Zuflucht
la rivière	Fluss
se distraire	sich zerstreuen
se divertir	sich vergnügen, sich zerstreuen
le séjour	Aufenthalt
s'enthousiasmer	sich begeistern
le sentier	Weg, Pfad
s'épanouir	sich entfalten
se réjouir de	sich erfreuen an
se reposer	ausruhen
s'évader	fliehen
le site	Ausblick, Ort
s'offrir qc.	sich etwas leisten, gönnen
la solitude	Einsamkeit
sortir	ausgehen
le souhait	Wunsch
la station balnéaire	Badeort
stressé, e	gestresst
la télécommande	Fernbedienung
le, la téléspectateur, trice	Fernsehzuschauer(in)
le temps libre	Freizeit
tenter qn.	jdn. in Versuchung bringen
l'usager [m.]	Verbraucher, Benutzer
le, la vacancier, ière	Urlauber(in)
le, la voyageur, euse	Reisende(r)

Idiomes et locutions

à la campagne	je passe le weekend à la campagne.	auf dem Land
en montagne	Il va en montagne pour faire du ski.	in den Bergen
au bord de la mer	Elle va au bord de la mer pour faire de la planche à voile.	an der See/Küste
avoir les moyens de	Ils n'ont pas les moyens de partir en vacances.	sich etwas leisten können
au grand air/ en plein air	Le rugby est un sport qui se pratique en plein air.	im Freien
prendre le temps de	Il faut prendre le temps de vivre.	sich Zeit nehmen
perdre son/du temps à	Il perd son temps à regarder la télé. Il a perdu du temps au départ de la course.	Zeit vergeuden/ verlieren
passer son temps à	Elle passe son temps à lire.	seine/ihre Zeit verbringen mit
à domicile	Les moniteurs ont raccompagné les enfants à domicile.	nach Hause, zu Hause
en plein essor	Cette station balnéaire est en plein essor.	voll im Aufschwung
sortir vainqueur de/ remporter la victoire	Il est sorti vainqueur de la course. Elle a remporté la victoire.	siegen
donner libre cours à qc.	Les loisirs permettent parfois de donner libre cours à la fantaisie.	einer Sache freien Lauf lassen
céder le pas à qn./ à qc.	Sur les routes, la prudence cède souvent le pas au désir de rouler vite.	jdm./etwas den Vortritt lassen/ gewähren
prendre le pas sur qc.	La société des loisirs a pris le pas sur le monde du travail.	etwas in der Hintergrund drängen
joindre l'utile à l'agréable	En faisant du sport, on joint l'utile à l'agréable.	das Nützliche mit dem Angenehmen verbinden

Exercices

Aufgabe 1 *Remplissez le tableau à l'aide des mots de la même famille.*

verb	substantif	adjectif	participe passé
se détendre			
souhaiter			
passionner			
pratiquer			
distraire			
contraindre			
ennuyer			
se réjouir			
divertir			
apprécier			
exiger			
s'habituer			
envahir			
interrompre		– – –	
permettre			
se reposer			
plaire			

Aufgabe 2 *Remplacez les mots entre parenthèses par un antonyme.*

a) Elle (continue) ____________________ son voyage.

b) Ses parents lui (permettent) ____________________ de regarder la télévision tous les jours.

c) Elle (s'ennuie) ____________________ à la plage.

d) Il (s'est reposé) ____________________ pendant les vacances.

e) Le téléviseur est un appareil (indispensable) ____________________.

f) Ce sont des vacanciers très (passifs) ____________________.

g) Ce sport est un sport (collectif) ____________________.

h) Après son voyage, il est rentré (stressé) ____________________.

i) La participation à ce jeu est (payante) ____________________.

j) N'oubliez pas d'(allumer) ____________________ le téléviseur.

Aufgabe 3 *Remplacez les mots entre parenthèses par un synonyme.*

a) Il n'est pas toujours possible de (jouir de) ____________________ ses vacances.

b) Le tennis est son sport (favori) ____________________.

c) Ce soir la première chaîne va (diffuser) ____________________ une émission sur les animaux.

d) Le sport et les voyages sont avec la télévision (les loisirs) ____________________ préférés des Français.

e) Au cirque, les clowns (amusent) ____________________ les enfants.

f) Elle a expliqué ce qu'elle (désirait) ____________________.

g) Dans les grandes villes les gens souffrent souvent d' (solitude) ____________________.

h) Les touristes ont (modifié) ____________________ leurs habitudes.

Aufgabe 4 *Donnez l'adjectif correspondant à chaque substantif (f. et m.).*

a) l'été : ______

b) l'hiver : ______

c) le printemps : ______

d) la durée : ______

e) l'année : ______

f) le mois : ______

g) la semaine : ______

h) la solitude : ______

Aufgabe 5 *Donnez une définition pour les expressions et les mots suivants :*

a) une station balnéaire : ______

b) un téléspectateur, une téléspectatrice : ______

c) une agence de voyage : ______

d) un contemporain : ______

e) remporter une victoire : ______

f) un sport populaire : ______

g) une croisière : ______

h) un cycliste : ______

i) une multitude : ______

j) une randonnée : ______

k) un magnétoscope : ______

l) un auditeur : ______

m) un champion : ______

n) une télécommande : ______

Aufgabe 6 *Trouvez le mot qui correspond à la définition.*

a) l'ensemble des gens qui achètent quelque chose : ____________________

b) les touristes qui sont en vacances en été : ____________________

c) une obligation qui vous gêne mais qu'il faut subir ou faire : ____________________

d) une personne qui prend un bain (à la mer, dans une piscine, un lac) : ____________________

e) un petit chemin étroit : ____________________

f) un verbe qui signifie éprouver un grand plaisir : ____________________

g) se sauver, prendre la fuite : ____________________

h) un adjectif pour quelque chose que l'on fait tous les jours : ____________________

i) un sentiment que l'on éprouve quand on voudrait fortement quelque chose : ____________________

j) une personne qui achète, qui utilise quelque chose : ____________________

k) les enfants y passent leurs vacances avec des moniteurs, sans leurs parents : ____________________

Aufgabe 7 *Complétez le texte en traduisant les mots entre parenthèses.*

Une société de communication ?

L'homme d'aujourd'hui (verfügt) ______________________[1] en moyenne de quatre heures de (Freizeit) ______________________[2] par jour.

A quoi les emploie-t-il? Aller au cinéma, au théâtre, visiter une exposition, rendre visite à des amis, (Sport treiben) ____________________[3] . . . ?

Rien ou peu de tout cela. Une enquête a montré que nos (Zeitgenossen) ________________[4] (verbringen) ________________[5] les trois quarts de leur temps libre à la maison, le plus souvent devant leur (Fernsehgerät) ______________________[6]. La cinquantaine de (Kanäle) ________________[7] dispensées par le câble et les satellites offrent un programme extrêmement (vielfältig) __________________[8] auquel il est bien difficile de résister. Ainsi, le (Fernsehzuschauer) __________________[9] reçoit-il, dans son fauteuil et sans fournir aucun effort, un plaisir et une (Zerstreuung) __________________[10] qu'il aurait dû aller chercher hors de chez lui avant l'apparition de la télévision. Même les amis lui sont livrés (nach Hause) ____________________[11]. Le destin des héros des innombrables (Serien) ________________[12] a bien plus d'importance que celui de ses voisins qu'il ne voit que rarement.

Presque tous les ménages français ont un ou plusieurs appareils de télé et un (Videorekorder) ____________[13] sur lequel ils (aufnehmen) __________[14] des millions de cassettes par an. Ces cassettes sont peu à peu remplacées par des D.V.D que les jeunes aiment échanger entre eux..

L' (Computer) ____________[15], le Walkman, le (Videospiel) ____________[16], pour ne citer que ceux-ci, tiennent eux aussi une place considérable dans la vie du (Verbraucher) ______________[17] de plus en plus (passiv) ____________[18].

« La société de communication devient une société d'excommunication », déclare l'auteur français Gérard Mermet qui voit en France, comme dans la plupart des nations industrialisées, des millions de téléspectateurs devenus (abhängig) ____________________[19], gaspiller ainsi leur temps libre au détriment de la (Geselligkeit) ____________________[20] et de la communication.

Aufgabe 8 *Complétez le texte à l'aide de la liste de mots. Attention à l'accord!*

> allumer / choix / détente / discuter / distraction / éteindre / exclu / expérience / film / habitude / héros / récepteur

Ces gens qui n'ont pas la télé …

« Quand notre ____________________[1] est tombé en panne, nous avons décidé, d'un commun accord de ne pas le faire réparer … »

Madame B, mère de deux enfants de douze et quatorze ans témoigne d'une ____________________[2] commencée il y a quelques semaines et dont il est difficile de dire comment elle se terminera.

« Nous avons voulu faire un ____________________[3], jouir des moments de ________________[4] en famille, renouer avec de vieilles ________________[5], jouer et ____________________[6] avec nos enfants …

Quand nous osons dire que ‹nous n'avons pas la télé›, on nous regarde avec des yeux ronds. Pour les enfants, c'est encore plus difficile. A l'école, on parle télé, il y a des ________________[7] qu'il faut connaître, des ________________[8] qu'il faut avoir vus sous peine de se sentir ____________________[9]. »

N'est-il pas paradoxale d'éprouver la même gêne à dire qu'on ne regarde pas la télévision que celle que l'on a à avouer que l'on ne résiste pas à la tentation de l'____________________[10] ? Sans en arriver à la supression totale d'une source d'informations, de culture et de ____________________[11], ne serait-il pas temps de se montrer beaucoup plus critique dans le choix d'un programme et surtout d'apprendre à ____________________[12] ... ?

Aufgabe 9 *Complétez le texte en traduisant les mots entre parenthèses.*

La France touristique

Avec un chiffre annuel de plus de 60 millions de (Besucher) ________________[1] étrangers, la France est et reste le pays le plus visité en Europe. Cependant, si la Côte d'Azur, la Bretagne, le Mont-Saint-Michel et les châteaux de la Loire comptent toujours parmi les destinations les plus (geschätzt) ______________[2] des (Urlauber) ________________[3], les années quatre-vingts ont vu apparaître un nouveau type de tourisme, « le tourisme vert ». Pour échapper au stress des grandes villes, mais aussi parce que les (Strände) ____________________[4] et les (Badeorte) ________________[5] les plus fréquentées sont devenues trop chères, de plus en plus de touristes préfèrent passer leurs vacances à la campagne où ils trouvent le (Ruhe) ________________[6] et la (Entspannung) ________________[7]. C'est ainsi que parmi les 12 millions de touristes allemands qui (besuchen) ____________________[8] la France chaque année, un grand nombre ont choisi de se rendre dans des endroits moins fréquentés, pour trouver dans l'arrière-pays le vrai visage des communes rurales qui est aussi celui de la France profonde. Dans ces sites, propices aux (Wanderungen) _______________[9] et aux (Entdeckungen) _______________[10] insolites, les amateurs de (Einsamkeit) ______________[11] et d'air pur peuvent également goûter une cuisine régionale qu'ils ne trouveront nulle part ailleurs. Les fermes-auberges, le (Camping auf dem Bauernhof) _________________[12], les gîtes ruraux (fermes restaurées que l'on peut louer très bon marché) sont en pleine expansion et font une concurrence sérieuse aux hôtels, aux restaurants et aux stations touristiques (überlaufen) ____________________[13] qui n'offrent pas toujours ce que leur clientèle en attend.

Aufgabe 10 *Remplissez la grille et trouvez le mot caché. Ce mot peut s'appliquer à chacun de nous.*

1 une des saisons
2 au cinéma ou à la maison, certains le regardent trop souvent
3 un film à plusieurs épisodes
4 un groupe de sportifs qui jouent ensemble
5 un grand amour
6 celles de la Méditerrannée sont surpeuplées en été
7 un endroit particulièrement beau et intéressant, un beau point de vue
8 les «grandes» sont les préférées des élèves
9 on y va pour voir des pièces de Molière par exemple
10 un sentiment très agréable
11 une maladie de notre époque provoquée par trop de travail, la peur, etc.
12 celles de la télé sont nationales ou privées
13 une grande quantité de gens
14 un beau voyage d'agrément en mer

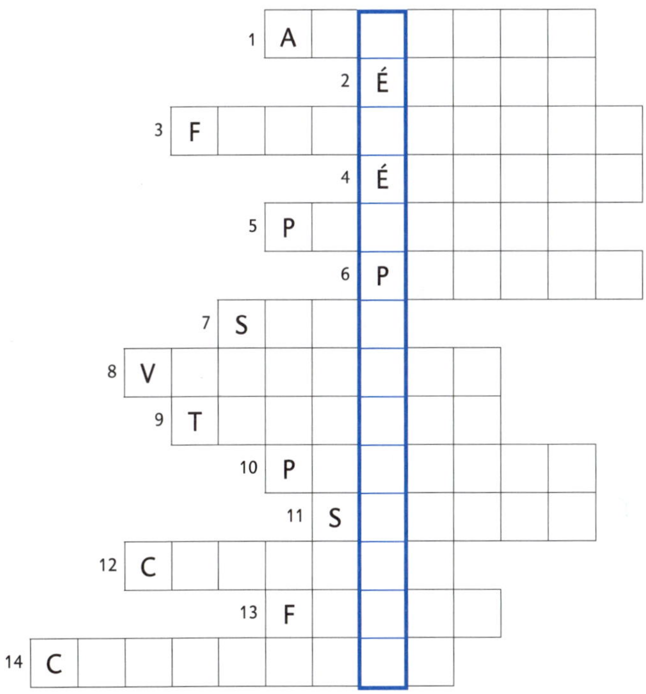

Aufgabe 11 Complétez le tableau à l'aide de la liste de mots.

agence de voyage / au bord de la mer / avion / bagages / baigneur / bain de soleil / billet de train / caravane / champion / cinéma / cirque / compétition / conférence / croisière / équipe / exposition / gagner un match / jeux vidéo / musée / opéra / parasol / pratiquer la natation / randonnée / réservation d'une chambre d'hôtel / s'entrainer / sable / séjour / serviette de bain / site / station balnéaire / télévision / théâtre / voyageur

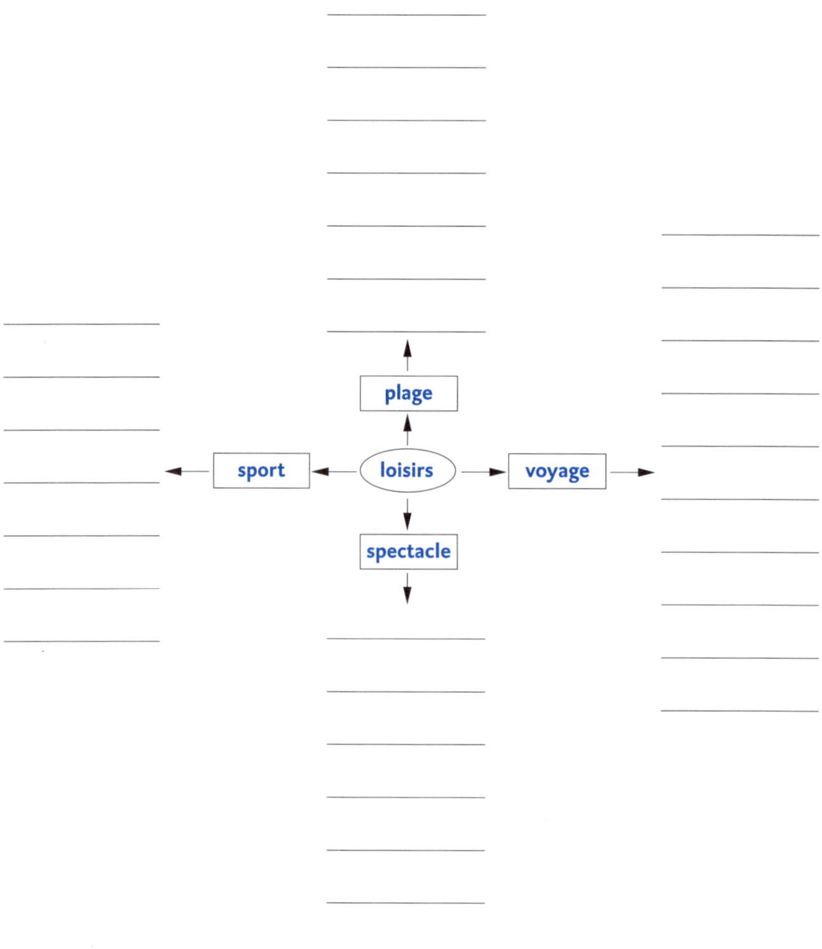

L'environnement

Vocabulaire

abaisser	senken, mindern
abîmer	beschädigen, zerstören
acide	säurehaltig
l'aggravation [f.]	Verschlimmerung
alimentaire	Nahrungs-, Ernährungs-
améliorer	verbessern
anéantir	vernichten
assainir	bessern, sanieren
assécher	austrocknen, trockenlegen
l'augmentation [f.]	Erhöhung, Zunahme
la biosphère	Lebensraum
le cancer de la peau	Hautkrebs
le catalyseur	Katalysator
C.F.C. (chloro-fluoro-carbone)	FCKW
combustible	brennbar
concevoir	ausdenken, planen
la conservation	Erhaltung, Bewahrung
la contamination	Verseuchung
la couche d'ozone	Ozonschicht
coupable	schuldig
le déboisement	Abholzen
la décharge	Müllhalde
les déchets [m. pl.]	Müll, Abfall
le défi	Herausforderung
délicat, e	empfindlich, zart
la destruction	Zerstörung
dévasté, e	verwüstet, ruiniert
déverser	kippen, schütten
la diminution	Verringerung, Abnahme
disparaître	verschwinden
l'écologie [f.]	Umweltschutz
écologique	umweltfreundlich

économique	sparsam, wirtschaftlich
l'effet de serre [m.]	Treibhauseffekt
les égouts [m. pl.]	Abwasser
l'émission [f.]	Ausstoß
l'empoisonnement [m.]	Vergiftung
l'énergie nucléaire [f.]	Atomenergie
l'engrais [m.]	Dünger
entouré, e de	umgeben von
entraîner	verursachen, zur Folge haben
l'environnement [m.]	Umwelt
l'équilibre [m.]	Gleichgewicht
l'espèce [f.]	Art, Gattung
exterminer	ausrotten
la famine	Hungersnot
la faune	Tierwelt
la flore	Pflanzenwelt
la Forêt Vierge	Regenwald
gaspiller	vergeuden
le gaz carbonique	Kohlendioxid
le gaz d'échappement	Auspuffgas
génétique	genetisch
(im)propre à la consommation	(un)genießbar
(in)épuisable	(un)erschöpflich
(in)habitable	(un)bewohnbar
innocent, e	unschuldig
insensible	gleichgültig
insouciant, e	unbekümmert, sorglos
irradier	verstrahlen
la limitation de vitesse	Geschwindigkeitsbegrenzung
la marée noire	Ölpest
menacer	bedrohen
la nappe phréatique	Grundwasser
nocif, ive	schädlich
nucléaire	nuklear
nuire	schaden, beeinträchtigen
la nuisance	Umweltbeeinträchtigung
l'O.G.M. [m.] (organisme génétiquement modifié)	gentechnisch veränderter Organismus

les ordures [f. pl.]	Abfall
le pesticide	Schädlingsbekämpfungsmittel
le pétrole	Öl
le pétrolier	Öltanker
la pluie acide	saurer Regen
le poison	Gift
le polluant	Schadstoff
la pollution	Umweltverschmutzung
potable	trinkbar
prendre des mesures [f.]	Maßnahmen ergreifen
préserver	erhalten, schützen
protéger	schützen
provoquer	verursachen
purifier	reinigen
la qualité de vie	Lebensqualität
la radiation	Strahlung
radioactif, ive	radioaktiv
ravager	verwüsten
le reboisement	Wiederaufforstung
le réchauffement	Erhitzung, Aufheizung
le recyclage	Wiederverwertung
renouvelable	erneuerbar
la réserve	Vorrat; *auch:* Naturpark
les ressources [f. pl.]	Naturschätze, Ressourcen
restaurer	wiederherstellen
retraiter	wieder verwerten
sans plomb	bleifrei
la sauvegarde	Erhaltung, Bewahrung
se débarrasser de	sich entledigen
s'insurger contre	sich empören, sich entrüsten
solaire	Solar-, solar
soucieux, euse	besorgt
la station d'épuration	Kläranlage
la surpopulation	Überbevölkerung
survivre	überleben
toxique	giftig
usé, e	verbraucht
vidanger	Öl ablassen
la zone climatique	Klimazone

Idiomes et locutions

tomber malade	Ayant bu de l'eau non potable il est tombé malade.	krank werden
se voir confronté à	Nous nous sommes vus confrontés à de graves problèmes.	konfrontiert werden mit
se heurter à la résistance de	Cette nouvelle loi se heurte à la résistance des écologistes.	seitens der/des ... auf Widerstand stoßen
être soumis aux lois de la nature	Nous sommes tous soumis aux lois de la nature.	den Naturgesetzen unterliegen
faire peu de cas de	Beaucoup de gens font bien peu de cas de la pollution.	einer Sache wenig Beachtung schenken
être en jeu	C'est tout notre avenir qui est en jeu.	auf dem Spiel stehen
être en voie de disparition	De nombreuses espèces animales sont en voie de disparition.	vom Aussterben bedroht
aux dépens de	Les hommes vivent aux dépens de la nature.	auf Kosten von
faire les frais de	Toute la planète fera les frais de la pollution.	für etwas büßen
au vu et au su de	Certaines usines polluent au vu et au su de tous.	offensichtlich
à la longue	A la longue, nous finirons par manquer d'eau potable.	mit der Zeit, auf lange Sicht
porter préjudice à	Les pollueurs portent préjudice à toute l'humanité.	schaden
à plus ou moins brève échéance	Cette forêt disparaîtra à plus ou moins brève échéance.	über kurz oder lang

Exercices

Aufgabe 1 *Remplissez le tableau à l'aide de mots de la même famille.*

verbe	substantif	adjectif	participe passé
			disparu, e
promettre			
		menaçant, e	
polluer			
		préservateur, trice	
			protégé, e
		ravageur, euse	
	la survie		
		gaspilleur, euse	
			nui, e
		entreprenant, e	
		conceptuel, le	
	la pureté		
			utilisé, e
			détruit, e
	le poison		

Aufgabe 2 *Trouvez les antonymes (avec l'article indéfini pour les substantifs).*

a) une diminution ______________________

b) assainir ______________________

c) un gaspillage ______________________

d) potable ______________________

e) pur ______________________

f) abîmer ______________________

g) un reboisement ______________________

h) une aggravation ______________________

i) innocent ______________________

j) soucieux ______________________

Aufgabe 3 *Trouvez les synonymes (avec l'article défini pour les substantifs).*

a) contaminer ______________________

b) recycler ______________________

c) sauvegarder ______________________

d) nocif ______________________

e) les ordures ______________________

f) anéantir ______________________

g) provoquer ______________________

Aufgabe 4 *Complétez le texte à l'aide des expressions et des mots donnés. Certains mots peuvent être employés plusieurs fois.*

anéantir / déboiser / destruction / disparition / espèce / faune / flore / Forêt Vierge / génétique / inhabitable / protéger / ravager / sauvegarder / s'insurger / survie

La Forêt Vierge – son importance pour notre __________ [1]

Tout comme l'atmosphère ou les océans, la __________ [2] constitue un organisme qui contribue à __________ [3] la vie sur notre planète. On y trouve une variété de __________ [4] et de __________ [5] comme nulle part ailleurs. De nombreuses tribus qui vivaient en parfaite symbiose avec la forêt savaient comment l'exploiter sans pour cela la __________ [6]. En effet, les hommes qui vivent de la forêt savent mieux que quiconque comment la __________ [7].

Néanmoins, pour satisfaire leur soif de consommation, les nations industrialisées __________ [8] les forêts au vu et au su du monde entier sans que l'opinion publique ne __________ [9]. Ne savons-nous pas que la forêt est un des garants de notre __________ [10] ? Inexorablement, nous __________ [11] d'immenses potentiels __________ [12] qui constituent le plus inestimable trésor de l'humanité.

Cette ceinture verte qui entoure la terre tout le long de l'équateur est l'espace vital le plus riche en __________ [13]. Malheureusement cette multiplicité d'_____________[14] (rien qu'au Brésil on dénombre 3 500 essences forestières) va porter préjudice à la ___________________[15]. A long terme, elle disparaîtra si sa _________________________[16] se poursuit et nous mourrons avec elle car sa _______________[17] entraînera une catastrophe climatique qui fera de la terre une planète _________________[18].

Aufgabe 5 *Complétez le texte. Selon le cas, traduisez le mot allemand, complétez le mot ou l'expression, ou bien mettez les lettres dans le bon ordre.*

La planète-serre

Voilà bien longtemps que les scientifiques essaient d'attirer l'attention du monde entier sur le grand danger que représente le lent (Erwärmung) _______ _______[1] de la terre. A l'origine de ce phénomène, un gaz apparemment inoffensif, l'oxyde de ______________[2] produit entre autres par la combustion du charbon, du pétrole et du gaz naturel. La des______________[3]ion systématique de la grande Forêt ____________________[4], véritable poumon de notre planète ajoute encore aux effets pervers de cette situation.

Cet (Treibhauseffekt) ____________________[5], au sujet duquel de nombreux spécialistes s'emploient à tirer la sonnette d'alarme, pro_________________[6] le réchauffement permanent de l'atmosphère et, véritable menace, entraîne la fonte de l'énorme masse de glace que constituent les deux Pôles.

Si cet effet se poursuit, il risque d'(n e r n r i e a t) _______________[7] à plus ou moins brève échéance un décalage des zones ________________[8] provoquant sécheresse et (Hungersnot) ________________[9] dans certaines régions et une montée du niveau de la mer suivie de l'inondation de villes côtières à très dense population.

Nous demeurons néanmoins in_________[10]ibles à ce danger qui (a m e c n e) _____________[11] l'humanité tout entière. Que ce soit dans le domaine de la politique ou dans celui de l'économie et du développement industriel, nous faisons preuve d'une in_________[12]ance et d'une passivité bien (p c l e u s a o b) _____________[13] alors qu'il serait grand temps de prendre des me___________[14] draconiennes. Ces mesures indispensables, bien connues des scientifiques puisqu'elles résultent de leurs analyses, changeraient considérablement le mode de vie de chacun d'entre nous. Mais quel gouvernement, sou__________[15] de plaire à son électorat, oserait aujourd'hui imposer à ses concitoyens des mesures aussi impopulaires prises (auf Kosten) ___________[16] de notre confort?

Aufgabe 6 *Donnez pour chaque expression une explication ou définition en français.*

a) la protection de la nature : ______________________________

b) la faune et la flore : ______________________________

c) la marée noire : ______________________________

d) les ressources naturelles : ______________________________

e) la nappe phréatique : ______________________________

f) l'énergie atomique : ______________________________

g) les gaz polluants : ______________________________

h) l'irradiation : ______________________________

i) l'effet de serre : ______________________________

Aufgabe 7 *Traduisez le texte suivant.*

Les essais nucléaires

Finis les essais nucléaires? Rien n'est moins sûr! Si le risque de voir proliférer les armements nucléaires demeure l'un des problèmes majeurs auxquels le monde est confronté, la question est de savoir comment s'en protéger.

Qu'il s'agisse de la décision de François Mitterrand d'arrêter les essais nucléaires ou de celle de Jacques Chirac de refaire quelques essais pour protéger la France contre les nouveaux candidats à l'arme atomique, elles reposent toutes les deux sur des considérations de politique intérieure faisant bien peu de cas de l'opinion internationale.

L'aventure nucléaire militaire reste un sujet tabou. Inutile d'enquêter sur les questions atomiques. En France, plus que partout ailleurs, il est impossible d'avoir accès aux dossiers secrets de la bombe. Les seuls documents pouvant être consultés remontent au moins à 1935!

Ainsi, on passe sous silence les essais qui tournent mal. En 1962, en Algérie, une importante fuite radioactive a nécessité l'évacuation immédiate des techniciens et du personnel militaire participant à des essais souterrains. Tous, malgré les précautions, ont été plus ou moins gravement irradiés.

La nécessité de fournir à notre planète l'énergie dont elle a besoin, la modernisation technologique étroitement liée aux recherches dans le domaine du nucléaire et le besoin de posséder une force de dissuation justifient-ils le risque énorme encouru par tous?

La politique

Vocabulaire

abdiquer	abdanken
abolir	abschaffen
absolu, e	absolut, unumschränkt
accepter	annehmen
l'accord [m.]	Übereinstimmung
adhérer	anhaften, zugehören
l'administration [f.]	Verwaltung
affirmer	behaupten
appliquer	anwenden
approuver	etwas billigen
l'Assemblée nationale [f.]	Nationalversammlung
assurer	versichern
autoriser	ermächtigen, erlauben
le budget	Staatshaushalt
la campagne électorale	Wahlkampf
la candidature	Kandidatur
censurer	zensieren
centralisé, e	zentralisiert
le, la citoyen, ne	Bürger(in)
civil, e	zivil, bürgerlich
la cohabitation	Zusammenarbeit von Präsident und Regierung verschiedener politischer Richtungen
la collectivité	Gemeinschaft
communiquer	mitteilen
compétent, e	fähig, zuständig
conduire	leiten, führen
conservateur, trice	konservativ
constituer	bilden, darstellen
la constitution	Verfassung
consulter	zurate ziehen
contraire	gegensätzlich
débattre	debattieren

décider de	entscheiden über
délicat, e	heikel, schwierig
démissionner	zurücktreten (von einem Amt)
le, la député	Abgeordnete(r)
déterminer	bestimmen
dictatorial, e	diktatorisch
le dirigeant	Herrscher, Staatslenker
disposer de	verfügen über
dissoudre	auflösen
divisé, e	geteilt
dominer	beherrschen
les droits de l'homme [m. pl.]	Menschenrechte
l'électeur, trice	Wähler(in)
les élections législatives [f. pl.]	Parlamentswahl
les élections municipales	Gemeinderatswahl, Stadtratswahl
les élections présidentielles	Präsidentschaftswahl
l'électorat [m.]	Wählerschaft
être chargé de	beauftragt sein mit/zu
être favorable à	für etwas gesinnt sein
exécuter	ausführen
la fraude	Betrug
gérer	verwalten
le gouvernement	Regierung
l'impôt	Steuer
l'indépendance	Unabhängigkeit
instaurer	einführen, einsetzen
juridique	rechtlich, juristisch
juste	gerecht, richtig, knapp
laïc, ïque	weltlich, religiös unabhängig
légal, e	rechtmäßig
la loi	Gesetz
lutter	kämpfen
le maire	Bürgermeister
majoritaire	mehrheitlich
manifester	äußern, kundgeben, demonstrieren
mécontent, e	unzufrieden
le ministère	Ministerium
minoritaire	minderheitlich

modéré, e	gemäßigt
la nationalité	Nationalität
nommer	ernennen
opposant, e	Gegner (politisch)
l'opposition [f.]	Opposition
le parti	Partei
participer à	teilnehmen an
partisan, e	Befürworter(in), Anhänger(in)
les pleins pouvoirs [m. pl.]	Vollmacht
le, la politicien, ne	Politiker(in)
le pouvoir exécutif	Exekutive, ausführende Gewalt
le pouvoir judiciaire	Judikative, richterliche Gewalt
le pouvoir législatif	Legislative, gesetzgebende Gewalt
proclamer	verkünden, ausrufen
la proposition de loi	Gesetzesvorschlag
public, ique	öffentlich
le quinquennat	5-jährige Amtszeit
radical, e	radikal
la puissance	Macht
refuser	ablehnen, verweigern
répartir	aufteilen, einteilen
représenter	darstellen, vertreten
réprouver	missbilligen
responsable de	verantwortlich für
le, la ressortissant, e	Staatsangehörige(r)
le résultat	Ergebnis
revendiquer	fordern
se méfier de	sich hüten vor
se résigner à	sich abfinden mit
se réunir	sich vereinigen
la session	Sitzung
succéder	nachfolgen
le suffrage	Wahlstimme
la taxe	Steuer
le tour de scrutin	Wahlgang
la volonté	Wille
le vote	Abstimmung, Stimme

Idiomes et locutions

être soumis à l'approbation de	La proposition de loi est soumise à l'approbation du Sénat.	der Zustimmung des/der … unterliegen
à la suite de	Les élections furent annulées à la suite d'une fraude électorale.	infolge von, als Folge
accorder les pleins pouvoirs	Le peuple refusa de lui accorder les pleins pouvoirs qu'il demandait.	die Vollmacht zubilligen
la voie du référendum	Cette nouvelle loi fut votée par la voie du référendum.	über Volksentscheid
prendre l'engagement de faire qc.	Il a pris l'engagement d'aider son pays à retrouver confiance en l'avenir.	sich verpflichten etwas zu tun
déposer un projet de loi	Les députés ont déposé un projet de loi qui devra être voté par l'Assemblée nationale.	einen Gesetzesentwurf einbringen
le cas échéant	Il faudra, le cas échéant, voter une deuxième fois.	gegebenenfalls
le moment venu	Le moment venu, on publiera le résultat des élections.	zu gegebener Zeit
mettre en cause	Cette affaire risque de mettre en cause la compétence du ministre.	infrage stellen
en tant que	En tant que président de la République, j'ai un devoir vis à vis de tous les Français.	als, in der Funktion des/der
donner lieu à	Cette fraude électorale a donné lieu à de vigoureuses protestations.	Anlass geben zu
mettre en vigueur	La mise en vigueur de cette loi a provoqué des conflits sociaux.	in Kraft setzen
être au-dessus de tout soupçon	J'ai pleine confiance en lui, pour moi il est au-dessus de tout soupçon.	über jeden Verdacht erhaben sein

Exercices

Aufgabe 1 *Remplissez le tableau à l'aide de mots de la même famille.*

verbe	substantif	adjectif	participe passé
élire			
gouverner			
appliquer			
dominer			
favoriser			
présider			
dépendre			
dissoudre			
respecter			
vouloir			
mentir			

Aufgabe 2 *Trouvez les antonymes (avec l'article indéfini pour les substantifs).*

a) accepter ____________________

b) autoriser ____________________

c) approuver ____________________

d) légal ____________________

e) majoritaire ____________________

f) un accord ____________________

g) divisé ____________________

h) dictatorial ____________________

i) faire confiance à ____________________

j) une victoire ____________________

k) dire la vérité ____________________

Aufgabe 3 *Trouvez les mots qui désignent les expressions ou les définitions données. Comment appelle-t-on …*

a) l'élection du maire ? ____________________

b) l'élection d'un député ? ____________________

c) l'élection du président de la République ? ____________________

d) la durée du mandat du président de la République, période pendant laquelle il est en fonction ? ____________________

e) le vote auquel tous les citoyens sont invités à participer ? ____________________

f) la personne qui vote ? ____________________

g) l'ensemble des députés et la chambre où ils siègent ? ____________________

h) quitter sa fonction, abandonner ses pouvoirs ? ____________________

i) le parti adverse de celui du chef de l'Etat ? ____________________

j) Le fait d'être obligé de choisir et de gouverner avec un Premier ministre dans le parti adverse ? ____________________

Aufgabe 4 *Complétez le texte en traduisant les mots et les expressions entre parenthèses.*

Promesses et déception

Bien que les (Politiker) ________________ [1] de France s'emploient activement à gagner la confiance des (Wähler) ____________________ [2] les Français (missbilligen) ____________ [3] la politique du (Regierung) ____________ [4] et aux élections européennes de 2004, plus de 50% des électeurs de France ne sont pas allés voter.

« J'ai l'impression d' (zum Narren gehalten worden sein) ______________[5]. » déclare un citoyen déçu. « Toutes les promesses qui ont été faites pendant la (Wahlkampf) ______________[6] semblent oubliées aujourd'hui. Après tous ces (Lügen) ______________[7] et ces déceptions, il est bien difficile de continuer à faire confiance à nos (Staatslenker) ______________[8] politiques. Quel que soit le (Ergebnis) ______________[9] des prochaines élections je ne me fais pas d'illusions. En ce qui me concerne, je ne suis pas (radikal) ______________[10], je suis plutôt (gemäßigt) ______________[11], et je n'approuve pas la politique de M. Le Pen mais je comprends pourquoi tant de gens ont voté (extrem rechts) ______________[12]. Il y a trop ‹d'affaires› actuellement. Des ministres et des (Abgeordnete) ______________[13] qui devraient (über jeden Verdacht erhaben sein) ______________[14] sont mêlés à des scandales qui déshonorent la classe politique. Ces gens qui nous gouvernent ont abusé de leur (Macht) ______________[15] et ils ne méritent plus notre confiance. »

Si de telles déclarations ne reflètent pas l' (Meinung) ______________[16] de tout l'(Wählerschaft) ______________[17] français, elles sont certainement le signe d'un (Unzufriedenheit) ______________[18] général.

Aufgabe 5 *Complétez le texte. Testez vos connaissances!*

La Ve République

En 1958, le général de Gaulle élabora une nouvelle constitution qui fut soumise à l'approbation des Français par la voie du ______________[1]. Cette constitution de la Ve République est basée sur la souveraineté nationale et les principes démocratiques. Le président de la République est élu pour ____________[2].
Il nommé le ______________[3] qui à son tour va constituer le ______________[4].
Il y a deux pouvoirs distincts: le ________________[5] et le ________________[6].
Le président et le gouvernement détiennent le pouvoir exécutif.
Le ________________[7] détient le pouvoir législatif. Le ________________[8] est le chef des armées.
Si son parti n'a plus la majorité au parlement, le président peut ____________[9] l'Assemblée nationale.
Le parlement comprend l'______________[10] et le __________________[11]. Les __________________[12] siègent à l'Assemblée nationale. Les lois sont votées par le __________________[13].

Aufgabe 6 *Complétez le texte à l'aide de la liste de mots et d'expressions.*

chef des armées / constitution / défense nationale / démission / désaccord / gouverner / loi / pleins pouvoirs / pouvoir / Premier ministre

La défense nationale

Selon l'article 15 de la __________________[1] le président de la République est le ______________[2], et selon l'article 21 le Premier ministre est responsable de la ______________[3]. Mais en cas de ________________[4] entre les deux hommes, à qui revient le _________________[5] de décision? Question délicate à laquelle le général de Gaulle avait répondu en donnant les ______________[6] au président de la République.

Cette ______________[7] fut abolie après la ______________[8] de de Gaulle et le Premier ministre retrouva ses prérogatives. En ce qui concerne l'arme nucléaire, son emploi était entièrement décidé par le général de Gaulle quand ce dernier ____________[9] la France, mais depuis la nouvelle constitution, l'article 19 complique encore les choses. Il y est dit qu'en matière de défense, le chef de l'Etat doit obligatoirement avoir le consentement du ____________[10] avant de prendre toute initiative.

Souhaitons qu'il n'y ait pas de guerre, car il y aurait beaucoup de confusion!

Aufgabe 7 *Complétez le schéma.*

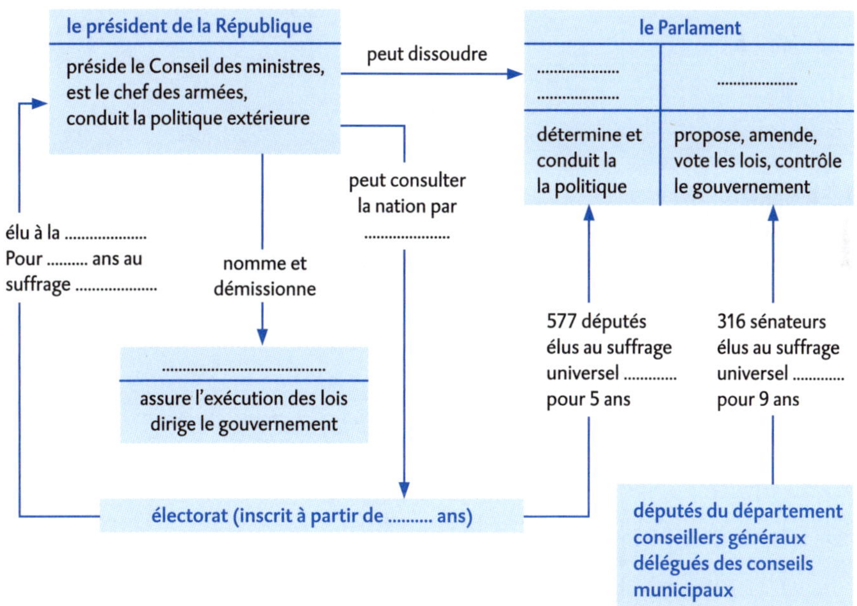

Aufgabe 8 *Jouons avec les mots. Quels sont les mots cachés?*

Les verbes

1 diriger, faire la gestion de qc.
2 participer à une élection
3 donner l'autorisation
4 être d'accord, antonyme de réprouver
5 antonyme de refuser
6 interdire ou prendre la défense
7 quitter, abandonner sa fonction
8 prendre la suite, antonyme de précéder
9 prendre part à qc.

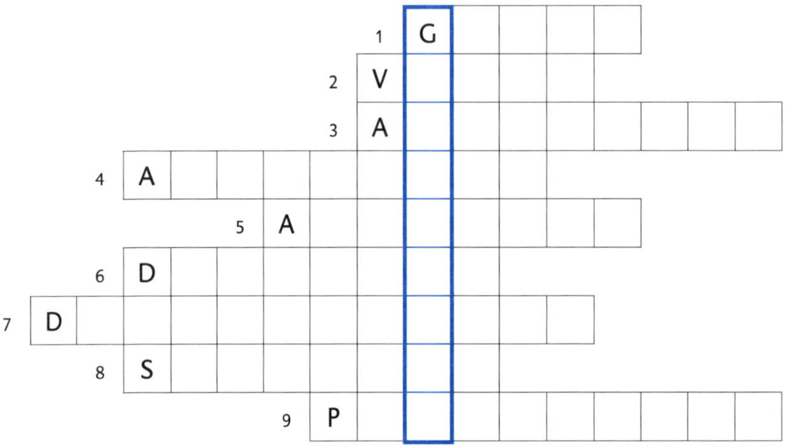

Les substantifs

1 il siège au Sénat
2 l'ensemble des personnes qui votent
3 habitant d'une cité, d'un pays
4 le chef de l'Etat
5 personne qui siège à l'Assemblée nationale
6 l'argent dont dispose l'Etat

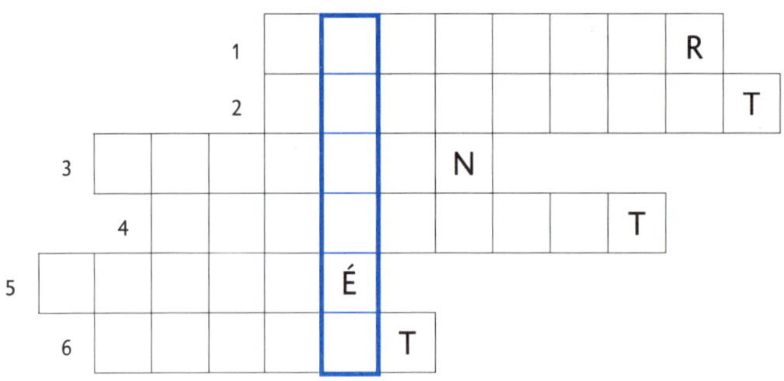

Le centralisme

Vocabulaire

abandonner	verlassen, aufgeben
administratif, ive	Verwaltungs-
l'agglomération [f.]	Stadt, Ballungsgebiet
l'aménagement du territoire [m.]	Raumplanung
arbitraire	willkürlich
aspirer à qc.	wünschen, sich nach etwas sehnen
autonome	selbstbestimmt, unabhängig
avantageux, euse	vorteilhaft
campagnard, e	ländlich, Landbewohner(in)
la capitale	Hauptstadt
la centralisation	Zentralisierung
le chef-lieu	Hauptstadt eines Departements
le chemin de fer	Eisenbahn
le, la citadin, e	Stadtbewohner(in)
la compétence	Zuständigkeit, Kompetenz
la concentration	Konzentration
converger	zusammenlaufen
déborder	überlaufen, über die Ufer treten
la décentralisation	Dezentralisierung
déménager	umziehen
la démographie	Bevölkerungsstatistik, Demographie
dépasser	überragen, übersteigen, überholen
le dépeuplement	Entvölkerung
le déséquilibre	Ungleichgewicht
le désert	Wüste
désert, e	unbewohnt, verlassen
la désertification	Verödung, Landflucht
le détriment	Nachteil
la disparité	Ungleichheit
la diversité	Verschiedenheit
l'écart [m.]	Spanne, Abweichung

l'élu local [m.]	gewählter Vetreter auf lokaler Ebene
encombré, e	überladen, vollgestopft
équiper	ausstatten, ausrüsten
essentiel, le	wesentlich
établir	errichten
l'évolution [f.]	Entwicklung, Evolution
exagérer	übertreiben
exiger	(er)fordern
l'exode [m.]	Abwanderung
favoriser	begünstigen
ferroviaire	Eisenbahn-
fuir	fliehen
gênant, e	hinderlich, störend
gérer	verwalten
gigantesque	überdimensional
indispensable	unentbehrlich, unerlässlich
l'inégalité [f.]	Ungleichheit, Ungleichgewicht
l'infrastructure [f.]	Infrastruktur
l'initiative [f.]	Initiative
installer	einrichten, anbringen
monopoliser	sich das Monopol verschaffen
la mutation	Veränderung, Verwandlung
nécessaire	notwendig
l'objectif [m.]	Vorhaben, Ziel
offrir	(an)bieten
le patrimoine	kulturelles Erbe
paysan, ne	Bauer, Bäuerin
prépondérant, e	dominierend, überlegen
la primauté	Vorrang, Führungsposition
propice	günstig
la province	Provinz
la réforme	Reform, Neuerung
la régionalisation	Regionalisierung
relier	verbinden, verknüpfen
renforcer	(ver)stärken
la répartition	Verteilung, Aufteilung
le réseau	Netz
le ressort	Zuständigkeitsbereich
restreint, e	beschränkt, eingeschränkt

le rôle	Aufgabe, Rolle
routier, ière	Straßen-
rural, e	ländlich
les ruraux [m. pl.]	Landbewohner (Pl.)
saturé, e	gesättigt, ausgeschöpft
s'établir	sich niederlassen
se vider	leer werden
le siège social	Gesellschaftssitz
simplifier	vereinfachen
s'installer	sich niederlassen
soulager	entlasten, erleichtern
le soutien	Unterstützung, Hilfe
la subvention	Zuschuss
supplanter	verdrängen
surcharger	überlasten
transférer	verlegen, versetzen, übertragen
l'uniformisation [f.]	Vereinheitlichung
urbain, e	städtisch
urgent, e	dringend

Idiomes et locutions

mettre qc. à la disposition de qn.	L'Etat met un budget considérable à la disposition des projets régionaux.	jdm. etwas zur Verfügung stellen
mettre en valeur	Le développement du tourisme contribue à la mise en valeur de certaines régions.	zur Geltung bringen, den Wert heben
l'image de marque	La reprise des essais nucléaires a été nuisible à l'image de marque de la France dans le monde.	Ansehen
prendre conscience de qc.	Devant l'exode massif des habitants de certaines régions, le gouvernement a pris conscience de l'urgence d'une politique d'aménagement du territoire.	sich über etwas bewusst werden
relever le défi	Avec l'Airbus la France et l'Allemagne relèvent le défi de la concurrence américaine.	die Herausforderung annehmen

Exercices

Aufgabe 1 *Complétez le tableau.*

substantif	verbe	adjectif
		administratif, ive
la centralisation		
	désertifier	
la gêne		
	nécessiter	
le soutien		– – –
	uniformiser	
		urbain, e
		urgent, e
	régionaliser	
l'autonomie (f.)	– – –	
	réformer	
le transfert		– – –

Aufgabe 2 *Remplacez les mots entre parenthèses par un synonyme.*

a) (Le but) ______________________ de la régionalisation était la décentralisation du pays.

b) Le manque d'infrastructure (dérange) ___________________________ certaines régions.

c) Il est difficile (de gérer) _______________________ un pays trop centralisé.

d) La décentralisation était devenue (absolument nécessaire) _________________.

e) Les réseaux routiers et ferroviaires (se dirigent tous) __________________ vers Paris.

f) Certaines maisons (rurales) ______________________ manquent encore de confort.

g) (La disparité) ______________________ des besoins des départements pose des problèmes.

h) Le nombre des habitants de la banlieue parisienne est (énorme) __________ ______________________.

i) Les ruraux (quittent) ____________________ la campagne pour chercher du travail à Paris.

j) (Les habitants d'une ville) ________________ ont autant de problèmes que les ruraux.

k) L'exode rural a provoqué (le dépeuplement) _______________ de beaucoup de régions.

l) Pour (rendre moins compliqué) ____________________ l'administration de la France, l'Etat a créé des régions.

Aufgabe 3 *Cherchez dans la liste de mots et expressions ceux qui correspondent aux définitions.*

agglomération / avantageux / capitale / Conseil régional / conséquence / décentralisation / démographie / désert / écart / exode / infrastructure / patrimoine d'un pays / réseau ferroviaire / rural / saturé

a) la première ville d'un pays (selon l'importance politique) : ______________________________

b) l'ensemble des installations et des équipements qui sont nécessaires à la production : ______________________________

c) l'étude du nombre d'habitants d'un pays, d'une ville etc. : ______________________________

d) assemblée d'élus locaux, nommés pour six ans à la tête d'une région, avec des compétences dans le domaine économique, culturel et social : ______________________________

e) une ville, un village, un ensemble d'habitations : ______________________

f) l'ensemble de tous les biens et propriétés matériels et culturels appartenant à un pays : ______________________

g) le départ en grand nombre de personnes quittant une ville, une région, un pays, etc. : ______________________

h) tout à fait plein/qui ne peut contenir plus/à la limite de ses possibilités : ______________________

i) qui présente des intérêts, des avantages (adj.) : ______________________

j) l'ensemble des lignes de chemin de fer : ______________________

k) un adjectif pour qualifier un endroit délaissé, quitté par ses habitants : ______________________

l) les suites entraînées par une action ou un événement : ______________________

m) la distance, la différence entre certaines choses : ______________________

n) un adjectif qui qualifie ce qui se rapporte à la campagne : ______________________

o) le transfert de certaines compétences qui auparavant étaient centralisées : ______________________

Aufgabe 4 *Complétez le texte à l'aide des mots suivants. Attention à l'accord!*

banlieue / capitale / centralisme / crise / démographique / détriment / écart / Elysée / gouvernement / grande école / industrie de pointe / média / musée / Paris / pollué / prise de conscience / province / qualité de vie / secteur / siège social / TGV / transport en commun

Y a-t-il une vie en dehors de Paris ?

Jusque dans les années 60, cette question ne se posait pas. Tout Français désireux de faire des études dans une des ______________[1] nationales, d'avoir un plus grand choix parmi les offres de postes de travail, de faire carrière dans quelque ______________[2] que ce soit, était obligé d'aller vivre à ______________[3]. Comment aurait-il pu en être autrement? Depuis des siècles, Paris est, et a toujours été, la ______________[4] politique, économique, industrielle et culturelle de la France.

Capitale politique, puisque le ______________[5] y siège et que le président de la République réside à l'______________[6].

Capitale économique: les grandes banques et les entreprises importantes y ont leur ______________[7]. La haute couture, les parfums, les produits de luxe qui ont fait la renommée mondiale de la France sont fabriqués à Paris.

Capitale intellectuelle et culturelle où se concentrent les ______________[8], les théâtres, les expositions, les écoles spécialisées et les ______________[9] comme les journaux, la radio et la télévision.

Capitale industrielle, la région parisienne reste le lieu privilégié de l'__________ __________________[10] et de la technique spécialisée comme la construction automobile, la pharmacie, l'électronique.

Ce __________[11] exagéré qui n'a son exemple dans aucun pays d'Europe a fini par poser des problèmes. Pendant longtemps, le développement de Paris s'est fait au __________[12] de la province, rendant encore plus injuste l'__________[13] qui se creusait entre la capitale et le reste de la France. Puis dans les années 70, la banlieue de Paris a connu une véritable explosion __________[14]. Obligés de quitter une ville devenue trop chère, trop __________[15], surpeuplée, encombrée, les Parisiens se sont installés en __________[16] où ils sont venus grossir le nombre des provinciaux et des immigrés qui continuaient d'affluer.

Aujourd'hui, la __________[17] économique et sociale qui touche autant sinon plus la région parisienne que la France entière, et le retour à des valeurs comme la __________[18], les relations familiales et sociales, ont amené les Parisiens à une __________[19] de leur environnement et de leurs conditions de vie. Mais c'est surtout l'apparition d'un nouveau type de __________[20] ultra rapide comme le __________[21] (train à grande vitesse qui met certaines grandes villes à moins de deux heures de Paris) et l'utilisation à domicile de moyens techniques permettant de travailler chez soi au lieu de se rendre chaque jour au bureau, qui a amené les habitants de Paris et de la proche banlieue à tourner leurs regards vers la __________[22] dont ils redécouvrent les charmes.

Aufgabe 5 *Complétez le texte. Traduisez les mots entre parenthèses. Accordez-les si nécessaire.*

La régionalisation

Après la révolution de 1789, les 36 (Provinzen) ______________[1] qui composent le territoire français sont remplacées par 83 départements et l'administration économique et politique du pays est centralisée à Paris. Pendant deux siècles, la France voit le rôle de sa (Hauptstadt) ___________________[2] prendre de plus en plus d'importance.

Ce centralisme trop lourd à (verwalten) __________________[3], une (Verwaltung) ________________[4] lente et bureaucratique, l'explosion démographique de Paris et la (Verödung) ________________________[5] de certains départements ont rendu nécessaire une (Reformpolitik) ________________________[6] dans l'administration du pays.

Dans les années 60, le général de Gaulle décide de regrouper les départements en régions.

« L'effort multiséculaire de centralisation ne s'impose plus.» C'est avec ces mots que le (Staatsoberhaupt) ____________________[7] annonce son intention de lutter contre les méfaits du (Zentralismus) ____________________[8] et de remédier au (Ungleichgewicht) _____________________[9] économique et social dont souffre la province.

La crise industrielle et la mutation considérable de la production ont bouleversé la gréographie économique de la France, rendant (unentbehrlich) _________________[10] et (dringend) _______________[11] la restructuration de son économie et une nouvelle politique d' (Raumplanung) ____________________________[12].

Ce regroupement pose parfois des problèmes car certains départements, voisins sur le plan géographique, montrent une grande (Verschiedenheit) __________[13] économique et culturelle. Cependant la nécessité de donner aux régions une plus grande (Selbstständigkeit) ____________________[14] ne serait-ce que pour (entlasten) ____________________[15] Paris, et l'intérêt de voir les problèmes qui (betreffen) ________________[16] directement la province réglés sur place par des (örtlich gewählte Vertreter) _______________[17] connaissant bien les besoins de leurs concitoyens, ont conduit à accélérer la politique de la (Regionalisierung) _________________[18].

Plus tard, lorsque François Mitterrand appliqua son programme de changement, il annonça clairement son intention de poursuivre le (Entwicklung) ______________[19] régional. « La France a eu besoin d'un pouvoir centralisé pour se faire; elle a aujourd'hui besoin d'un pouvoir décentralisé pour ne pas se défaire. »

C'est aux élus locaux de (die Herausforderung annehmen) ________________[20] et de savoir profiter de cette opportunité sans précédent, et à l'Etat d'apporter son (Unterstützung) ____________________[21] aux projets, aux initiatives de ces acteurs (regional) __________________[22] tout en restant le garant de la solidarité nationale.

Aufgabe 6 *Complétez les phrases suivantes à l'aide des mots donnés (attention à l'accord!) et trouvez celles qui se rapportent: (1) au centralisme, (2) à la régionalisation.*

autonomie / avenir / banlieue / capitale / domination / exode rural / France / Paris / pouvoir central / prépondérant / région / remédier / saturé / siège

	1	2
a) Pour lutter contre l'________________, l'Etat offre des subventions aux usines qui s'installent dans les régions pauvres.	☐	☐
b) Quand ________________ éternue, c'est toute la ________________ qui s'enrhume. (proverbe)	☐	☐
c) Depuis plus de trois siècles, la France est sous la ________________ culturelle et économique de Paris.	☐	☐
d) Le ____________________ partage maintenant certaines de ses compétences avec la région et la commune.	☐	☐
e) Les conseillers généraux prennent les décisions qui concernent la ___________________.	☐	☐
f) Paris déborde, explose, la ville est _________________.	☐	☐
g) Le gouvernement, dont tous les ministères ont leur ____________ à Paris, assure toutes les fonctions politiques et administratives.	☐	☐
h) De nouvelles lois permettent de prendre plus rapidement et, par là même, plus efficacement, des initiatives pour _______________ aux problèmes des communes.	☐	☐
i) La volonté affirmée de certaines régions comme la Corse, l'Alsace, la Bretagne, de voir reconnues leurs origines ethniques, leurs différences culturelles, a contribué à développer en province un désir d'__________________.	☐	☐
j) Paris, devenu le symbole de l'unité française, a vu sa primauté augmenter au fil des siècles, ce qui a amené la France à un état de soumission dangereuse à la dictature de sa ________________.	☐	☐
k) Des villes comme Strasbourg, Grenoble, Toulouse, ont su développer une industrie moderne et offrent des perspectives d'_________________ aux entrepreneurs.	☐	☐

Aufgabe 7 *Trouvez le mot caché.*

1 vide, inhabité
2 quitter un logement pour aller habiter ailleurs
3 rendre plus solide, plus fort
4 l'ensemble du matériel dont dispose une usine pour travailler
5 une personne qui travaille dans l'agriculture ou l'élevage des animaux
6 un adjectif qui qualifie une chose très pressée
7 il est à la tête du département
8 adjectif qui qualifie un habitant de la province
9 l'ensemble des gens qui peuplent un pays
10 adjectif se rapportant à la cité, à la ville
11 synonyme de primordial, le plus important
12 déménager, porter ailleurs
13 elles ont au moins quatre voies et elles sont payantes en France
14 l'antonyme du verbe remplir
15 une somme d'argent payée par l'Etat pour soutenir une action, une entreprise
16 un synonyme du mot désavantage

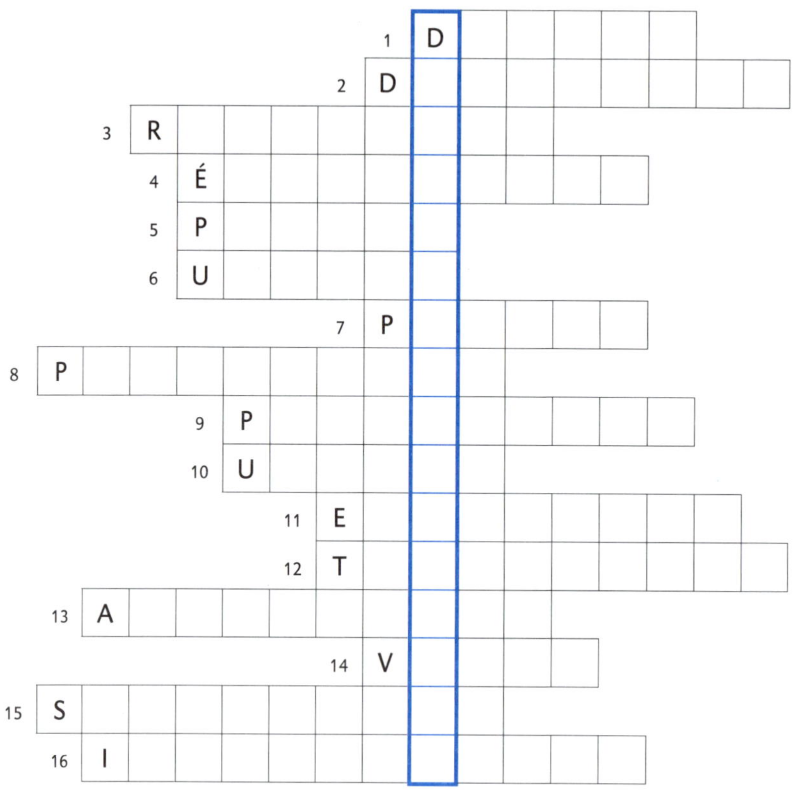

L'économie

Vocabulaire

accélérer	beschleunigen
accroître	vergrößern, erweitern
l'achat [m.]	Kauf
acquérir	erwerben
l'action [f.]	Aktie
l'affaire [f.]	Geschäft, Fall
l'agriculture [f.]	Landwirtschaft
l'austérité [f.]	Sparpolitik
la balance commerciale	Handelsbilanz
le bénéfice	Gewinn
le bilan	Bilanz
la chute	Fall, Sturz
la clientèle	Kundschaft
collectif, ive	gemeinsam, kollektiv
le commerce	Handel
compenser	ausgleichen
la compétitivité	Wettbewerbsfähigkeit
la conjoncture	Konjunktur, Geschäftslage
considérable	beträchtlich
consolider	festigen, verstärken
la consommation	Konsum
constant, e	gleichbleibend, konstant
le contrat	Vertrag (Auftrag, Bestellung)
coûteux, euse	kostspielig
créateur, trice	schöpferisch
le crédit	Kredit
la croissance	Wachstum
le déclin	wirtschaftlicher Niedergang
le déficit	Defizit
la dépense	Ausgabe
la dette publique	Staatsverschuldung
dévaluer	abwerten

le développement	Entwicklung
le domaine	Gebiet, Branche
doubler	verdoppeln
dynamique	dynamisch, aktiv
l'échéance [f.]	Fälligkeitsdatum, Erfüllungstag
éclatant, e	glänzend, offenkundig
économe	sparsam
l'économie [f.]	Wirtschaft
les économies [f. pl.]	Ersparnisse
l'entreprise [f.]	Unternehmen
équilibrer	ausgleichen
l'équipement [m.]	Ausstattung
l'expansion [f.]	Wachstum, Expansion
extérieur, e	Außen-
faire concurrence à	konkurrieren mit
fiscal, e	steuerlich
florissant, e	blühend, gut gehend
les frais [m. pl.]	Unkosten
le gain	Gewinn, Verdienst, Lohn
l'impératif [m.]	Erfordernis
industriel, le	industriell, gewerblich
l'inflation [f.]	Inflation
ingénieux, euse	einfallsreich, erfinderisch
l'insuffisance [f.]	Mangel
intérieur, e	Innen-
l'investissement [m.]	Investition
la marchandise	Ware
le marché intérieur	Binnenmarkt
la matière première	Rohstoff
le méfait	Schaden, schlimme Folge
monétaire	Geld-, Währungs-
la monnaie	Währung
le monopole	Monopol
le moyen	Mittel, Durchschnitt
la nationalisation	Verstaatlichung
paralyser	lahm legen
le personnel	Personal, Belegschaft
la perte	Verlust

le P.I.B. (produit intérieur brut)	Bruttosozialprodukt
le pourcentage	Prozentsatz
pousser	vorantreiben
la privatisation	Privatisierung
le procédé	Verfahren, Prozess
la production	Produktion
profitable	nützlich, gewinnbringend
le progrès	Fortschritt
la prospérité	Blüte, Wohlstand
rationaliser	rationalisieren
la recette	Einnahme, Steuereinzug
la reconversion	Umgestaltung
réévaluer	aufwerten, neu bewerten
réformer	reformieren
régressif, ive	rückschreitend, rückgängig
relancer	wieder ankurbeln, in Schwung bringen
rembourser	zurückzahlen, tilgen
la rentabilité	Rentabilität
la restructuration	Umstrukturierung
rigide	starr, unbeweglich
la rigueur	Strenge
rivaliser	konkurrieren
le sacrifice	Opfer
(s')adapter à	(sich) anpassen an
le secteur primaire	primärer Sektor
le secteur secondaire	sekundärer Sektor
le secteur tertiaire	Dienstleistungssektor
la sécurité sociale	Krankenkasse
la société anonyme	Aktiengesellschaft
stagner	stagnieren
la subvention	Fördermittel, Subvention
le surplus	Überschuss
le taux d'intérêt	Zinssatz
transformer	ändern
la T.V.A. (taxe à la valeur ajoutée)	Mehrwertsteuer
varier	variieren
la vente	Verkauf

Idiomes et locutions

prendre un essor	L'industrie de l'électronique a pris un essor au cours des années 60.	einen Aufschwung nehmen/erleben
à pas de géant	Le développement de l'industrie de la communication avance à pas de géant.	mit Riesenschritten
être en faillite	Une entreprise en état de déficit, qui ne peut plus payer son personnel et ses dettes, est en faillite.	Konkurs machen
répondre aux besoins de qn./qc.	Dans certaines régions l'infrastructure ne répond pas aux besoins de l'économie.	den Bedürfnissen von etwas/jdm. entsprechen
tenir sa place	L'économie française réussit à tenir sa place dans le marché européen.	sich behaupten
à grands/moindres frais	La France importe le pétrole à grands frais.	zu höheren Kosten/ kostengünstiger
prendre un crédit	Pour pouvoir créer une entreprise, les jeunes patrons sans argent sont obligés de prendre un crédit à la banque.	einen Kredit aufnehmen
prendre le risque de faire qc.	Si les importations dépassent les exportations, la France prend le risque de déséquilibrer sa balance commerciale.	das Risiko eingehen etwas zu tun
rattraper un retard	Dans le domaine de l'industrie, la France doit rattraper un retard sur ses concurrents européens.	(einen Rückstand) aufholen

Exercices

Aufgabe 1 *Complétez le tableau.*

substantif	verbe	adjectif
l'économie (f.)		
l'industrie (f.)		
		privé, e
	prospérer	
la production		
	commercer	
		gagnant, e
	perdre	
	bénéficier	
		coûteux, euse
	créer	
		concurrentiel, le
	rivaliser	
la nécessité		
		croissant, e
la variation		

Aufgabe 2 *Trouvez les verbes qui se rapportent aux substantifs.*

verbes	substantifs
accélérer	la balance commerciale
diriger	le bénéfice
doubler	la consommation
économiser	une entreprise
équilibrer	la faillite
éviter	le temps et l'argent
prendre	la matière première
réévaluer	des mesures
relancer	la monnaie
restructurer	l'organisation d'un service
subventionner	le personnel
transformer	la vitesse de production

Aufgabe 3 *Testez votre vocabulaire en trouvant un antonyme pour les mots et expressions entre parenthèses.*

a) Les mesures prises pour lutter contre la crise sont (sans effet) ____________.

b) L'industrie de l'électronique est en plein (déclin) ______________.

c) (Le déficit) ____________ enregistré par la télécommunication est très élevé.

d) La dette de l'Etat est (insignifiante) ______________.

e) Il faut (ralentir) ______________ la production.

f) (La montée) ______________ des prix est inquiétante.

g) Il faut (réévaluer) ______________ la monnaie.

h) Le développement du tourisme (stagne) ______________.

i) (Les bienfaits) ______________ de cette mesure se font déjà sentir.

j) Dans le domaine des transports publics, l'Etat est (bénéficiaire) __________.

k) Pour lutter contre la crise, le gouvernement a choisi une politique (souple) ______________.

Aufgabe 4 *Remplacez les mots entre parenthèses par un synonyme.*

a) L'Etat accorde (une aide financière) ____________ aux entreprises en difficulté.

b) Pour (remettre en marche) ____________ l'économie française, il faudrait baisser les taux d'intérêt.

c) La politique d'austérité (exige) ____________ de gros sacrifices.

d) La privatisation de certaines entreprises a été (utile) ____________ à l'économie du pays.

e) Le tourisme et les loisirs restent des secteurs (prospères) ____________.

f) Pour être compétitif il faut (accroître) ____________ la production.

g) La restructuration de cette entreprise serait trop (coûteuse) ____________.

h) L'industrie agro-alimentaire occupe encore une place (considérable) ____________ dans l'économie.

i) (La montée) ____________ des prix provoque l'inflation.

j) (La sévérité/dureté/rigidité) ____________ de la politique économique est due à la crise.

Aufgabe 5 *Trouvez, à l'aide de la liste de mots, celui qui correspond à la définition.*

budget / compétitivité / concurrence / crédit / dette publique / faire des économies / être en faillite / fiscal / inflation / monétaire / nationalisation / recette / secteur primaire

a) une somme d'argent que l'on emprunte : ____________

b) pour un commerçant, une entreprise, ne plus pouvoir payer ses dettes : ____________

c) le rachat d'une entreprise privée par l'Etat : ____________

d) le domaine économique comprenant l'agriculture, l'élevage, la pêche : ____________

e) mettre de l'argent de côté, épargner de l'argent : ______________________

f) commerçants et producteurs qui se disputent les marchés et la clientèle : ______________________

g) l'argent dont on dispose pour gérer une entreprise : ______________________

h) la capacité de supporter sans problème la concurrence du marché : ______________________

i) l'argent que l'Etat s'est engagé à payer ou à rembourser : ______________________

j) l'adjectif qui qualifie ce qui a un rapport avec les impôts : ______________________

k) une hausse des prix entraînant la diminution de la valeur d'une monnaie : ______________________

l) l'adjectif qualifiant ce qui a un rapport avec la monnaie : ______________________

m) total des sommes d'argent reçues : ______________________

Aufgabe 6 *Complétez les phrases à l'aide de la liste de mots. Accordez-les si nécessaire.*

affaire / commerce / entreprise / industrie / magasin / société anonyme / usine

a) L'______________________ Peugeot se trouve à Belfort, celle de Renault en banlieue parisienne.

b) Les ______________________ du textile et de la métallurgie sont en régression.

c) Les vitrines des ______________________ doivent attirer les clients.

d) Le ______________________ international est confronté à une concurrence sévère.

e) Une ______________________ est fondée par des associés dont la responsabilité est souvent limitée.

f) Un commerçant qui a réalisé de gros bénéfices a fait une bonne __________.

g) En France, le nombre des grandes ______________________ industrielles augmente.

Aufgabe 7 *Traduisez les mots entre parenthèses.*

Comment lutter contre la crise ?

La France, comme beaucoup de pays européens, doit faire face à une (Wirtschaftskrise) ________________[1]. Les propositions pour remédier à ce problème ne manquent pas, mais aucune n'est vraiment (wirksam) ____________[2]. Quand le (Haushaltsdefizit) ________________[3] augmente, il faut (leihen) ____________[4] pour pouvoir (tilgen) ____________[5], et le gouvernement a bien du mal à supporter le poids de la (Staatsverschuldung) ____________[6]. Pourquoi cette dette est-elle si importante?

La (Rezession) __________[7] entraîne la chute des (Gewinne) __________[8] et celle des (Steuereinnahmen) ________________[9], le chômage augmente et coûte de plus en plus cher à l'Etat qui ne peut plus soutenir les entreprises (mit Verlust abschließend) ________________[10]. Pour retrouver une (Wirtschaftswachstum) ___________________[11], il faut absolument réduire ce déficit. La réduction des (Ausgaben) _____________[12] publiques, également synonyme de réduction de la production de biens publics, ne suffira pas à elle seule à (wieder ankurbeln) ______________[13] l'activité et la croissance économique. Elle risque, au contraire, d'entraîner (kurzfristig) ___________[14] une augmentation du (Arbeitslosigkeit) ________________[15].

La (Verstaatlichung) ____________________[16] de grandes banques et de certains groupes industriels sous le gouvernement socialiste de François Mitterrand, et la (Privatisierung) ______________[17] d'entreprises déficitaires sous le gouvernement de droite de Jacques Chirac sont restées sans effet.

Pour faire face aux exigences du XXIe siècle, l'économie française devra se tourner vers les secteurs en pleine (Wachstum) ____________________[18] comme la télécommunication, l'électronique, les nouvelles technologies du transport, le tourisme et les loisirs, autant de domaines où la France et son premier partenaire européen l'Allemagne ont les meilleures chances de réussir.

Aufgabe 8 *Complétez le texte à l'aide de la liste de mots. Attention à l'accord!*

austérité / balance commerciale / compétitif / concurrence / conjoncture / consommation / construction / contrat / déficit / équilibrer / exportation / faire des économies / hausse / industriel / marché intérieure / mesure / nécessité / pouvoir d'achat / produire / relancer / secteur / taux d'intérêt

Les Français face à la crise économique

Devant le chômage qui repart à la _________________[1], le __________________[2] de la sécurité sociale qui augmente malgré toutes les ______________________[3] qui sont prises, les Français ont peur de l'avenir. Cette situation qui incite plutôt à ____________________[4], freine la ____________________[5].

La conjoncture internationale est défavorable à la France, les chefs d'entreprise sont pessimistes. L'________________[6] reste malgré tout un ________________[7] qui marche bien. Le vin, les parfums, les produits de luxe, et de gros _________[8] industriels comme la ______________[9] de centrales nucléaires, d'avions et de trains, les télécommunications et la haute technologie permettent à la France d'_______________[10] sa _______________[11], même si la _______________[12] internationale devient de plus en plus dure.

Le _______________[13] reste stagnant, la consommation des ménages se borne à l'indispensable, la production _______________[14] ralentit. Pour rester _______________[15], on _______________[16] de plus en plus de richesse avec de moins en moins de monde.

Comment créer des emplois quand la _______________[17] économique ne suit pas ?

Pour _______________[18] l'entreprise du bâtiment, un des secteurs les plus gravement touchés par la crise, il faudrait abaisser les _______________[19] à long terme ce qui ne peut se faire sans un accord avec les banques européennes.

La politique d'_______________[20] reste le seul remède à la crise. Les Français sont conscients de la _______________[21] de s'adapter à la mondialisation du marché, mais ils veulent voir le résultat des sacrifices qu'ils font, c'est-à-dire le maintien de leur _______________[22] et une perspective d'avenir pour leurs enfants.

Aufgabe 9 *Complétez le texte en traduisant les mots entre parenthèses*

La « Grande Nation » française à l'ombre du grand frère allemand

Sous le gouvernement de Charles de Gaulle, la France occupait sans conteste la première place dans la (Europäische Gemeinschaft) _______________[1] sur le plan politique et économique. Il lui était alors facile de tendre une main bienveillante dans un geste de (Versöhnung) _______________[2] avec son voisin allemand. Il en va bien autrement aujourd'hui. La « Grande Nation » est bien obligée de constater que le petit frère de l'Est, autrefois à l'aube de son (industrielle Entwicklung) _______________[3], s'est transformé rapide-

ment en un grand frère (mächtiger) ____________________[4] et plus solide qu'elle.
A l'époque de la (Wiedervereinigung) ________________[5], de vieilles peurs que l'on croyait oubliées se font sentir dans les gros titres des journaux du mois d'octobre 1993 : « La France face à la grande Allemagne, Achtung ! », ou encore: « Une Allemagne trop grande pour nous ». Cependant, 1993 fut surtout l'année de la réalisation du grand (europäischer Markt) __________________[6] avec la libre circulation des (Waren) __________[7] et des (Kapital) __________[8]. La peur des Français de voir la remilitarisation de l'Allemagne a fait place à un esprit de (Konkurrenz) ____________[9] auquel vient s'ajouter un sentiment d' (Bewunderung) ______________[10] mêlé d'étonnement devant le (Wirtschaftswunder) _______________[11] allemand. Jamais le Mark n'a été aussi fort et la (Macht/Stärke) _____________[12] de l'économie allemande impressionne particulièrement les Français qui ne manquent jamais de comparer leurs résultats réciproques et de citer l'Allemagne en exemple. Cette grande (Wohlstand) _______________[13] de l'Allemagne risque pourtant de se retourner contre elle. Dans le domaine de l' (Automobilindustrie) _______________[14] où le poids économique des deux pays est à peu près le même, Mercedes, symbole de la réussite allemande, a choisi de faire construire sa mini-voiture Swatch non dans le pays de Bade mais à Hambach en Lorraine, ce qui signifie la perte de 2 500 (Arbeitsplätze) _______________[15] pour les travailleurs allemands. D'autres (Unternehmen) _______________[16] ont fait la même chose pour les mêmes raisons économiques et on constate aujourd'hui que 50 % des (Stellen) _______________[17] créés dans le nord-est de la France le sont par des firmes allemandes. Inutile de dire que dans ces conditions, l'ombre du « grand frère » est la bienvenue.

Aufgabe 10 *Complétez le texte à l'aide des mots suivants. Attention à l'accord!*

Communauté Européenne / concurrence / condition / critère / croissance / dépense / impôt / lutter / marché mondial / monnaie unique / pays / produit intérieur brut / projet / réussite / souveraineté nationale / traité de Maastricht

L'union monétaire, un rendez-vous réussi

En 1997, l'Europe est passée à la phase finale de son union économique et a adopté la ____________________[1], l'euro,qui faisait si peur à tout le monde. L'abandon de la monnaie nationale et l'obligation pour tous les pays membres de la ________________[2] de coordonner leurs décisions politiques et économiques a créé des liens qui ont fait passer l'intérêt commun avant la ______________[3]. En cette année 1997, les chances de ____________[4] d'un tel ____________[5] n'étaient pas grandes, car parmi les quinze ______[6] qui composaient alors la Communauté Européenne, peu se sentaient capables de remplir les ____________________[7] imposés par le ______________[8]. La dette publique, l'inflation intérieure, le déficit public ne devaient pas dépasser 3 % du _________________[9]. Pour pouvoir remplir ces _______________[10] économiques, il n'y avait qu'une solution : diminuer les _______________[11] et augmenter les _______________[12] tout en sauvegardant la reprise d'une ________________[13] encore faible et hésitante à cette époque. Un pari difficile qui a été tenu malgré tout.

Aujourd'hui encore, l'union monétaire reste la seule chance de stabilité pour l'économie européenne et le seul moyen de ___________________[14] à armes égales contre la _______________[15] de deux géants du _______________[16] : le Japon et les Etats-Unis.

Aufgabe 11 C'est bon ou c'est mauvais pour l'économie ?

bénéfice / clientèle insatisfaite / compétitivité / consommation en hausse / création d'emplois / déclin / déficit / dépense incontrôlée / développement / être en faillite / expansion / insuffisance de moyens / investissement / production coûteuse / progrès / prospérité / rentabilité / stagner / taux d'intérêt élevé

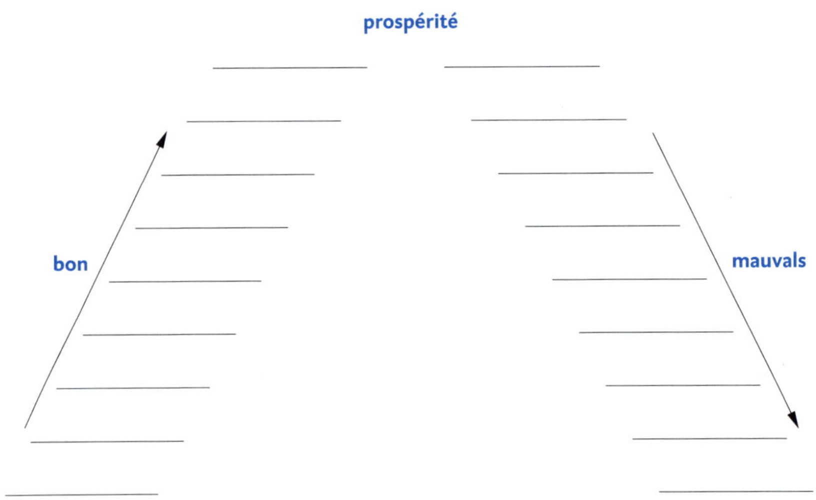

Le monde du travail

Vocabulaire

l'accroissement [m.]	Wachstum
actif, ive	aktiv
l'allocation [f.]	Unterstützung, Beihilfe, Zuschuss
l'angoisse [f.]	Angst, Beklemmung
l'A.N.P.E. (agence nationale pour l'emploi) [f.]	Arbeitsamt
l'apprentissage [m.]	Lehre
avancer	vorwärts kommen
l'avantage [m.]	Vorteil
bas, se	niedrig
le besoin	Bedürfnis
le cadre	leitender Angestellter; Rahmen
la capacité	Fähigkeit
la carrière	Laufbahn
le chômage	Arbeitslosigkeit
la compétence	Fähigkeit, Zuständigkeit
la compétitivité	Wettbewerbsfähigkeit
la concession	Zugeständnis
contester	anzweifeln, bestreiten
le coût	Kosten
craindre	befürchten
la crise	Krise
la croissance	Wachstum
le C.V. (curriculum vitae)	Lebenslauf
le débouché	Absatzmarkt
le, la débutant, e	Anfänger(in)
la demande	Nachfrage
le demandeur d'emploi	Stellenbewerber
désespéré, e	verzweifelt, hoffnungslos
la difficulté	Schwierigkeit
durable	dauerhaft, von Dauer
échouer	misslingen

économique	wirtschaftlich, sparsam
efficace	wirksam, nützlich
élevé, e	hoch, gesteigert
embaucher	einstellen, anstellen
employer	beschäftigen, benutzen
l'employeur, euse	Arbeitgeber(in)
l'expérience [f.]	Erfahrung, Experiment
faire des études [f. pl.]	studieren
faire grève	streiken
la faute de	Schuld von
faute de	aus Mangel an
financier, ière	Geld-, Finanz-, finanziell
le, la fonctionnaire	Beamter
la formation professionnelle	Berufsausbildung
gagner	verdienen, gewinnen
la galère	Schinderei, Plage
la hausse	Hausse, Hoch
(in)certain, e	(un)gewiss, (un)sicher
l'inconvénient [m.]	Nachteil
l'indemnité [f.]	Entschädigung, Schadensersatz
l'inquiétude [f.]	Beunruhigung
licencier	entlassen
la main-d'œuvre	Arbeitskraft
le marché du travail	Arbeitsmarkt
le métier	Beruf
négocier	verhandeln
le niveau de vie	Lebensstandard
occasionner	verursachen
l'offre [f.]	Angebot
l'orientation [f.]	Berufsberatung
l'origine [f.]	Grund, Ursache
ouvrier, ière	Arbeits-, Arbeiter(in)
partager	(ver)teilen
le patronat	Arbeitgeber(schaft)
la pauvreté	Armut
pénible	hart, schwer
la perspective	Aussicht, Möglichkeit
les petites annonces [f. pl.]	Kleinanzeigen
le plein emploi	Vollbeschäftigung

postuler	sich bewerben
précaire	prekär, unsicher, heikel
productif, ive	leistungsfähig, produktiv
la profession	Beruf
la promotion	Aufstieg, Beförderung
provisoire	vorübergehend, einstweilig
la qualification	Qualifikation
rassurer	beruhigen, Zuversicht geben
la récession	Rezession
la reconversion	Umschulung, Umstellung
reculer	senken, zurückgehen
redouter	befürchten
réduire	reduzieren
remplacer	ersetzen
rentable	einträglich, rentabel
résister à	trotzen, widerstehen
responsable de	verantwortlich für
la retraite	Ruhestand, Rente
réussir	gelingen
le revenu	Einkommen
le R.M.I. (revenu minimum d'insertion)	Mindestsatz an Sozialhilfe
le salaire	Lohn
le, la salarié, e	Gehaltsempfänger(in)
se contenter de	sich zufrieden geben /begnügen mit
le secteur	Branche, Gebiet
la sécurité	Sicherheit
se débrouiller	sich zu helfen wissen
se présenter	sich bewerben, sich vorstellen
se résigner	resignieren, aufgeben
le S.M.I.C. (salaire minimum interprofessionnel de croissance)	Mindestlohn
solliciter	erbitten, beantragen
stable	solide, sicher
le stage	Praktikum
subsister	fortdauern, bestehen bleiben
le syndicat	Gewerkschaft
le taux (de chômage)	(Arbeitslosen)rate

Idiomes et locutions

travailler à temps partiel/à mi-temps	Souvent les mères de famille préfèrent travailler à mi-temps.	Teilzeit arbeiten/ halbtags arbeiten
travailler à temps plein/plein temps	Celui qui travaille à temps plein travaille en moyenne huit heures par jour.	Vollzeit arbeiten
toucher un salaire	A la fin de chaque mois les ouvriers touchent un salaire.	ein Gehalt beziehen
être victime du chômage	Les jeunes sans diplômes sont les principales victimes du chômage.	von der Arbeitslosigkeit betroffen sein
exercer une activité professionnelle	Une femme au foyer est une personne qui n'exerce pas d'activité professionnelle.	berufstätig sein
faire preuve de qc.	Elle a fait preuve de beaucoup de courage pendant son chômage.	etwas zeigen/ beweisen
vivre au jour le jour	Il n'a aucun revenu, il ne sait pas de quoi demain sera fait, il vit au jour le jour.	in den Tag hinein leben
faire carrière dans qc.	Il a fait carrière dans la police.	bei/in etwas Karriere machen
traverser une crise	Souvent, à l'âge de l'adolescence, les jeunes traversent une crise.	eine Krise durchleben
faire des heures supplémentaires	Quand il y a trop de travail il faut parfois faire des heures supplémentaires.	Überstunden machen
faire les frais de qc.	Ce sont souvent les jeunes qui font les frais de la situation de crise.	unter etwas zu leiden haben
gagner sa vie	Très jeune, il a dû travailler pour gagner sa vie.	seinen Lebensunterhalt verdienen

Exercices

Aufgabe 1 *Remplacez les mots entre parenthèses par un synonyme.*

a) Elle (a peur) ______________________ de perdre son emploi

b) Le travail à la chaîne est très (dur) ______________________.

c) Il faut bien choisir (sa profession) ______________________.

d) Il travaille bien, (son chef) ______________________ est content de lui.

e) Chaque mois, il reçoit (une bonne paie) ______________________.

f) Nous sommes confrontés à bien des (problèmes) ______________________.

g) Le coût du personnel est très (haut) ______________________.

h) L'entreprise a dû (renvoyer) ______________________ une partie du personnel.

i) Pour obliger la direction à augmenter les salaires, les employés (cessent le travail) ______________________.

j) On ne peut plus rien faire pour lui, son cas est (sans espoir) ______________________.

Aufgabe 2 *Remplacez les mots entre parenthèses par un antonyme.*

a) Les usines de cette région (licencient) ______________________ du personnel.

b) Il a (réussi) ______________________ son examen.

c) L'avenir est (assuré) ______________________.

d) Cette solution présente des (avantages) ______________________.

e) Elle a trouvé un emploi (durable) ______________________.

f) Le prix de cette voiture est assez (bas) ______________________.

g) Pour être compétitif il faut (augmenter) ______________________ le nombre des employés.

h) (La richesse) ______________________ de la ville se voit dans les rues et dans certains quartiers.

i) La montée du chômage ne (rassure) ____________________________ pas le gouvernement.

Aufgabe 3 *Trouvez le mot qui correspond à la définition.*

a) les offres d'emploi dans un journal : ________________________________

b) un adjectif pour quelque chose qui se rapporte à l'argent : ________________________________

c) le changement dans le domaine professionnel, apprendre un autre métier : ________________________________

d) une personne qui fait un métier manuel dans une usine : ________________________________

e) une personne qui cherche du travail : ________________________________

f) une période au cours de laquelle les choses vont mal : ________________________________

g) une personne sans expérience qui commence à travailler : ________________________________

h) la personne qui vous donne du travail : ________________________________

i) l'aide financière que l'on reçoit quand on est au chômage : ________________________________

j) une institution qui représente les travailleurs et qui défend leurs droits : ________________________________

Aufgabe 4 *Dans les phrases suivantes certains mots sont incomplets.*

a) Le c__________________ est un des plus grands problèmes de notre époque.

b) La ca____________ de ce problème est souvent le manque de fo____________ professionnelle.

c) Dans certains pays d'Asie, la m__________________ d'œ__________________ est souvent très bon marché.

d) Le rev__________________ moyen par salarié est très bas.

e) Quand il y a trop de travail, les patrons refusent d'e____________ du personnel et les employés doivent faire des h____________ su______________.

f) Il y a une grande différence entre les riches et les pauvres, l'in______________ des classes sociales grandit.

g) Le par______________ du travail permettrait peut-être de créer des emplois.

h) Les sec________________________ de l'informatique, de la technique et de la recherche offrent encore des déb____________________.

i) La croi__________________________ de la consommation et de la production ne suffisent pas à résoudre le problème.

j) Les fo______________________ sont employés par l'Etat.

Aufgabe 5 *Traduisez les mots entre parenthèses.*

La course au premier emploi

Chaque année, à la même époque, près de deux cent mille jeunes viennent grossir le nombre des (Stellenbewerber) ______________________ [1]. Qu'ils soient diplômés des grandes écoles ou de l'université, tous vont connaître la même (Angst) _______________ [2], la même (Plage) ________________ [3], la même course à l' (Einstellung) ____________________ [4]. Résultat, des centaines de (Lebensläufe) _____________________ [5], tous excellents, pour une seule place à pourvoir, des centaines de lettres adressées à des (Arbeitgeber) __________________ [6] potentiels qui souvent ne répondent même pas. Ceux qui daignent répondre expliquent qu'ils ne veulent pas (einstellen) ____________[7] de (Anfänger) ____________[8]. Un jeune sans (Berufserfahrung) ____________[9], qui n'a fait aucun (Praktikum) ______________[10] en (Unternehmen/Konzern/Firma) ______________[11] n'est pas encore (leistungsfähig) ______________[12] et a très peu de chance de trouver du travail. Comment faire quand le (Arbeitgeber) __________________[13] offre si peu de (Ausbildungsplätze) _____________________[14] quand les (Bedürfnisse) _______________[15] du marché ne suffisent plus à satisfaire une (Nachfrage) ____________________[16] sans cesse croissante? Certains (Wirtschaftsbranchen) ________________[17] n'offrent plus aucun (Absatzmarkt) _______________[18]. Les promesses successives des ministres ne suffisent plus à calmer l'angoisse des (Jugendlichen) ______________[19] dont l' (Eingliederung) ______________[20] dans le monde du travail devient de plus en plus difficile. Alors, plutôt que de (aufgeben) ________________[21], beaucoup de docteurs, d'ingénieurs, de sur-diplômés acceptent les « petits boulots ». Ils sont livreurs de pizzas, serveurs chez McDonald pour un (Lohn) _________________[22] de misère, et chaque jour ils continuent à lire les (Kleinanzeigen) __________________[23] dans l'espoir de trouver enfin le travail correspondant à leur (Qualifikation) _______________[24].

Aufgabe 6 *Complétez le texte en mettant dans le bon ordre les lettres des mots entre parenthèses.*

La reconversion, pourquoi pas?

« Le travail c'est la santé … » qui ne connaît pas la célèbre chanson qui fut le leitmotiv de toute la génération des années 50 ?

Ce leitmotiv est plus que jamais d'actualité, mais que faire quand les (m s e ô i l p d) ____________ [1] ne suffisent plus à (a n t r g i a r) ____________ [2] l'emploi ? Quand le (h é r a c m u d r a l v i a t) ________________ [3] est saturé ? Il faut chercher dans d'autres (t e r c u s e s) ________________ [4] un moyen de (a r g e n g a s i v e) ____________________ [5] ou s'armer de courage et (é r c r e) ________________ [6] sa propre (p e t i r e n s e r) ________________ [7].

Quelques jeunes gens, plus audacieux et plus (s a n r p e n t r e n e t) ________________ [8] que les autres ont osé se lancer dans l'aventure. Plutôt que de (e s é r r i g e n s) ________________ [9] à accepter le déclassement, ils ont préféré relever le défi et (r ' i s e o r t n e) ________________ [10] vers des activités souvent différentes de celles auxquelles ils s'étaient préparés.

Avec beaucoup d'(m e h s o i t a n u s e) __________________ [11] et d'optimisme, ils se sont heurtés à l'administration, aux banques et à toutes les difficultés que représente la création d'une entreprise. Ils ont (s i r u s é) ________________ [12].

Ils sont devenus leur propre (t o r p a n) ______________________ [13] et ont pu (h e r c u b a m e) ________________ [14] beaucoup de jeunes, prouvant ainsi que la (v i r c o n r e n e s o) __________________ [15] est une chose possible et surtout que le (g ô h e m a c) ________________ [16] n'est pas un mal irrémédiable.

Aufgabe7 *Complétez le texte à l'aide des mots suivants.*

allocation chômage / apprenti / carrière / chômage / compétitif / coût / difficulté / emploi / galère / licenciement / main-d'œuvre / productif / reconversion / retraite / R.M.I. / salaire / se résigner / stage

Les chômeurs de longue durée

Trop jeunes pour la ______________[1], trop vieux pour être embauchés, un drame auquel se voient confrontés de plus en plus d'adultes jusque-là épargnés par le ______________[2]. Les machines qui remplacent avantageusement la ______________[3], le ______________[4] du travail de plus en plus élevé, la fermeture d'un grand nombre d'usines, la nécessité d'être ______________[5] et à la pointe de la technique moderne, autant de facteurs qui ont conduit au ______________[6] de milliers de personnes incapables aujourd'hui de retrouver un ______________[7]. Beaucoup d'entre eux n'ont connu qu'un chantier, qu'une usine où ils ont commencé à travailler très jeunes comme ______________[8] et où ils espéraient finir leur ______________[9]. Mal préparés au combat qu'il vont devoir mener, ils ne peuvent rivaliser avec les jeunes diplômés, plus ______________[10], plus flexibles, qui, eux, se contenteront d'un ______________[11] modeste en attendant mieux. La ______________[12], mot magique qui signifie espoir et deuxième chance pour certains, reste le plus souvent synonyme de ______________[13] qui ne mène nulle part, de ______________[14] insurmontables à un âge où on a perdu l'habitude d'apprendre. Alors il faudra bien ______________[15], se rendre régulièrement à l'A.N.P.E. afin de garder le droit à une ______________[16] qui diminue un peu chaque mois, et finir par vivre au jour le jour avec, pour seul revenu, le ______________[17] accordé généreusement aux plus pauvres par une société incapable de trouver une solution à cette ______________[18].

Aufgabe 8 *Complétez le texte en traduisant les mots entre parenthèses.*

Les syndicats, un (Macht) ______________[1] avec lequel il faut compter

L'influence exercée par les syndicats sur la vie économique française est-elle un bien ou un mal? La réponse sera bien sûr différente selon que vous vous trouvez du côté de l' (Arbeitgeber) ______________________[2] ou de l' (Arbeitnehmer) ___________________[3]. Quoi qu'il en soit, tout le monde s'accorde à reconnaître que la plupart des (soziale Vorteile) ___________________[4] obtenus par les travailleurs sont dus à l'action des syndicats.

Il y a environ 150 ans, des ouvriers décident de se regrouper en (Vereinigungen) ______________[5] pour (verteidigen) ______________[6] ensemble le peu de droits qu'ils avaient alors. A peine tolérés, très mal vus, ils vont devoir attendre une cinquantaine d'années pour être enfin (anerkannt) ________________[7] officiellement par une loi en 1884. Très vite deux syndicats vont se partager les suffrages des (Arbeiter) _________________[8] : la C.G.T. (Conféderation générale du travail) qui regroupe les ouvriers plus proches d'une politique de gauche, et la C.F.T.C. (Confédération française des travailleurs chrétiens) qui regroupe les travailleurs catholiques qui votent pour une politique de droite. Ces (Teilungen/Spaltungen) ____________________[9] politiques et idéologiques au sein du monde du travail ne disparaîtront jamais, bien au contraire. Dans les années qui suivent, la France voit naître un grand nombre de syndicats (unabhängig) ______________[10] les uns des autres et dont les (Interessen) ______________[11] diffèrent, comme par exemple ceux du (Arbeitgeberschaft) ________________[12] et des exploitants agricoles. Malgré leur mésentente qui cache souvent une rivalité, les syndicats français obtiennent de grandes victoires dont la plus belle est certainement le droit aux (bezahlter Urlaub) ________________[13] en 1936, une loi qui va profondément changer la vie des travailleurs. Ils obtiendront encore de nombreux avantages comme la réduction du temps de travail, le (Streikrecht) ________________[14], même pour les fonctionnaires, une (Unterstützung/Beihilfe) ________________[15] chômage, une (Versicherung) ________________[16] en cas d'accident du travail, le droit à la (Rente) ________________[17], un (Mindestlohn) ________________[18] et une loi contre le (Entlassung) ________________[19] injustifié.

Fort des résultats acquis, le pouvoir des syndicats se fait surtout sentir dans les (Konflikte) ________________[20] sociaux. Des grèves dures et longues dans les (öffentlicher Verkehr) ________________[21] ou la poste ont déjà coûté très cher à la France et ont bien failli ruiner son économie. Conscient du pouvoir et de l'influence des syndicats dans le monde du travail, le gouvernement français se montre toujours très attentif aux (Forderungen) ________________[22] et aux exigences des leaders (gewerkschaftlich) ________________[23].

Aufgabe 9 *Trouvez le mot caché. Il s'agit d'une qualité qu'il faut avoir pour réussir dans la vie professionnelle.*

1 somme d'argent que l'Etat paie aux chômeurs
2 un avancement professionnel, le fait d'obtenir un emploi supérieur
3 une personne sans emploi
4 la personne ou l'établissement qui vous donne du travail
5 une période de crise économique
6 la période pendant laquelle on apprend un métier
7 une grande peur
8 un désavantage
9 le substantif de l'adjectif capable
10 l'argent que l'on continue de toucher quand on ne travaille plus

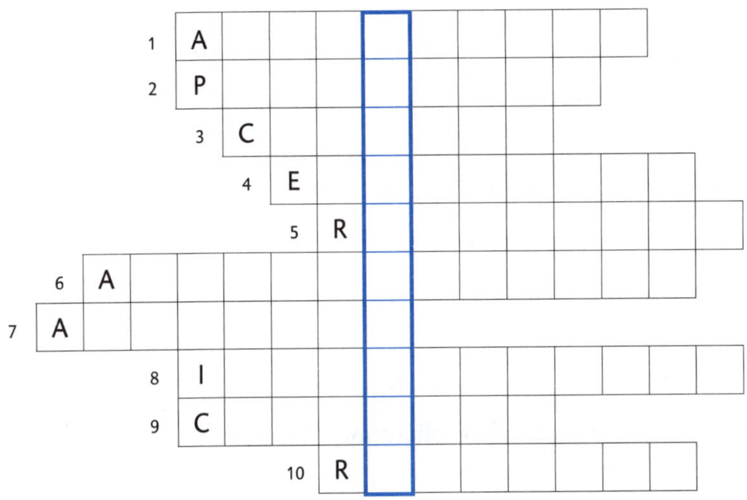

Aufgabe 10 *Les phrases ont été coupées et mélangées. Corrigez-les.*

a) On peut trouver du travail pour être syndiqué.

b) Les apprentis sont des employés de l'Etat.

c) Les employés font la grève en lisant les petites annonces du journal.

d) Un demandeur d'emploi est destiné aux personnes sans revenu.

e) Les fonctionnaires sont des qualités recherchées par les employeurs.

f) Certaines femmes travaillent à mi-temps pour obtenir une augmentation de salaire.

g) Après avoir travaillé pendant 40 ans il faut faire des heures supplémentaires.

h) L'expérience et la compétence sont responsables du chomâge.

i) La crise économique et la récession manquent d'expérience professionnelle.

j) Il faut être chômeur pour pouvoir excercer certaines professions.

k) On paie une cotisation pour pouvoir élever les enfants.

l) Le R.M.I (revenu minimum d'insertion) est une personne qui cherche du travail.

m) Quand il y a trop de travail on a droit à une retraite.

n) Il faut faire des études pour toucher l'allocation du chômage.

L'information et la communication

Vocabulaire

La presse

l'abonnement [m.]	Abonnement
s'abonner	abonnieren
l'annonce [f.]	Inserat
annoncer	ankündigen
l'article [m.]	Artikel
la calomnie	Verleumdung
le contenu	Inhalt
la couverture	Titelseite
la critique	Kritik
dénoncer	verraten
l'édition [f.]	Ausgabe
l'éditorial [m.]	Leitartikel
le faire-part	Bekanntgabe
les gros titres [m. pl.]	Schlagzeile
l'hebdomadaire [m.]	Wochenzeitung
l'information [f.]	Nachricht
le journal	Zeitung
le, la lecteur, trice	Leser(in)
local, e (adj.)	lokal, örtlich
le magazine	Zeitschrift
mensuel, le (adj.)	monatlich
la météo	Wetterbericht
national, e (adj.)	national
la nouvelle	Nachricht
objectif, ive (adj.)	objektiv
l'objectivité [f.]	Objektivität
paraître	erscheinen

la parution	Erscheinen
le quotidien	Tageszeitung
rédacteur, trice	Redakteur(in)
régional, e (adj.)	regional
révéler	enthüllen
la revue	Zeitschrift
la rubrique	Rubrik
la source	Quelle
le sujet	Thema
le tirage	Auflage
la une	Titelseite
vérifier	überprüfen

La télévision

les actualités [f. pl.]	Nachrichten
l'animateur, trice	Moderator(in)
l'antenne [f.]	Sender
l'audience [f.]	Einschaltquote
l'audimat [m.]	Einschaltquote
auditeur,trice	Zuhörer(in)
capter	empfangen
la chaîne	Kanal, Sender
diffuser	senden, ausstrahlen
distraire	zerstreuen
le documentaire	Dokumentarfilm
émettre	senden
l'émission [f.]	Sendung
le feuilleton	Serie
informer	informieren
interrompre	unterbrechen
l'interruption [f.]	Unterbrechung
le jeu télévisé	Fernsehquiz, Spielshow
la météo	Wettervorhersage
nuisible	schädlich
la préférence	Vorliebe
présentateur, trice	Moderator(in)
présenter	moderieren

privé, e	privat
le programme	Programm
la publicité	Werbung
public, que	öffentlich
le public	Publikum
le récepteur	Fernsehgerät, Empfänger
la redevance	Gebühren
le reportage	Reportage
la retransmission	Übertragung
le son	Ton
le sous-titrage	Untertitelung
le taux d'écoute	Einschaltquote
la télécommande	Fernbedienung
le, la téléspectateur, trice	Fernsehzuschauer(in)

L'informatique

l'accès [m.]	Zugang
allumer	einschalten
annuler	löschen
l'application [f.]	Anwendung
la BAL (boîte aux lettres electronique)	Mailbox
la barre de menus	Menüleiste
brancher	anschließen
charger	laden
le chat	Chat
le clavier	Tastatur
cliquer sur	klicken auf
le code	Kennwort
codé, e	verschlüsselt
communiquer par	kommunizieren über
copier	kopieren
le disque dur	Festplatte
les données [f. pl.]	Daten
l'écran [m.]	Bildschirm
effacer	löschen
l'e-mail [m.]	e-mail

enregistrer	speichern
le fichier	Datei
la flèche mobile	Cursor
fournir	liefern
graver	brennen
l'icône [f.]	Icon, Symbol
l'imprimante [f.]	Drucker
imprimer	drucken
informaticien, ne	Informatiker(in)
l'informatique [f.]	Informatik
installer	installieren
le kilooctet (Ko)	Kilobyte (KB)
le lecteur de	Laufwerk
le logiciel	Programm, Software
les médias [m. pl.]	Medien
le mégaoctet (Mo)	Megabyte (MB)
la mémoire	Speicher
le mot de passe	Passwort
le moteur de recherche	Suchmaschine
numérique (adj.)	digital
l'octet [m.]	Byte
l'ordinateur [m.] portable	Laptop
le salon	Chatroom
sauvegarder	sichern
la sauvegarde	Sicherungskopie, Back-up
se brancher sur	online gehen
se connecter	sich einloggen, sich anmelden
se déconnecter	sich abmelden
le site	Website
la souris	Maus
télécharger	herunterladen
la touche	Taste
le traitement de texte	Textverarbeitung
le virus	Virus
la webcam	Webcam

Idiomes et locutions

La presse

à grand tirage	*Le Monde* est un quotidien à grand tirage.	mit Massenauflage
la presse à sensation	La vie privée de personnes connues est souvent révélée dans la presse à sensation.	Sensationspresse, Regenbogenpresse
atteinte [f.] à la vie privée	La publication de certaines photos est une atteinte à la vie privée.	Einmischung ins Privatleben
faire un procès en diffamation	La victime d'une calomnie peut faire un procès en diffamation.	einen Verleumdungsprozess führen/anstrengen
la liberté de la presse	La liberté de la presse devrait être assurée dans tous les Etats.	Pressefreiheit
un choix large/restreint	La presse nationale offre un choix large, dans la presse locale le choix est plus restreint.	große/begrenzte Auswahl
la presse écrite	La presse écrite comprend les journaux et les magazines.	Presse
être en couverture de/faire la couverture de	Les photos des stars de la télévision et du cinéma font la couverture des magazines.	auf der Titelseite sein
mettre une annonce/faire passer une annonce	On peut mettre une annonce dans un journal quand on veut vendre sa voiture.	inserieren

La télévision

donner son avis sur	Les téléspectateurs sont invités à donner leur avis sur l'émission.	seine Meinung äußern zu
passer son temps à	Trop d'enfants passent leur temps à	seine Zeit verbringen mit

	regarder la télévision.	
être content, satisfait/mécontent de	Peu de téléspectateurs sont satisfaits du programme de télé.	zufrieden sein/ unzufrieden sein mit
être câblé, e	ARTE est une chaîne franco-allemande que vous recevez sans être câblé.	verkabelt sein
retransmettre en direct	Les matchs de football sont souvent retransmis en direct.	direkt/live übertragen

L'informatique

faire un beug/ faire un plantage	J'ai fait un beug et j'ai perdu toutes mes données.	einen Computer zum Absturz bringen
mettre à jour	Avec cette nouvelle version, je vais mettre mon logiciel à jour.	updaten
créer un site	Chacun peut créer son propre site sur Internet.	eine Website einrichten
avoir accès à	Il faut un mot de passe pour avoir accès à mon ordinateur.	Zugang bekommen/ haben zu
naviguer/surfer sur Internet	En surfant sur Internet on peut obtenir beaucoup d'informations.	im Internet surfen

Exercices

Aufgabe 1 *Complétez le tableau*

verbe	substantif	adjectif/participe passé
		abonné, e
		paru, e
		interrompu, e
		préféré, e
publier		
		retransmis, e
		lisible
créer		

Aufgabe 2 *Trouvez un synonyme pour chaque expression ou chacun des mots suivants :*

a) les gros titres : ____________________

b) la nouvelle : ____________________

c) la revue : ____________________

d) faire passer une annonce : ____________________

e) le taux d'écoute : ____________________

f) émettre : ____________________

g) l'appareil de télévision : ____________________

h) la présentatrice d'une émission : ____________________

i) faire un plantage avec l'ordinateur : ____________________

j) surfer sur Internet : ____________________

Aufgabe 3 *Trouvez le mot ou l'expression correspondant à la définition.*

a) avoir sa photo sur la première page d'un magazine : ______________________

b) une rubrique qui vous renseigne sur le temps qu'il va faire : ______________________

c) quelque chose qu'on peut faire quand on se sent calomnié par les médias : ______________________

d) un monsieur qui présente une émission de télévision : ______________________

e) une annonce dans le journal pour publier un événement privé (mariage, mort, etc.) : ______________________

f) dire ce que l'on pense de quelque chose : ______________________

g) un accident grave qui vous fait perdre toutes les données de votre ordinateur : ______________________

h) un objet qui permet d'allumer ou d'éteindre la télé sans se déplacer : ______________________

i) le signal lumineux qui montre le déplacement de la souris sur l'écran de l'ordinateur : ______________________

j) ce qu'il faut faire souvent quand on travaille sur l'ordinateur pour ne pas perdre ses données : ______________________

k) l'appareil qui vous permet d'imprimer les données de l'ordinateur : ______________________

l) nom donné à la personne qui surfe sur Internet : ______________________

Aufgabe 4 *Complétez le texte à l'aide de la liste de mots, accordez-les si nécessaire.*

créer / fournir / information / internaute / Internet / moteur de recherche / site

« Yahoo ! »

Yahoo, j'ai trouvé ! Un cri de joie après de longues et difficiles recherches sur ______________[1], recherches laborieuses finalement couronnées de succès. C'est certainement à ce cri qu'un des plus performants ______________[2] sur le WEB doit son nom.

Les deux initiateurs de « Yahoo » ont de bonnes raisons de se réjouir, ainsi que tous les ______________[3] auxquels ils rendent service.

L'histoire de Jerry Hang et de David Filo, créateurs du ______________[4] Yahoo, se lit comme toutes celles des nombreuses réussites auxquelles l'Amérique nous a habitués.

Etudiants tous les deux à l'université de Stanford en Californie, Jerry et David sont amenés, comme beaucoup de leurs camarades, à rechercher sur Internet les ______________________[5] dont ils ont besoin pour leurs études. Ils prennent l'habitude de noter les sites du WEB qui leur ________________[6] les meilleures renseignements. Cette liste s'allonge de jour en jour et en 1994, ils ont l'idée de la mettre à la disposition d'autres étudiants. Ils ______________[7] leur propre site sous le nom de « Jerry and David's Guide to the World Wilde Web. »

Très rapidement, ce site devient un des plus fréquentés sur Internet, donnant ainsi à ses créateurs une raison de plus de crier « Yahoo ! » et de changer son nom en un « Yahoo » désormais célèbre.

L'entreprise de Jerry Hang et David Filo, dont le siège social se trouve aujourd'hui à Silicon Valley, est estimée à 18 milliards de dollars.

Aufgabe 5 *Trouvez dans la liste de mots ceux qui appartiennent : (1) à la presse, (2) à la télévision, (3) à l'informatique. Attention ! Certains mots peuvent appartenir à plusieurs rubriques différentes.*

	1	2	3
a) le virus	☐	☐	☐
b) le chat	☐	☐	☐
c) la publicité	☐	☐	☐
d) l'information	☐	☐	☐
e) l'écran	☐	☐	☐
f) le quotidien	☐	☐	☐
g) l'article	☐	☐	☐
h) l'imprimante	☐	☐	☐
i) le programme	☐	☐	☐
j) l'animateur	☐	☐	☐
k) la parution	☐	☐	☐

	1	2	3
l) le logiciel	☐	☐	☐
m) l'audimat	☐	☐	☐
n) le site	☐	☐	☐
o) les données	☐	☐	☐
p) la météo	☐	☐	☐
q) l'icône	☐	☐	☐
r) la redevance	☐	☐	☐
s) graver	☐	☐	☐
t) la une	☐	☐	☐
u) l'hebdomadaire	☐	☐	☐

Aufgabe 6 Voici des listes de mots pêle-mêle. Essayez de retrouver la place de chaque mot sur les tableaux suivants :

> **La presse :** article / éditeur / éditorial / gros titres / hebdomadaire / journal / journaliste / la une / lecteur / livre / magazine / mensuel / nouvelle / petites annonces / photographe de presse / quotidien / rédacteur / reporter / revue / rubrique / vendeur

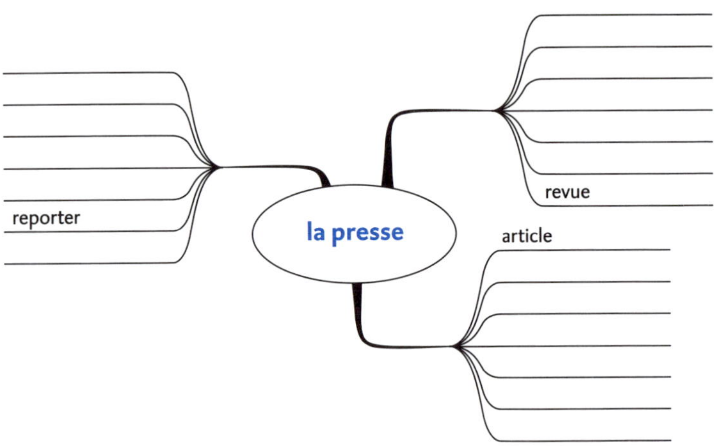

La télévision : acteur / animateur / antenne / auditeur / écran / émission / feuilleton / film / image / jeu télévisé / journal télévisé / météo / présentateur / public / publicité / récepteur / reporter / satellite / son / télécommande / téléspectateur

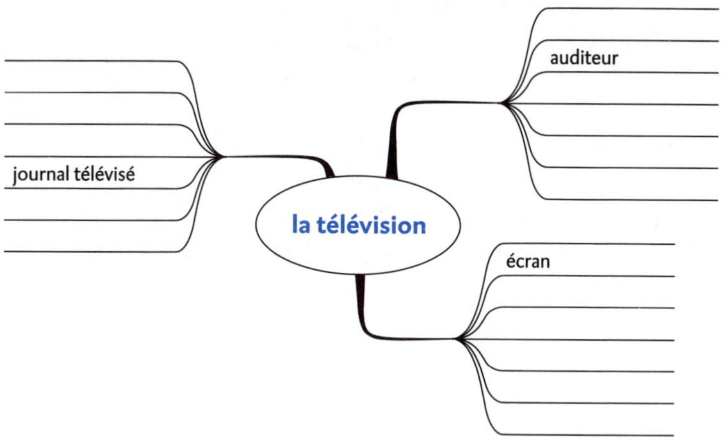

L'informatique : clavier / cliquer / créer / disque dur / disquette / donnée / écran / enregistrer / fichier / graver / graveur de CD / imprimante / installer / Internet / logiciel / mémoire / moteur de recherche / naviguer / ordinateur portable / programme / sauvegarder / se brancher / site / souris / télécharger / touche / virus.

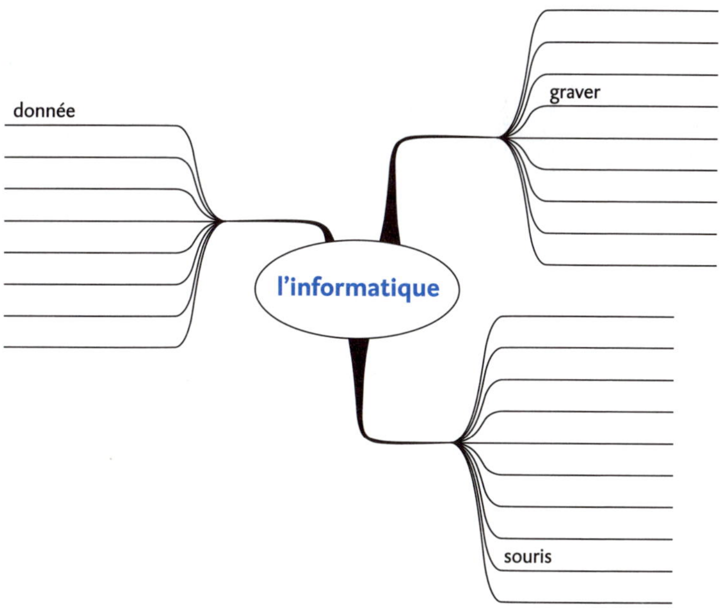

Aufgabe 7 *Pour trouver le mot caché, remplissez la grille à l'aide des définitions suivantes.*

1 Les nouvelles du jour, les informations du journal télévisé.
2 Elle regarde la télévision.
3 Un film en plusieurs épisodes.
4 On le regarde sur l'ordinateur, à la télé et au cinéma.
5 Elle attire l'attention sur un produit, elle incite à la consommation.
6 Un synonyme de « logiciel ».
7 L'annonce du temps qu'il va faire dans les jours à venir.
8 Il présente une émission de télé ou de radio.
9 ARTE en est une … franco-allemande.
10 On peut le monter ou le descendre pour bien entendre la radio.
11 Il écoute la radio.
12 La taxe à payer pour la télévision.

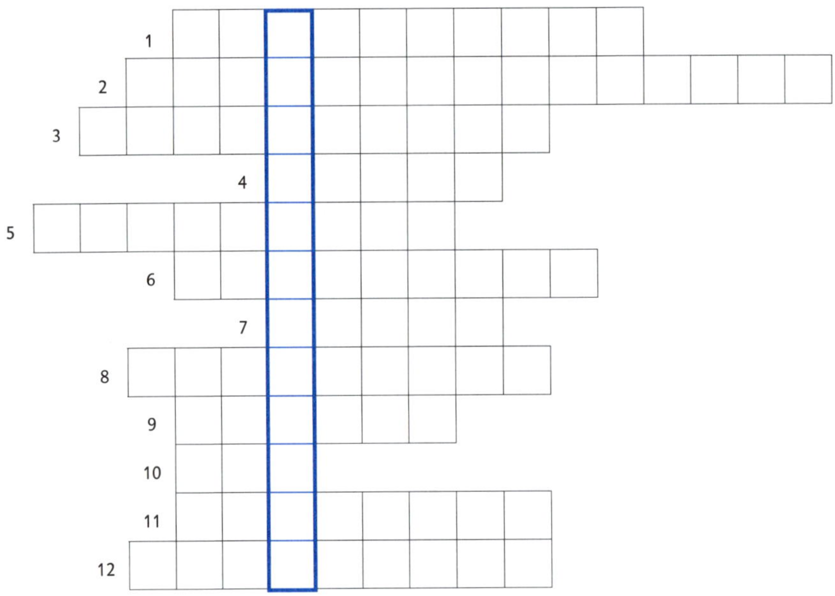

Solutions

La société

Aufgabe 1

substantif	verbe	adjectif
la diversité	diversifier	divers, e
l'exclusion (f.)	exclure	exclu, e
le mépris	mépriser	méprisable
la naissance	naître	natal, e
la fuite	fuir	fugitif, ive
la solidarité	se solidariser	solidaire
la souffrance	souffrir	souffrant, e
la tolérance	tolérer	tolérable
la haine	haïr	haineux, euse
la faveur	favoriser	favorable
la discrimination	discriminer	discriminatoire
la misère	---	misérable
la méfiance	se méfier	méfiant, e
l'accueil (m.)	accueillir	accueillant, e
la pauvreté	appauvrir	pauvre
la terreur	terroriser	terrible

Aufgabe 2

1 Le combat, 2 indignés, 3 solitude, 4 domicile, 5 misère, 6 naître, 7 L'intégration, 8 émigrer

Aufgabe 3

a) indifférente
b) le désespoir
c) régresser
d) l'exclusion
e) hostile
f) méfiance
g) mépriser
h) solidaire/généreuse
i) honteux
j) isolés/seuls/solitaires
k) La haine
l) inhumaine, asociale

Aufgabe 4

a) un marginal
b) mendier
c) une minorité
d) la xénophobie
e) le racisme
f) la misogynie
g) un permis de séjour
h) un clandestin/un sans-papiers
i) la naturalisation
j) un réfugié

k) un préjugé
l) la dégradation
m) un défavorisé
n) un bouc émissaire
o) l'intégration/l'insertion
p) la détresse
q) un/une bénévole
r) la ségrégation

Aufgabe 5 1 pauvres, 2 sac de couchage, 3 sans-abri, 4 papiers, 5 marginaux, 6 société, 7 emploi, 8 logement, 9 vie de famille. 10 échelle sociale, 11 employeur, 12 honte, 13 colère, 14 solitude, 15 désespoir, 16 misère, 17 défavorisés, 18 victimes, 19 inadaptés, 20 plus faibles, 21 conditions de vie, 22 se dégrader, 23 évitent, 24 foyers, 25 passer une nuit, 26 repas chaud, 27 honteux, 28 désespérés, 29 hiver, 30 indifférence, 31 meurent de faim et de froid, 32 foyers/centres d'accueil

Aufgabe 6 1 tolérance, 2 multiracial, 3 diversité, 4 histoire, 5 passé colonial, 6 tradition, 7 terre d'accueil, 8 réfugiés, 9 émigrer, 10 se détériorer, 11 chômage, 12 insécurité, 13 incompréhension, 14 immigrés de la deuxième génération, 15 propagande, 16 tolérants, 17 pacifiques, 18 xénophobes, 19 révoltés, 20 maltraités, 21 peau, 22 étrangers, 23 attaques racistes, 24 solidarité, 25 ségrégation, 26 préjugés

Aufgabe 7 1 avoir faim, 2 avoir froid, 3 financement, 4 détresse, 5 ressources, 6 repas, 7 généreux, 8 solidarité, 9 exemple, 10 bénévoles, 11 dons, 12 travail, 13 hiver, 14 gratuitement, 15 défavorisés, 16 désespérer, 17 survivre

Aufgabe 8 1 égalité des droits, 2 conditions de vie, 3 injustice, 4 préjugés, 5 coutumes, 6 combat, 7 vie professionnelle, 8 considéré comme, 9 discrimination, 10 inégalité des salaires, 11 misogyne, 12 indépendante, 13 célibataire

Aufgabe 9

a) équivalents (1)
b) foyer (3)
c) salaire (1)
d) naturalisation (2)
e) gratuitement (3)
f) agressé (2)
g) religion (2)
h) mendier (3)
i) politique (1)
j) logement (2), (3); travail (2), (3)
k) Etat (1)
l) préjugés (1)
m) chances (2)
n) foyers, (3)
o) restos du cœur (3)

Les jeunes

Aufgabe 1

substantif	verbe	adjectif
l' intérêt (m.)	intéresser	intéressant, e
la défense	défendre	défendu, e
l'agression (f.)	agresser	agressif, ive
l'influence (f.)	influencer	influençable
la mort	mourir	mortel, le/mort, e
le vol/voleur, euse	voler	volé, e
la résignation	se résigner	résigné, e
l'aveu (m.)	avouer	avouable
la dépendance	dépendre	dépendant, e
la provocation	provoquer	provocateur, trice/ provocant, e
la transmission	transmettre	transmissible
l'alarme (f.)	alarmer	alarmant, e
la révolte	se révolter	révoltant, e

Aufgabe 2

a) adultes
b) branchent
c) enseignants
d) se procurer
e) vigilants
f) lutter
g) délinquance
h) agressions
i) s'amuser
j) interdit

Aufgabe 3

a) une prison
b) une arme
c) une seringue
d) un/une toxicomane
e) agresser, combattre, se battre avec qn., se battre contre qc.
f) la banlieue
g) les drogues dures
h) le trafic
i) une maladie
j) incendier/brûler
k) être mineur, e

Aufgabe 4

a) SIDA
b) casseurs
c) trafiquants
d) produits de substitution
e) répression
f) manifestation
g) curiosité
h) adultes
i) conflit
j) overdose
k) laxiste
l) délinquance

Aufgabe 5 1 sensations, 2 stupéfaits, 3 goûté, 4 menacés, 5 influençables, 6 expérience, 7 consommation, 8 plaisir, 9 bon marché, 10 dangereuses, 11 victimes, 12 pilules, 13 seringue, 14 SIDA, 15 lutter, 16 difficile, 17 exportation

Aufgabe 6 1 menacés, 2 agressés, 3 détruits, 4 violence, 5 impuissants, 6 faire grêve, 7 relations, 8 devoirs, 9 causes, 10 adolescents, 11 victimes, 12 peur, 13 n'osent pas, 14 représailles, 15 comportements, 16 armes, 17 en situation d'échec scolaire, 18 banlieue, 19 insécurité, 20 tension, 21 révoltés, 22 agressions, 23 chantage, 24 épanouissement

Aufgabe 7 1 s'entraîne, 2 corriger, 3 solution, 4 bénévoles, 5 temps-libre, 6 venir en aide, 7 surchargées, 8 milieux sociaux, 9 échec scolaire, 10 remédier, 11 conséquences, 12 injustice, 13 patience, 14 miracles, 15 réussir, 16 solidarité

Aufgabe 8 La drogue peut être … consommée; … dangereuse; … dure; … excitante; … interdite; … mortelle; … trafiquée
Les jeunes peuvent être … agressifs; … curieux; … délinquants; … dépendants; … influençables; … mineurs; … raisonnables; … séropositifs; … toxicomanes; … vigilants

Aufgabe 9

					C	**A**	S	S	E	U	R				
						D	O	U	X						
					C	**O**	N	T	A	G	I	E	U	S	E
			B	A	N	**L**	I	E	U	E					
			I	N	T	**E**	R	D	I	R	E				
						S	É	V	É	R	I	T	É		
			C	R	A	**C**	K								
		É	L	È	V	**E**									
E	N	S	E	I	G	**N**	A	N	T						
						C	O	L	È	R	E				
				É	M	**E**	U	T	E						

Aufgabe 10
a) drogue : curiosité, se procurer, goûter, dépendance, cure de désintoxication, guérir
b) violence : pousser à bout, colère, attaquer, délit, être arrêté par la police, avouer, punir, prison

Les loisirs

Aufgabe 1

verb	substantif	adjectif	participe passé
se détendre	la détente	détendu, e	détendu, e
souhaiter	le souhait	souhaitable	souhaité, e
passionner	la passion	passionnant, e	passionné, e
pratiquer	la pratique	praticable	pratiqué, e
distraire	la distraction	distrayant, e	distrait, e
contraindre	la contrainte	contraignant, e	contraint, e
ennuyer	l'ennui (m.)	ennuyeux, euse	ennuyé, e
se réjouir	la réjouissance	réjouissant, e	réjoui, e
divertir	le divertissement	divertissant, e	diverti, e
apprécier	l'appréciation (f.)	appréciable	apprécié, e
exiger	l'exigence (f.)	exigeant, e	exigé, e
s'habituer	l'habitude (f.)	habituel, le	habitué, e
envahir	l'invasion (f.)	envahissant, e	envahi, e
interrompre	l'interruption (f.)	---	interrompu, e
permettre	la permission	permis, e	permis, e
se reposer	le repos	reposant, e	reposé, e
plaire	le plaisir	plaisant, e	plu, e

Aufgabe 2

a) interrompt
b) interdisent/défendent
c) se distrait/s'amuse/se divertit
d) s'est fatigué
e) inutile
f) actifs
g) individuel
h) reposé/détendu
i) gratuite
j) éteindre/fermer

Aufgabe 3

a) apprécier/aimer/profiter de
b) préféré
c) émettre
d) le passe-temps
e) divertissent
f) souhaitait
g) isolement
h) transformé/changé

Aufgabe 4

a) estival, e
b) hivernal, e
c) printanier, ère
d) durable
e) annuel, le
f) mensuel, le
g) hebdomadaire
h) solitaire/seul, e

Aufgabe 5

a) une ville au bord de la mer
b) une personne qui regarde la télévision
c) un bureau, magasin où on peut réserver et acheter un billet pour un voyage
d) une personne qui vit à la même époque
e) gagner une compétition, un match, à un jeu, être vainqueur
f) un sport très apprécié et très pratiqué
g) un voyage d'agrément en bateau
h) une personne qui fait du vélo, de la bicyclette
i) une quantité, un tas, beaucoup
j) une longue promenade à pied
k) un appareil pour enregistrer un film ou une émission de télévision
l) une personne qui écoute la radio
m) le meilleur dans sa catégorie, celui qui gagne
n) un petit appareil pour zapper, pour changer de chaîne à distance

Aufgabe 6

a) la clientèle
b) estivants, antes, vacanciers, ières
c) la contrainte
d) baigneur, euse
e) le sentier
f) jouir
g) s'évader, fuir, s'en aller
h) quotidien, ne
i) le désir
j) consommateur, trice
k) les colonies de vacances (f. pl.)

Aufgabe 7

1 dispose, 2 loisir/temps libre, 3 faire du sport, 4 contemporains, 5 passent, 6 appareil de télévision/récepteur, 7 chaînes, 8 varié, divers, 9 téléspectateur, 10 distraction, 11 à domicile, 12 feuilletons, 13 magnétoscope, 14 enregistrent, 15 ordinateur, 16 jeu vidéo, 17 consommateur, 18 passif, 19 dépendants, 20 convivialité

Aufgabe 8

1 récepteur, 2 expérience, 3 choix, 4 détente, 5 habitudes, 6 discuter, 7 héros, 8 films, 9 exclu, 10 allumer, 11 distractions, 12 éteindre

Aufgabe 9

1 visiteurs, 2 appréciées, 3 vacanciers, 4 plages, 5 stations balnéaires, 6 calme, 7 détente, 8 visitent, 9 randonnées, 10 découvertes, 11 solitude, 12 camping à la ferme, 13 surpeuplées

Aufgabe 10

					A	U	**T**	O	M	N	E	
							É	C	R	A	N	
			F	E	U	I	**L**	L	E	T	O	N
							É	Q	U	I	P	E
					P	A	**S**	S	I	O	N	
							P	L	A	G	E	S
				S	I	T	**E**					
		V	A	C	A	N	**C**	E	S			
			T	H	É	Â	**T**	R	E			
					P	L	**A**	I	S	I	R	
						S	**T**	R	E	S	S	
		C	H	A	Î	N	**E**	S				
					F	O	**U**	L	E			
C	R	O	I	S	I	È	**R**	E				

Aufgabe 11

loisirs → **plage** →
au bord de la mer
baigneur
bain de soleil
parasol
sable
serviette de bain
station balnéaire

loisirs → **sport** →
champion
compétition
équipe
gagner un match
pratiquer la natation
randonnée
s'entraîner

loisirs → **voyage** →
agence de voyage
avion
bagages
billet de train
caravane
croisière
réservation
séjour
voyageur
site

loisirs → **spectacle** →
au bord de la mer
baigneur
bain de soleil
parasol
sable
serviette de bain
station balnéaire

L'environnement

Aufgabe 1

verbe	substantif	adjectif	participe passé
disparaître	la disparition	disparu, e	disparu, e
promettre	la promesse	prometteur, euse	promis, e
menacer	la menace	menaçant, e	menacé, e
polluer	la pollution	pollueur, euse	pollué, e
préserver	la préservation	préservateur, trice	préservé, e
protéger	la protection	protecteur, trice	protégé, e
ravager	le ravage	ravageur, euse	ravagé, e
survivre	la survie	survivant, e	survécu, e
gaspiller	le gaspillage	gaspilleur, euse	gaspillé, e
nuire	la nuisance	nuisible	nui, e
entreprendre	l'entreprise (f.)	entreprenant, e	entrepris, e
concevoir	la conception	conceptuel, le	conçu, e
purifier	la pureté	pur, e	purifié, e
utiliser	l'utilisation (f.)	utile	utilisé, e
détruire	la destruction	destructeur, trice	détruit, e
empoisonner	le poison	empoisonné, e	empoisonné, e

Aufgabe 2

a) une augmentation
b) polluer
c) une économie
d) impropre à la consommation
e) pollué, sale
f) préserver, sauvegarder
g) un déboisement
h) une amélioration
i) coupable
j) insouciant

Aufgabe 3

a) polluer, empoisonner
b) retraiter
c) préserver, protéger
d) nuisible
e) les déchets
f) détruire, exterminer
g) entraîner/créer

Aufgabe 4

1 survie, 2 Forêt Vierge, 3 sauvegarder, 4 faune, 5 flore, 6 ravager, 7 protéger, 8 déboisent, 9 s'insurge, 10 survie, 11 anéantissons, 12 génétiques, 13 espèces, 14 espèces, 15 Forêt Vierge, 16 destruction, 17 disparition, 18 inhabitable

Aufgabe 5

1 réchauffement, 2 carbone, 3 destruction, 4 Vierge, 5 effet de serre, 6 provoque, 7 entraîner, 8 climatiques, 9 famine, 10 insensibles, 11 menace, 12 insouciance, 13 coupables, 14 mesures, 15 soucieux, 16 aux dépens

Aufgabe 6

a) La protection de la nature signifie préserver notre environnement de la pollution.
b) La faune et la flore est l'ensemble des espèces végétales et animales d'une région déterminée.
c) Un pétrolier perdant du pétrole provoque une marée noire.
d) Les ressources naturelles sont par exemple l'eau, le minerai, la végétation.
e) La nappe phréatique est la couche d'eau souterraine.
f) L'énergie atomique est libérée par la fusion nucléaire.
g) Les gaz polluants sont des émissions nocives sous forme de gaz par exemple les gaz d'échappement.
h) L'irradiation est la contamination par une fuite radioactive.
i) L'effet de serre est provoqué par le lent réchauffement de la terre.

Aufgabe 7

Die Atomversuche

Schluss mit den Atomversuchen? Nichts ist ungewisser! Wenn wir auch befürchten müssen, dass die Erweiterung der nuklearen Aufrüstung eines der Hauptprobleme bleibt, denen die Welt ausgesetzt ist, so muss man sich dennoch vor allem fragen, wie man sich davor schützen kann.

Ob es sich nun um die Entscheidung François Mitterrands handelt, die Atomversuche einzustellen oder die Jacques Chiracs, noch einige Versuche durchzuführen, um Frankreich vor den neuen möglichen Atomwaffenstaaten zu schützen, es beruhen beide auf Überlegungen der Innenpolitik, die auf die internationale Meinung recht wenig Rücksicht nimmt.

Das militärische Nuklearabenteuer bleibt tabu. Der Versuch, über Atomfragen etwas in Erfahrung zu bringen, ist zwecklos. Nirgends ist es so schwierig wie in Frankreich, Zugang zu den Geheimdokumenten über die Bombe zu bekommen. Die einzigen Dokumente, die eingesehen werden dürfen, reichen mindestens bis ins Jahr 1935 zurück! Und so hüllt man über die fehlgeschlagenen Versuche den Mantel des Schweigens. In Algerien kam es 1962 zu einem erheblichen radioaktiven Ausstoß, der die sofortige Evakuierung der Techniker und des militärischen Personals erforderte, die an unterirdischen Versuchen beteiligt waren. Trotz aller Vorsichtsmaßnahmen waren sie alle mehr oder minder stark verstrahlt.

Die Notwendigkeit, unsere Welt mit der benötigten Energie zu versorgen, die technische Modernisierung verknüpft mit der Atomforschung und das Bedürfnis, ein Abschreckungspotenzial zu besitzen, rechtfertigen diese Gründe das enorme Risiko, das wir alle eingehen?

La politique

Aufgabe 1

verbe	substantif	adjectif	participe passé
élire	l'élection (f.)	électoral, e	élu, e
gouverner	le gouvernement	gouvernemental, e	gouverné, e
appliquer	l'application (f.)	applicable	appliqué, e
dominer	la domination	dominant, e	dominé, e
favoriser	le faveur	favorable	favorisé, e
présider	le président	présidentiel, le	présidé, e
dépendre	la dépendance	dépendant, e	dépendu, e
dissoudre	la dissolution	dissoluble	dissout, e
respecter	le respect	respectable	respecté, e
vouloir	la volonté	volontaire	voulu, e
mentir	le mensonge	mensonger, ère	menti, e

Aufgabe 2

a) refuser
b) interdire, défendre
c) réprouver, désapprouver
d) illégal, interdit, défendu
e) minoritaire
f) un désaccord, une mésentente
g) uni, réuni, unanime
h) démocratique
i) se méfier de
j) une défaite
k) mentir

Aufgabe 3

a) les élections municipales
b) les élections législatives
c) les élections présidentielles
d) le quinquennat
e) le référendum, le suffrage universel
f) un électeur, une électrice
g) l'Assemblée nationale
h) démissionner
i) l'opposition
j) la cohabitation

Aufgabe 4

1 politiciens, 2 électeurs, 3 réprouvent, 4 gouvernement, 5 avoir été dupé, 6 campagne électorale, 7 mensonges, 8 dirigeants, 9 résultat, 10 radical, 11 modéré, 12 extrême droite, 13 députés, 14 être au-dessus de tout soupçon, 15 pouvoir, 16 opinion, 17 électorat, 18 mécontentement

Aufgabe 5

1 référendum, 2 5 ans, 3 Premier ministre, 4 gouvernement, 5 pouvoir législatif, 6 pouvoir exécutif, 7 président, 8 chef de l'Etat, 9 dissoudre, 10 Assemblée nationale, 11 Sénat, 12 députés, 13 Parlement

Aufgabe 6

1 constitution, 2 chef des armées, 3 défense nationale, 4 désaccord, 5 pouvoir, 6 pleins pouvoirs, 7 loi, 8 démission, 9 gouvernait, 10 Premier ministre

Aufgabe 7

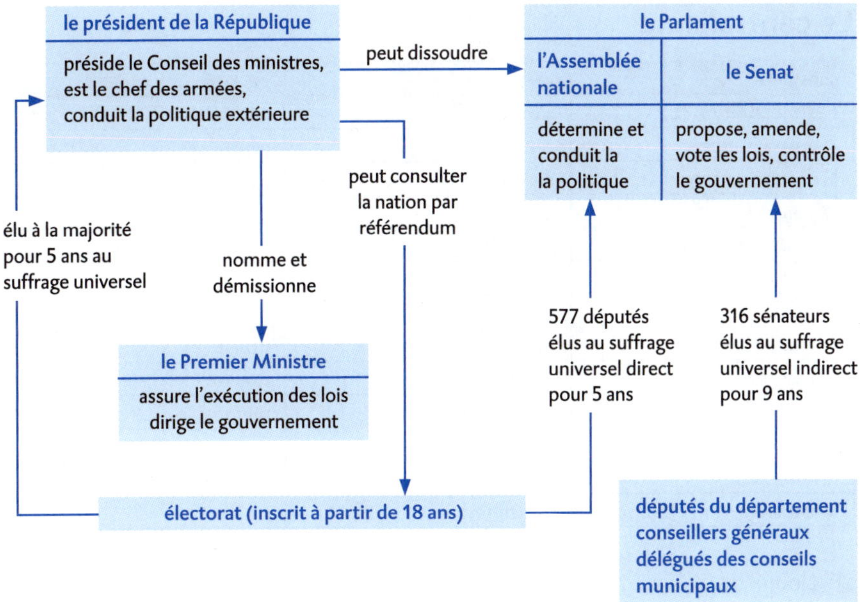

Aufgabe 8

								G	É	R	E	R			
							V	O	T	E	R				
							A	U	T	O	R	I	S	E	R
		A	P	P	R	O	U	V	E	R					
					A	C	C	E	P	T	E	R			
		D	É	F	E	N	D	R	E						
D	É	M	I	S	S	I	O	N	N	E	R				
		S	U	C	C	É	D	E	R						
						P	A	R	T	I	C	I	P	E	R

				S	É	N	A	T	E	U	R	
				É	L	E	C	T	O	R	A	T
	C	I	T	O	Y	E	N					
		P	R	É	S	I	D	E	N	T		
D	É	P	U	T	É							
	B	U	D	G	E	T						

Le centralisme

Aufgabe 1

substantif	verbe	adjectif
l'administration (f.)	administrer	administratif, ive
la centralisation	centraliser	central, e
la désertification	désertifier	désert, e
la gêne	gêner	gênant, e
la nécessité	nécessiter	nécessaire
le soutien	soutenir	---
l'uniformité (f.)	uniformiser	uniforme
l'urbanisation (f.)	urbaniser	urbain, e
l'urgence (f.)	urger	urgent, e
la région	régionaliser	régional, e
l'autonomie (f.)	---	autonome
la réforme	réformer	réformé, e
le transfert	transférer	---

Aufgabe 2

a) L'objectif
b) gêne
c) d'administrer
d) indispensable
e) convergent
f) campagnardes
g) La diversité
h) gigantesque
i) fuient
j) Les citadins
k) la désertification
l) simplifier

Aufgabe 3

a) la capitale
b) l'infrastructure
c) la démographie
d) le Conseil régional
e) une agglomération
f) le patrimoine d'un pays
g) l'exode
h) saturé, e
i) avantageux, euse
j) le réseau ferroviaire
k) désert, e
l) les conséquences
m) l'écart
n) rural, e
o) la décentralisation

Aufgabe 4

1 grandes écoles, 2 secteur, 3 Paris, 4 capitale, 5 gouvernement, 6 Elysée, 7 siège social, 8 musées, 9 médias, 10 industrie de pointe, 11 centralisme, 12 détriment, 13 écart, 14 démographique, 15 polluée, 16 banlieue, 17 crise, 18 qualité de vie, 19 prise de conscience, 20 transport en commun, 21 TGV, 22 province

Aufgabe 5 1 provinces, 2 capitale, 3 gérer, 4 administration, 5 désertification, 6 politique de réforme, 7 chef de l'Etat, 8 centralisme, 9 déséquilibre, 10 indispensable, 11 urgente, 12 aménagement du territoire, 13 diversité, 14 autonomie, 15 soulager, 16 concernent, 17 élus locaux, 18 régionalisation, 19 développement, 20 relever le défi, 21 soutien, 22 régionaux

Aufgabe 6

a) exode rural (2)
b) Paris, France (1)
c) domination (1)
d) pouvoir central (2)
e) région (2)
f) saturée (1)
g) siège (1)
h) remédier (2)
i) autonomie (2)
j) capitale (1)
k) avenir (2)

Aufgabe 7

								D	É	S	E	R	T		
							D	**É**	M	É	N	A	G	E	R
		R	E	N	F	O	R	**C**	E	R					
			É	Q	U	I	P	**E**	M	E	N	T			
			P	A	Y	S	A	**N**							
			U	R	G	E	N	**T**							
							P	**R**	É	F	E	T			
P	R	O	V	I	N	C	I	**A**	L						
				P	O	P	U	**L**	A	T	I	O	N		
				U	R	B	A	**I**	N						
						E	S	**S**	E	N	T	I	E	L	
						T	R	**A**	N	S	F	É	R	E	R
	A	U	T	O	R	O	U	**T**	E	S					
							V	**I**	D	E	R				
S	U	B	V	E	N	T	I	**O**	N						
	I	N	C	O	N	V	É	**N**	I	E	N	T			

L’économie

Aufgabe 1

substantif	verbe	adjectif
l’économie (f.)	économiser	économique/économe
l’industrie (f.)	industrialiser	industriel, le
la privatisation	privatiser	privé, e
la prospérité	prospérer	prospère
la production	produire	productif, ive
le commerce	commercer	commercial, e
le gain	gagner	gagnant, e
la perte	perdre	perdant, e
le bénéfice	bénéficier	bénéficiaire
le coût	coûter	coûteux, euse
la création	créer	créatif, ive
le, la concurrent, e/ la concurrence	concurrencer	concurrentiel, le
la rivalité/le, la rival, e	rivaliser	rival, e
la nécessité	nécessiter	nécessaire
la croissance	croître	croissant, e
la variation	varier	variable

Aufgabe 2

verbes	substantifs
accélérer	la vitesse de production
diriger	le personnel
doubler	le bénéfice
économiser	le temps et l’argent
équilibrer	la balance commerciale
éviter	la faillite
prendre	des mesures
réévaluer	la monnaie
relancer	la consommation
restructurer	l’organisation d’un service
subventionner	une entreprise
transformer	la matière première

Aufgabe 3

a) efficaces
b) essor/expansion/développement
c) Le bénéfice
d) considérable/importante
e) accélérer
f) La chute/baisse
g) dévaluer
h) progresse
i) Les méfaits
j) déficitaire
k) de rigueur/dure/sévère

Aufgabe 4

a) une subvention
b) relancer
c) nécessite/demande
d) profitable
e) florissants
f) augmenter
g) chère/onéreuse
h) importante
i) La hausse
j) La rigueur

Aufgabe 5

a) un crédit
b) être en faillite
c) la nationalisation
d) le secteur primaire
e) faire des économies
f) la concurrence
g) le budget
h) la compétitivité
i) la dette publique
j) fiscal, e
k) l'inflation
l) monétaire
m) la recette

Aufgabe 6

a) usine
b) industries
c) magasins
d) commerce
e) société anonyme
f) affaire
g) entreprises

Aufgabe 7 1 crise économique, 2 efficace, 3 déficit budgétaire, 4 emprunter, 5 rembourser, 6 dette publique, 7 récession, 8 bénéfices, 9 recettes fiscales, 10 déficitaires, 11 croissance économique, 12 dépenses, 13 relancer, 14 à brève échéance, 15 chômage, 16 nationalisation, 17 privatisation, 18 expansion

Aufgabe 8 1 hausse, 2 déficit, 3 mesures, 4 faire des économies, 5 consommation, 6 exportation, 7 secteur, 8 contrats, 9 construction, 10 équilibrer, 11 balance commerciale, 12 concurrence, 13 marché intérieur, 14 industrielle, 15 compétitif, 16 produit, 17 conjoncture, 18 relancer, 19 taux d'intérêt, 20 austérité, 21 nécessité, 22 pouvoir d'achat

Aufgabe 9 1 Communauté Européenne, 2 réconciliation, 3 développement industriel, 4 plus puissant, 5 réunification, 6 marché européen, 7 marchandises, 8 capitaux, 9 concurrence, 10 admiration, 11 miracle économique, 12 puissance, 13 prospérité, 14 industrie automobile, 15 places de travail, 16 entreprises, 17 emplois

Aufgabe 10 1 monnaie unique, 2 Communauté Européenne, 3 souveraineté nationale, 4 réussite, 5 projet, 6 pays, 7 critères, 8 traité de Maastricht, 9 produit intérieur brut, 10 conditions, 11 dépenses, 12 impôts, 13 croissance, 14 lutter, 15 concurrence, 16 marché mondial

Aufgabe 11

prospérité

bon

- bénéfice
- compétitivité
- développement
- expansion
- investissement
- progrès
- rentabilité
- création d'emplois
- consommation en hausse

mauvais

- déclin
- déficit
- dépense incontrôlée
- être en faillite
- insuffisance de moyens
- production coûteuse
- stagner
- clientèle insatisfaite
- taux d'intérêt élevé

Le monde du travail

Aufgabe 1
a) craint, redoute
b) pénible, difficile
c) son métier
d) son patron, son employeur
e) un bon salaire
f) difficultés
g) élevé
h) licencier
i) font grève
j) désespéré

Aufgabe 2
a) embauchent
b) échoué à, raté
c) incertain
d) inconvénients, désavantages
e) provisoire
f) haut, élevé
g) réduire, diminuer
h) La pauvreté
i) inquiète, angoisse

Aufgabe 3
a) les petites annonces
b) financier, ière
c) la reconversion
d) ouvrier, ière
e) demandeur d'emploi, chômeur, euse
f) une crise, une récession
g) un débutant, un apprenti
h) un employeur
i) une allocation, une indemnité
j) un syndicat

Aufgabe 4
a) chômage
b) cause, formation
c) main d'œuvre
d) revenu

e) embaucher, heures supplémentaires

f) inégalité

g) partage

h) secteurs, débouchés

i) croissance

j) fonctionnaires

Aufgabe 5 1 demandeurs d'emploi, 2 angoisse, peur, crainte, 3 galère, 4 embauche, 5 C.V. (curriculum vitae), 6 employeurs, 7 embaucher, 8 débutants, 9 expérience professionnelle, 10 stage, 11 entreprise, 12 productif, 13 patronat, employeur, 14 places d'apprentissage, 15 besoins, 16 demande, 17 secteurs, 18 débouché, 19 jeunes, 20 insertion, 21 se résigner, 22 salaire, 23 petites annonces, 24 qualification

Aufgabe 6 1 diplômes, 2 garantir, 3 marché du travail, 4 secteurs, 5 gagner sa vie, 6 créer, 7 entreprise, 8 entreprenants, 9 se résigner, 10 s'orienter, 11 enthousiasme, 12 réussi, 13 patron, 14 embaucher, 15 reconversion, 16 chômage

Aufgabe 7 1 retraite, 2 chômage, 3 main d'œuvre, 4 coût, 5 compétitif, 6 licenciement, 7 emploi, 8 apprenti, 9 carrière, 10 productifs, 11 salaire, 12 reconversion, 13 stage, 14 difficultés, 15 se résigner, 16 allocation chômage, 17 R.M.I., 18 galère

Aufgabe 8 1 pouvoir, 2 employeur, 3 employé, 4 avantages sociaux, 5 associations, 6 défendre, 7 reconnus, 8 travailleurs, 9 divisions, 10 indépendants, 11 intérêts, 12 patronat, 13 congés payés, 14 droit de grève, 15 allocation, 16 assurance, 17 retraite, 18 salaire minimum, 19 licenciement, 20 conflits, 21 transports publics, 22 revendications, 23 syndicaux

Aufgabe 9

			A	L	L	O	**C**	A	T	I	O	N		
			P	R	O	M	**O**	T	I	O	N			
				C	H	Ô	**M**	E	U	R				
					E	M	**P**	L	O	Y	E	U	R	
						R	**É**	C	E	S	S	I	O	N
	A	P	P	R	E	N	**T**	I	S	S	A	G	E	
A	N	G	O	I	S	S	**E**							
			I	N	C	O	**N**	V	É	N	I	E	N	T
			C	A	P	A	**C**	I	T	É				
						R	**E**	T	R	A	I	T	E	

Aufgabe 10

a) On peut trouver du travail en lisant les petites annonces du journal.
b) Les apprentis manquent d'expérience professionnelle.
c) Les employés font la grève pour obtenir une augmentation de salaire.
d) Un demandeur d'emploi est une personne qui cherche du travail.
e) Les fonctionnaires sont des employés de l'Etat.
f) Certaines femmes travaillent à mi-temps pour pouvoir élever les enfants.
g) Après avoir travaillé pendant 40 ans on a droit à une retraite.
h) L'expérience et la compétence sont des qualités recherchées par les employeurs.
i) La crise économique et la récession sont responsables du chomâge.
j) Il faut être chômeur pour toucher l'allocation du chômage.
k) On paie une cotisation pour être syndiqué.
l) Le R.M.I (revenu minimum d'insertion) est destiné aux personnes sans revenu.
m) Quand il y a trop de travail il faut faire des heures supplémentaires.
n) Il faut faire des études pour pouvoir excercer certaines professions.

L'information et la communication

Aufgabe 1

verbe	substantif	adjectif/ participe passé
s'abonner	l'abonnement (m.)	abonné, e
paraître	la parution	paru, e
interrompre	l'interruption (f.)	interrompu, e
préférer	la préférence	préféré, e
publier	la publication	public, publique
retransmettre	la retransmission	retransmis, e
lire	lecteur, trice/la lecture	lisible
créer	la création	créatif, ive/créé, créée

Aufgabe 2

a) la une/la couverture
b) l'information
c) le magazine
d) mettre une annonce
e) l'audimat, l'audience
f) retransmettre/diffuser
g) le récepteur
h) l'animatrice
i) faire un beug
j) naviguer sur Internet

Aufgabe 3

a) faire la couverture/être en couverture/faire la une
b) la météo
c) faire un procès en diffamation
d) un animateur, un présentateur
e) un faire-part
f) donner son avis sur
g) un beug/un plantage
h) une télécommande
i) la flèche mobile/le curseur
j) sauvegarder ses données
k) une imprimante
l) un, e internaute

Aufgabe 4

1 Internet; 2 moteurs de recherche; 3 internautes; 4 site; 5 informations; 6 fournissent; 7 créent

Aufgabe 5

	1	2	3
a) le virus	☐	☐	☑
b) le chat	☐	☐	☑
c) la publicité	☑	☑	☑
d) l'information	☑	☑	☑
e) l'écran	☐	☑	☑
f) le quotidien	☑	☐	☐
g) l'article	☑	☐	☐
h) l'imprimante	☐	☐	☑
i) le programme	☐	☑	☑
j) l'animateur	☐	☑	☐
k) la parution	☑	☐	☐

	1	2	3
l) le logiciel	☐	☐	☑
m) l'audimat	☐	☑	☐
n) le site	☐	☐	☑
o) les données	☐	☐	☑
p) la météo	☑	☑	☑
q) l'icône	☐	☐	☑
r) la redevance	☐	☑	☐
s) graver	☐	☐	☑
t) la une	☑	☐	☐
u) l'hebdomadaire	☑	☐	☐

Aufgabe 6

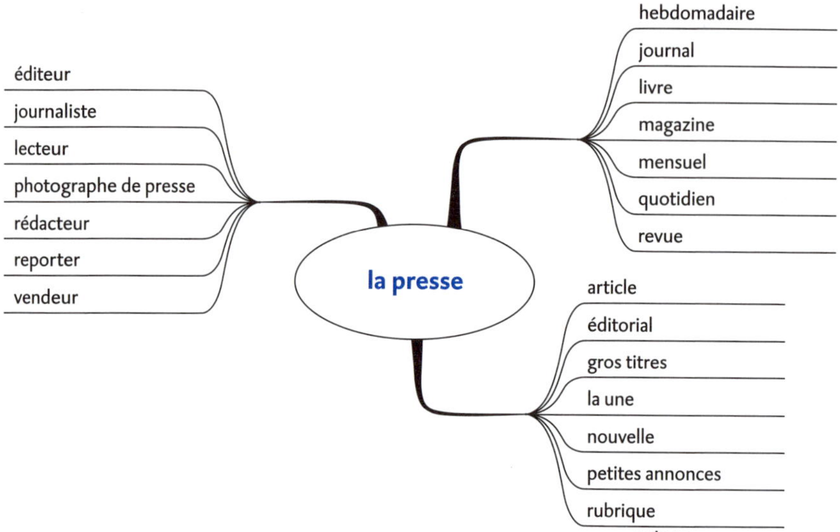
la presse
éditeur
journaliste
lecteur
photographe de presse
rédacteur
reporter
vendeur
hebdomadaire
journal
livre
magazine
mensuel
quotidien
revue
article
éditorial
gros titres
la une
nouvelle
petites annonces
rubrique

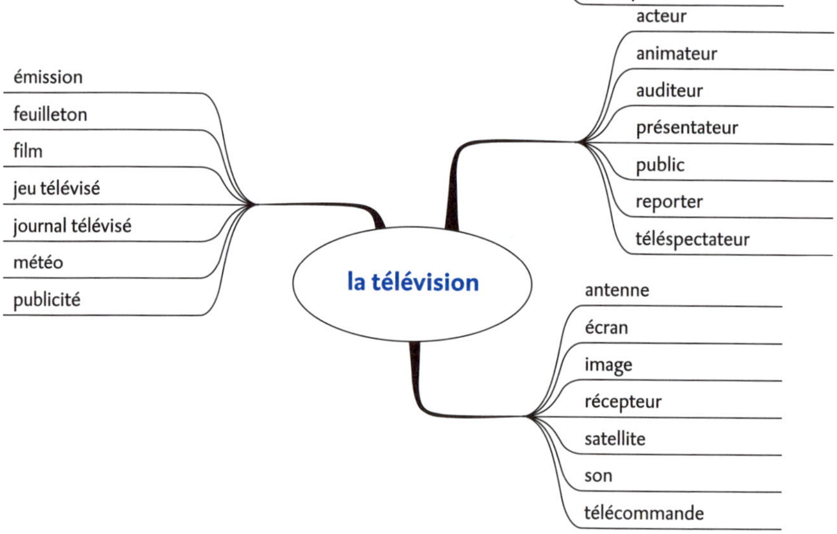
la télévision
émission
feuilleton
film
jeu télévisé
journal télévisé
météo
publicité
acteur
animateur
auditeur
présentateur
public
reporter
téléspectateur
antenne
écran
image
récepteur
satellite
son
télécommande

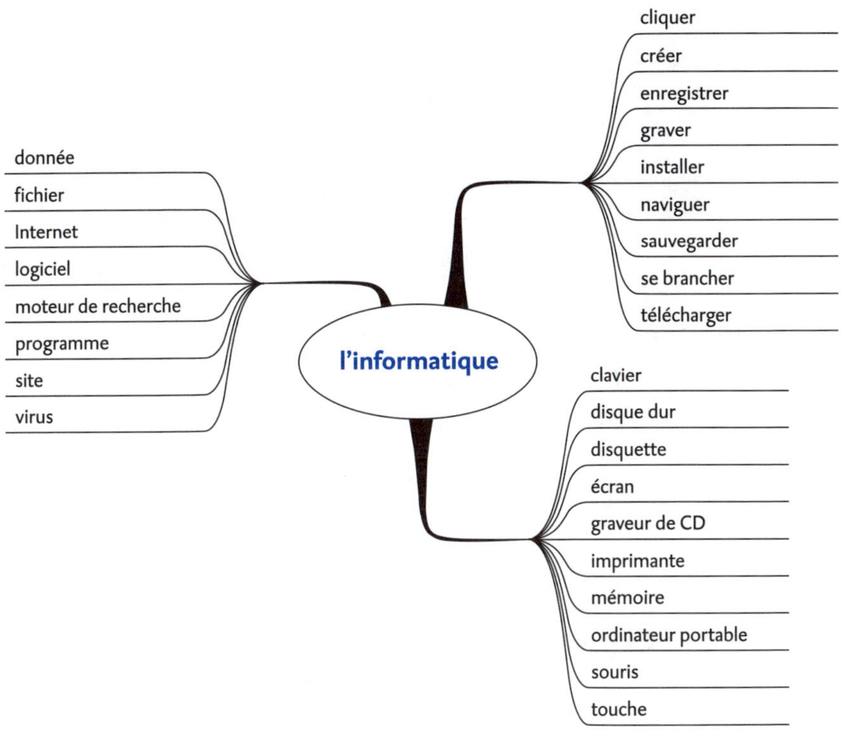

Aufgabe 7

			A	C	**T**	U	A	L	I	T	É	S				
		T	É	L	**É**	S	P	E	C	T	A	T	R	I	C	E
	F	E	U	I	**L**	L	E	T	O	N						
					É	C	R	A	N							
P	U	B	L	I	**C**	I	T	É								
			P	R	**O**	G	R	A	M	M	E					
					M	É	T	É	O							
		A	N	I	**M**	A	T	E	U	R						
			C	H	**A**	Î	N	E								
			S	O	**N**											
			A	U	**D**	I	T	E	U	R						
		R	E	D	**E**	V	A	N	C	E						

famille de mots	dt. Bedeutung	contexte/définition	synonyme/antonyme
abaisser	*absenken*	Pour abaisser le taux de pollution de l'air, on a dû interdire la circulation.	= diminuer ≠ augmenter
abandonné, e	*verlassen, verödet*	On trouve des villages abandonnés dans les campagnes françaises.	= déserté, délaissé
abandonner	*verlassen, aufgeben*	Les agriculteurs abandonnent les fermes qui ne sont plus rentables.	= déserter, quitter
abdiquer	*abdanken*	Renoncer à une fonction, au pouvoir, c'est abdiquer.	= démissionner
abîmer	*beschädigen*	La pollution abîme l'environnement.	= détruire, ≠ sauvegarder
abolir l'abolition [f.]	*abschaffen* *Abschaffung*	Il faut abolir la peine de mort dans le monde entier. Lincoln a voulu l'abolition de l'esclavage aux États Unis.	= supprimer = suppression
abonnement [m.]	*Abonnement*	On peut prendre un abonnement et le résilier quand on n'en veut plus.	
s'abonner	*abonnieren*	Beaucoup de Français s'abonnent à Canal+, une chaîne de télévision privée très populaire.	
abonné, e	*Abonnent, -in*	Les abonnés du téléphone paient une redevance.	
absolu, e	*absolut*	Le dictateur a un pouvoir absolu.	= total, complet, ≠ limité
accélérer	*beschleunigen*	Pour accélérer la production, on remplace l'homme par des robots.	= augmenter la vitesse ≠ ralentir
acceptable accepter	*annehmbar* *annehmen*	Cette proposition n'est pas acceptable, nous la refusons. Il est d'accord, il accepte.	≠ inacceptable = consentir, ≠ refuser
accès [m.]	*Zugang*	Il faut payer pour avoir accès à Internet.	

famille de mots	dt. Bedeutung	contexte/définition	synonyme/antonyme
l'accord [m.]	*Übereinstimmung, Zustimmung*	Le Président a parfois besoin de l'accord du Premier ministre.	= consentement ≠ désaccord
accorder	*zubilligen*	La France accorde le droit d'asile aux réfugiés politiques.	= consentir à donner ≠ refuser
accroissement [m.]	*Zuwachs, Zunahme*	L'accroissement de la population mondiale pose un problème grave.	= augmentation ≠ diminution
accroître	*vergrößern, erweitern*	Il faut accroître la production pour être compétitif.	= augmenter, ≠ diminuer
accueil [m.]	*Empfang, Aufnahme*	Des hôtesses s'occupent de l'accueil des visiteurs.	= réception, ≠ renvoi
accueillant, e	*(gast)freundlich*	La France est un pays accueillant.	= amical, ≠ hostile
accueillir	*empfangen*	On a ouvert des foyers pour accueillir les sans-abri.	≠ repousser, renvoyer
achat [m.]	*Kauf*	Les travailleurs gardent leur pouvoir d'achat.	= acquisition, ≠ vente
acide	*säurehaltig*	Les pluies acides détruisent la forêt.	
acquérir	*erwerben*	On peut acquérir des actions et les revendre.	= acheter, ≠ vendre
actif, ive	*aktiv*	Cette personne très active a beaucoup d'occupations.	= vif, dynamique, ≠ passif
activité [f.]	*Aktivität*	La randonnée est une activité sportive.	= occupation
actualités [f. pl.]	*(aktuelle) Nachrichten*	Les actualités passent tous les jours à la télé.	= les infos
adaptation [f.]	*Anpassung*	L'adaptation de notre organisme à l'air pollué sera nécessaire.	= acclimatisation ≠ inadaptation
(s')adapter	*(sich) anpassen*	Les plantes s'adaptent au climat.	= s'habituer
adhérent, e	*Mitglied*	Les adhérents du club reçoivent une carte de membre.	= membre, adepte
adhérer	*anhaften, zugehören*	Pour agir contre le racisme, vous pouvez adhérer au club «S.O.S. racisme».	= souscrire, faire partie

famille de mots	dt. Bedeutung	contexte/définition	synonyme/antonyme
administratif, ive	*Verwaltungs-*	Ce monsieur est directeur administratif de l'usine.	
administration [f.]	*Verwaltung*	L'administration de la ville se fait à la mairie.	= gestion
administrer	*verwalten*	Le maire administre la commune.	= gérer, diriger
adolescence [f.]	*Jugend*	L'adolescence est un âge souvent difficile.	
adolescent, e	*Jugendliche(r)*	Les adolescents aiment travailler avec l'ordinateur.	= les jeunes
adulte [m.]	*Erwachsener*	Les adultes oublient parfois qu'ils ont été jeunes.	= les grandes personnes
affaire [f.]	*Geschäft; Fall*	Ses mauvaises affaires l'ont conduit à la faillite.	= marché, commerce
affirmation [f.]	*Behauptung*	La police doit vérifier les affirmations du témoin.	= déclaration, ≠ négation
affirmer	*behaupten*	La police affirme connaître les coupables.	= déclarer, prétendre, ≠ nier
agence [f.] **de voyage**	*Reisebüro*	Dans une agence de voyage on peut réserver un billet d'avion.	
agence [f.] **nationale pour l'emploi (A.N.P.E.)**	*Arbeitsagentur, Arbeitsamt*	L'A.N.P.E. aide les chômeurs à trouver du travail.	
agent [m.] **(de police)**	*Polizist*	Les témoins du vol ont appelé un agent de police.	= gendarme
agglomération [f.]	*Stadt, Ballungsgebiet*	On ne doit pas rouler à plus de 50 km/h dans une agglomération.	= ville, zone urbaine
aggravation [f.]	*Verschlimmerung*	L'aggravation de la pollution doit cesser.	≠ amélioration
(s')aggraver	*(sich) verschlimmern*	Le malade va plus mal, son état s'aggrave.	= empirer, ≠ (s')améliorer
grave	*schlimm*	Le cancer est une maladie grave.	= sérieux, ≠ bénin
agresser	*angreifen*	On a agressé une dame pour lui voler son argent.	= attaquer, ≠ défendre
agresseur, euse	*Angreifer, -in*	Les agresseurs ont été arrêtés par la police.	≠ défenseur, protecteur
agressif, ive	*agressiv*	Il parle sur un ton agressif.	= provocant, ≠ défensif

famille de mots	dt. Bedeutung	contexte/définition	synonyme/antonyme
agression [f.]	*Angriff, Überfall*	Les gens âgés sont souvent victimes d'agressions.	= attaque, ≠ défense
agricole	*landwirtschaftlich*	Les agriculteurs se regroupent en coopératives agricoles.	
agriculteur, trice agriculture [f.]	*Landwirt, -in* *Landwirtschaft*	Le nombre des agriculteurs diminue. L'agriculture française s'est spécialisée et regroupée pour rester rentable.	= cultivateur
aîné, e	*Älteste(r)*	L'aîné de ces enfants n'est pas encore majeur.	= le plus âgé, ≠ cadet
alarmant, e alarme [f.] alarmer	*beängstigend* *Alarm* *alarmieren*	La violence à l'école devient alarmante. La sirène donne l'alarme devant le danger. Il faut alarmer l'opinion publique sur les ravages causés par la drogue.	= inquiétant, ≠ rassurant = alerte = alerter, inquiéter ≠ rassurer, calmer
alcool [m.] alcoolique [m./f.] [subst./adj.] alcoolisme [m.]	*Alkohol* *Alkoholiker, -in; alkoholisch* *Alkoholsucht*	Il est interdit de vendre de l'alcool aux enfants mineurs. Quand on boit régulièrement trop d'alcool, on devient alcoolique. On peut guérir l'alcoolisme par une cure de désintoxication.	
alerte [f.] alerter	*Alarm* *alarmieren*	L'avion a été évacué après une alerte à la bombe. Il a fallu alerter les pouvoirs publics sur le danger de contamination.	= alarme = alarmer ≠ rassurer, calmer

famille de mots	dt. Bedeutung	contexte/définition	synonyme/antonyme
aliment [m.]	*Nahrungsmittel*	Le pain est un aliment important en France.	= nourriture
alimentaire	*Nahrungs-, Ernährungs-*	La santé dépend d'un bon régime alimentaire.	= nutritif
alimentation [f.]	*Ernährung, Nahrung*	L'alimentation des jeunes est importante pour leur croissance.	= nourriture
alimenter	*versorgen, ernähren*	La Forêt est alimentée en eau par les pluies.	= fournir, nourrir
allocation [f.]	*Beihilfe, Zuschuss*	Les chômeurs touchent une allocation de chômage.	= indemnité
allumer	*einschalten*	Il faut allumer la lampe quand il fait nuit.	≠ éteindre
amélioration [f.]	*Verbesserung*	Les syndicats ont contribué à l'amélioration des conditions de vie professionnelle.	≠ aggravation
améliorer	*verbessern*	La lutte contre la pollution permet d'améliorer la qualité de l'air.	= rendre meilleur ≠ empirer, aggraver
meilleur, e	*besser*	On dit que le cheval est le meilleur ami de l'homme.	≠ pire
aménager	*einrichten, umwandeln*	La ville a aménagé plusieurs terrains en jardins publics.	= installer, transformer
anéantir	*vernichten*	L'éruption du volcan pourrait anéantir la ville.	= détruire, ≠ construire, créer
anéantissement [m.]	*Vernichtung*	Un échec serait l'anéantissement de tous nos espoirs.	= destruction, disparition
angoissant, e	*beklemmend, Furcht erregend*	La montée de la violence dans les écoles est angoissante.	= inquiétant, ≠ rassurant
angoisse [f.]	*Angst, Beklemmung*	Trop de jeunes vivent dans l'angoisse du chômage.	= inquiétude, peur
angoisser	*ängstigen*	La fermeture de nombreuses entreprises angoisse les travailleurs.	= inquiéter, effrayer ≠ rassurer

famille de mots	dt. Bedeutung	contexte/définition	synonyme/antonyme
animateur,trice	*Moderator, -in*	L'animateur présente une émission.	= présentateur
annuel, le	*jährlich*	Pâques et Noël sont des fêtes annuelles.	
annonce [f.]	*Inserat*	Les petites annonces paraissent dans le journal.	
annoncer	*ankündigen*	On peut annoncer une mort avec un faire-part.	
annuler	*löschen*	Sur le clavier, une touche permet d'annuler une donnée.	= effacer
antenne [f.]	*Sender*	France 2 est une antenne publique française	= chaîne
applicable	*anwendbar*	Cette loi n'est pas applicable aux mineurs de moins de 16 ans.	= praticable, utilisable ≠ inapplicable
application [f.]	*Anwendung*	L'application de la loi sur l'immigration pose des problèmes de conscience.	= mise en pratique ≠ inutilisation
appliquer	*anwenden*	Le pouvoir judiciaire se charge de faire appliquer les lois.	= mettre en pratique ≠ inutiliser
appréciable	*beachtlich*	L'État consacre une somme d'argent appréciable au budjet de la défense.	= importante, sensible ≠ négligeable, insignifiant
apprécier	*schätzen, lieben*	Le jeu de boules est très apprécié des Français.	= aimer, estimer ≠ mésestimer
précieux, euse	*kostbar*	L'or est un métal précieux.	= d'une grande valeur ≠ sans valeur
apprenti, e	*Lehrling*	Un apprenti apprend à exercer un métier.	
apprentissage [m.]	*Lehre*	En France, l'apprentissage de certains métiers peut se faire dans un lycée d'apprentissage.	
approuver	*billigen*	Tous les partis politiques ont approuvé la nouvelle loi.	≠ désapprouver

famille de mots	dt. Bedeutung	contexte/définition	synonyme/antonyme
arbitraire	*willkürlich*	Un pouvoir arbitraire est contraire à la démocratie.	= autoritaire, ≠ libéral
arme [f.] **armer**	*Waffe* *bewaffnen*	Le revolver est une arme à feu. Une bande armée a attaqué des touristes.	 ≠ désarmer
arrestation [f.] **arrêt** [m.] **arrêter**	*Festnahme* *Halt, Stillstand* *festnehmen; aufhören*	La police procède à une arrestation. Ne descendez pas avant l'arrêt complet du bus. La police a arrêté les coupables.	= capture, ≠ libération = stop, ≠ continuation = appréhender, ≠ libérer
assainir **assainissement** [m.] **sain, e** **santé** [f.]	*reinigen, sanieren* *Sanierung* *gesund* *Gesundheit*	Il faut assainir l'eau non potable avant de la boire. L'assainissement de l'eau des rivières sauve les poissons. L'air pollué n'est pas sain, il est nocif à la santé. Après une longue maladie il a retrouvé la santé.	= purifier, ≠ polluer ≠ pollution, dégradation ≠ malsain, pollué ≠ maladie
Assemblée Nationale [f.]	*Nationalversammlung*	Les députés siègent à l'Assemblée Nationale où ils discutent et proposent les lois.	
association [f.] **(s')associer**	*Verein, Vereinigung* *(sich) vereinigen*	Un club de foot est une association sportive. Ils se sont associés pour lutter ensemble contre la crise.	= groupement = réunir, grouper ≠ séparer, isoler
assurance [f.] **assurer** **sûr, e**	*Versicherung; Sicherheit* *gewährleisten* *sicher*	L'assurance sociale paie une partie des frais occasionnés par la maladie. La police est présente pour assurer la sécurité. Je ne suis pas sûr que vous ayez raison.	= garantie, certitude ≠ incertitude = garantir = certain, ≠ incertain
astronaute [m.]	*Astronaut*	Les astronautes sont les voyageurs de l'espace.	= cosmonaute

famille de mots	dt. Bedeutung	contexte/définition	synonyme/antonyme
attaque [f.]	*Angriff*	Les attaques à main armée sont punies de prison ferme.	= agression, ≠ défense
(s')attaquer	*angreifen*	Cette maladie s'attaque surtout aux animaux.	= agresser, combattre ≠ défendre
attitude [f.]	*Haltung, Verhalten*	Son attitude envers ses parents est impolie.	= comportement
audience [f.]	*Einschaltquote*	Les émissions populaires ont une grande audience.	= audimat
audimat [m.]	*Einschaltquote*	L'audimat indique le nombre de personnes qui ont écouté ou regardé une émission.	= taux d'écoute
auditeur, trice	*Zuhörer, -in*	L'auditeur écoute la radio.	
augmentation [f.]	*Erhöhung, Zunahme*	Les ouvriers réclament une augmentation de leur salaire.	= hausse, montée ≠ diminution, baisse
augmenter	*erhöhen, zunehmen*	Il y a moins de travail, le nombre des chômeurs augmente.	= monter, croître ≠ diminuer, baisser
austère	*streng, hart*	La prison est un grand bâtiment austère.	= rigoureux, sévère, froid ≠ riant, aimable
austérité [f.]	*Strenge*	La poltique d'austérité a pour objectif de réduire les dépenses de l'État.	= sévérité, rigueur ≠ indulgence, douceur
autonome	*selbstbestimmend*	Les territoires autonomes s'administrent eux-mêmes.	= indépendant, ≠ dépendant
autorisation [f.]	*Erlaubnis*	Il faut une autorisation spéciale pour porter une arme.	= permission ≠ défense, interdiction
autoriser	*erlauben*	La loi autorise 0,5° d'alcool au volant.	= permettre ≠ défendre, interdire
autorités [f. pl.]	*Behörde*	Le maire, le préfet, le ministre font partie des autorités.	

famille de mots	dt. Bedeutung	contexte/définition	synonyme/antonyme
avancer	*vorwärts kommen*	La science avance à grands pas dans le domaine de la génétique.	= progresser, aller de l'avant ≠ reculer
d'avance	*im Voraus*	Les clients ont payé d'avance.	= avant, ≠ après
avantage [m.]	*Vorteil*	Ce projet présente plus d'avantages que d'inconvénients.	= intérêt, ≠ désavantage, inconvénient
avantager	*begünstigen*	Le climat océanique avantage l'agriculture bretonne.	= favoriser, ≠ désavantager
avantageux, euse	*vorteilhaft, günstig*	Le train est souvent plus avantageux que l'avion.	= profitable, économique ≠ désavantageux
aventure [f.]	*Abenteuer*	Beaucoup de gens aiment les romans d'aventure.	
s'aventurer	*sich wagen*	Il est dangereux de s'aventurer dans un marais.	= se risquer
aventureux, euse	*abenteuerlich*	Cette excursion en forêt amazonienne est aventureuse.	= risqué, osé
aveu [m.]	*Geständnis*	La police a enregistré ses aveux.	= confession, ≠ dénégation
avouer	*gestehen, zugeben*	De très jeunes enfants avouent avoir consommé de la drogue.	= reconnaître ≠ nier, contester
(se) baigner	*(sich) baden*	Il est dangereux de se baigner dans la Loire.	= prendre un bain
baigneur, euse	*Badegast*	L'eau était polluée, les baigneurs ont tous été malades.	
bain [m.]	*Bad*	Sur la plage, les touristes prennent des bains de soleil.	
baisse [f.]	*Sinken, Sturz*	La baisse des taux d'intérêt pourrait relancer le bâtiment et l'immobilier.	= diminution ≠ hausse, augmentation
baisser	*senken, abnehmen*	Il faut baisser les taux d'intérêt pour relancer l'économie.	= diminuer, réduire ≠ augmenter
bas, se	*niedrig*	L'espoir de voir disparaître le chômage est au plus bas.	≠ haut, élevé

famille de mots	dt. Bedeutung	contexte/définition	synonyme/antonyme
BAL [f.] **(boîte aux lettres électronique)**	*Mailbox*	Les mails sont envoyés dans la BAL de l'ordinateur.	
balance [f.] **commerciale**	*Handelsbilanz*	Les bons chiffres du commerce extérieur permettent de rétablir la balance commerciale.	
banlieue [f.] **banlieusard, e**	*Vorort, Vorstadt* *Vorstadtbewohner, -in*	La banlieue de Paris a plus de 5 millions d'habitants. Beaucoup de banlieusards travaillent à Paris.	 = qui habite en banlieue
barre [f.] **de menus**	*Menüleiste*	Sur l'écran, les icônes se trouvent sur la barre de menus.	
bénéfice [m.] **bénéficiaire** **bénéficier de**	*Gewinn* *Gewinn-* *Nutzen ziehen aus*	Cette entreprise est prospère, elle fait des bénéfices. Une usine qui gagne de l'argent est bénéficiaire. Les familles nombreuses bénéficient de l'aide de l'État.	= profit, ≠ perte, déficit ≠ déficitaire = profiter, jouir, ≠ pâtir de
bénévole [m./f.] [subst./adj.]	*Freiwillige(r);* *ehrenamtlich*	Le bénévole travaille sans se faire payer. L'association bénévole "Emmaüs" aide les S.D.F.	= volontaire = qui travaille gratuitement
besoin [m.] **avoir besoin**	*Bedürfnis* *brauchen*	Il faut du pétrole pour satisfaire au besoin mondial. Cet enfant a besoin d'aide.	= nécessité, exigence
beug [m.]	*Absturz*	Le beug est une panne d'ordinateur.	= plantage
bicyclette [f.] **cycliste** [m.]	*Fahrrad; Radsport* *Radfahrer*	La bicyclette est un sport de plein air qui peut se pratiquer en famille. Il y a des chemins réservés aux cyclistes.	= vélo
bilan [m.]	*Bilanz*	Le bilan commercial de la France est encore positif.	
biosphère [f.]	*Lebensraum*	La biosphère est la vie organique de la terre.	

famille de mots	dt. Bedeutung	contexte/définition	synonyme/antonyme
bois [m.]	*Holz*	Le bois est une matière fournie par les arbres.	
déboisement [m.]	*Abholzen, Rodung*	Le déboisement de la Forêt Vierge est dangereux .	≠ reboisement
déboiser	*abholzen, roden*	Pour déboiser il faut arracher des arbres.	≠ reboiser
bouc [m.] **émissaire**	*Sündenbock*	Les immigrés sont les boucs émissaires de la société.	= rendu responsable
bouleversant, e	*erschütternd*	Cette histoire bouleversante nous touche beaucoup.	= émouvant
bouleversement [m.]	*Erschütterung*	Les résultats des élections ont provoqué un bouleversement politique.	= changement profond
bouleverser	*ändern, erschüttern*	L'ordinateur a bouleversé nos habitudes de vie.	= changer, transformer
brancher	*gefallen, interessieren*	La musique et la danse branchent la jeunesse.	= plaire, ≠ déplaire
se brancher sur	*online gehen*	Pour se brancher sur Internet, il faut payer.	
bricolage [m.]	*Basteln*	Le bricolage est un des loisirs préférés des Français.	
bricoler	*basteln*	Il passe ses loisirs à bricoler de vieux meubles.	
bricoleur, euse	*Bastler, -in, Heimwerker, -in*	Il fait toutes sortes de travaux lui-même, il est bricoleur.	
bruit [m.]	*Lärm*	Le bruit fait parfois mal aux oreilles sensibles.	≠ silence
bruyant, e	*laut*	L'hôtel est bruyant, on y dort mal.	≠ silencieux
budget [m.]	*Haushalt*	Le ministre des Finances gère le budget de l'Etat.	
budgétaire	*Haushalts-*	Le déficit budgétaire de l'Etat est dû, en partie, à l'augmentation du chômage.	
cacher	*verheimlichen*	On n'a pas le droit de cacher un accident de réacteur nucléaire.	= dissimuler, tenir secret ≠ révéler, dévoiler
en cachette	*heimlich*	Les immigrés clandestins entrent en cachette dans le pays.	= secrètement ≠ ouvertement

famille de mots	dt. Bedeutung	contexte/définition	synonyme/antonyme
cadre [m.]	*leitender Angestellter*	Les cadres représentent le personnel dirigeant.	
calomnie [f.]	*Verleumdung*	La calomnie est un mensonge qui porte atteinte à l'honneur et à la réputation de ses victimes.	= diffamation
calomnier	*verleumden*	On calomnie en disant injustement du mal.	= diffamer
calomnieux, se	*verleumderisch*	Un article calomnieux peut faire l'objet d'un procès.	= diffamatoire
campagnard, e	*ländlich*	Cette maison campagnarde est une vieille ferme.	= rural, ≠ citadin
campagne [f.]	*Land*	L'air de la campagne est souvent peu pollué.	≠ ville
campagne [f.] électorale	*Wahlkampf*	Pendant la campagne électorale, les candidats présentent leur programme politique.	
cancer [m.]	*Krebs*	Le soleil peut provoquer un cancer de la peau.	
candidat, e	*Kandidat, -in*	Il est candidat aux élections municipales.	
candidature [f.]	*Kandidatur*	Il faut poser sa candidature pour pouvoir être élu.	
capable	*fähig*	Il est capable de faire ce travail.	= apte, ≠ incapable, inapte
capacité [f.]	*Fähigkeit*	L'avenir de l'économie dépend de sa capacité à s'adapter aux techniques modernes.	= aptitude ≠ incapacité, inaptitude
capitale [f.]	*Hauptstadt*	Paris est la capitale de la France.	
capter	*empfangen*	Le satellite Eutelsat permet de capter des chaînes.	= recevoir
carrière [f.]	*Laufbahn*	Les femmes ont parfois du mal à assumer en même temps leur carrière et leur vie de famille.	= vie professionnelle
cas [m.]	*Fall*	En cas de problème, les jeunes peuvent s'adresser à l'assistante sociale de leur lycée.	= situation

famille de mots	dt. Bedeutung	contexte/définition	synonyme/antonyme
casser	*zerstören*	Ils ont cassé les vitres des voitures pour voler.	= détruire; ≠ protéger
casseur [m.]	*Randalierer*	Pendant la manifestation, des casseurs ont brûlé des voitures.	= vandale
catalyseur [m.]	*Katalysator*	Le catalyseur filtre les gaz d'échappement.	
cause [f.]	*Ursache, Grund*	Sa paresse est la cause de son échec.	= raison
à cause de	*wegen, aufgrund*	Il a démissionné à cause de sa mauvaise santé.	= en raison de
causer	*verursachen*	La fermeture des usines a causé du chômage.	= provoquer, amener
censure [f.]	*Zensur*	La censure restreint la liberté de la presse.	
censurer	*zensieren*	L'État a censuré la publication d'un livre.	= interdire
centralisation [f.]	*Zentralisierung*	La centralisation de la politique européenne se fait à Bruxelles.	= concentration, ≠ décentralisation, déconcentration
centraliser	*zentralisieren*	Napoléon a centralisé les pouvoirs à Paris pour mieux les contrôler.	= concentrer, regrouper ≠ décentraliser, déconcentrer
centralisme [m.]	*Zentralismus*	Le centralisme alourdit l'administration de l'Etat.	
cesser (de faire qc.)	*aufhören mit/zu, beenden*	Il peut cesser son activité professionnelle et partir en retraite.	= arrêter, interrompre ≠ continuer
chaîne [f.] (de télé)	*Fernsehsender*	La télévision française offre trois chaînes d'État et beaucoup de chaînes privées.	
champion [m.]	*Meister (Sport)*	Il est le meilleur dans sa catégorie, c'est lui le champion.	
changement [m.]	*(Ver-)Änderung*	Le changement de gouvernement n'a pas résolu les problèmes du pays.	= modification, ≠ continuité
changer	*(ver)ändern*		= modifier, transformer ≠ conserver, garder

famille de mots	dt. Bedeutung	contexte/définition	synonyme/antonyme
chantage [m.]	*Erpressung*	L'appel aux sentiments est une forme de chantage.	
charger	*laden*	Il faut charger un programme dans l'ordinateur.	
chat [m.]	*Chat*	Le chat est un dialogue, un contact par Internet.	= salon
chômage [m.] **chômeur, euse**	*Arbeitslosigkeit* *Arbeitsloser*	La lutte contre le chômage a priorité sur tout. Les chômeurs de longue durée ont plus de mal à retrouver du travail.	≠ travail, emploi = demandeur d'emploi
chute [f.]	*Fall, Sturz*	La chute du prix de la viande a ruiné beaucoup d'éleveurs.	= effondrement, baisse ≠ montée, essor
citadin, e [subst./adj.] **cité** [f.] **citoyen, ne** **citoyenneté** [f.]	*Stadtbewohner, -in; städtisch* *Stadt* *Bürger, -in* *Staatsangehörigkeit*	Les citadins parisiens aiment passer le week-end à la campagne. La cité de Carcassonne est entourée d'un rempart. On l'a nommé citoyen d'honneur de la ville. Beaucoup d'immigrés demandent la citoyenneté du pays d'accueil.	≠ campagnard = ville
civil, e	*zivil, bürgerlich*	La guerre civile est particulièrement cruelle.	
clandestin, e **clandestinité** [f.]	*illegal, heimlich* *Heimlichkeit, Illegalität*	Les immigrés clandestins n'ont pas de permis de séjour. Les travailleurs au noir travaillent dans la clandestinité.	= secret, illégal, ≠ légal = illégalité, ≠ légalité
clavier [m.]	*Tastatur*	L'ensemble des touches qui permettent de travailler avec l'ordinateur se trouvent sur le clavier.	
cliquer sur	*klicken auf*	Il faut cliquer sur un symbole sur l'écran .	

famille de mots	dt. Bedeutung	contexte/définition	synonyme/antonyme
client, e	*Kunde, Kundin*	Dans notre magasin, le client est roi.	= acheteur, ≠ vendeur
clientèle [f.]	*Kundschaft*	L'ensemble des clients constitue la clientèle.	
cocooning [m.]	*häusliche Gemütlichkeit, Einigelung*	Les gens ne sortent plus, ils préfèrent le cocooning à la maison.	
code [m.]	*Kennwort*	Le code est un mot secret qu'il faut connaître pour avoir accès à certains programmes.	= mot de passe
codé, e	*verschlüsselt*	Les échanges de données entre ordinateurs sont souvent codés.	
cohabitation [f.]	*Kohabitation*	La cohabitation gouvernementale est nécessaire quand le Président n'est plus majoritaire.	
colère [f.]	*Zorn, Wut*	La colère est mauvaise conseillère. (proverbe.)	= fureur, rage, ≠ calme
en colère	*wütend*	Se mettre en colère, c'est perdre son sang-froid.	= fâché, ≠ calme,
coléreux, euse	*jähzornig*	C'est un enfant coléreux, difficile à éduquer.	≠ calme, paisible
collectif, ive	*gemeinsam, kollektiv*	L'éducation est un travail collectif partagé entre les parents et l'école.	= commun, ≠ individuel, personnel
collectivité [f.]	*Gemeinschaft*	Le bien de la collectivité doit passer avant l'intérêt personnel.	= communauté ≠ individualité
colonie [f.] **de vacances**	*Ferienkolonie*	Beaucoup d'entreprises proposent une colonie de vacances aux enfants de leurs employés.	

famille de mots	dt. Bedeutung	contexte/définition	synonyme/antonyme
combat [m.]	*Kampf*	Les femmes mènent leur combat pour l'égalité.	= lutte, bataille
combatif, ive	*kampflustig*	Il faut être combatif pour gagner au tennis.	= batailleur, ≠ résigné
combattant, e	*Kämpfer, -in, Soldat, -in*	Beaucoup de combattants sont morts à la guerre.	= soldat, adversaire
combattre	*(be)kämpfen*	La police essaie de combattre le terrorisme.	= lutter, se battre, batailler ≠ se résigner, subir
commerçant, e	*Händler, -in*	Les commerçants ont fermé leurs magasins.	= marchand, négociant
commerce [m.]	*Handel*	Le commerce de la drogue est illégal.	= marché, négoce
commercial, e	*Handels-*	Le vin français est un produit commercial lucratif.	
communiquer par	*kommunizieren über*	On peut communiquer par téléphone , par mail etc.	
compenser	*ausgleichen*	Ce bénéfice compense le déficit d'hier.	= dédommager, équilibrer
compétence [f.]	*Zuständigkeit, Fähigkeit*	La compétence du préfet se limite à la politique régionale.	= autorité, aptitude ≠ incompétence
compétent, e	*fähig; zuständig*	N'étant pas assez compétent, il a perdu sa place de travail dans l'usine.	= capable, apte ≠ incompétent
compétitif, ive	*wettbewerbsfähig*	Pour garder sa clientèle, il faut être compétitif.	
compétition [f.]	*Wettkampf*	Le sportif malade ne participe pas à la compétition.	
compétitivité [f.]	*Wettbewerbsfähigkeit*	La compétitivité du marché asiatique est forte.	
comportement [m.]	*Benehmen*	Le comportement des pollueurs est inacceptable.	= conduite
se comporter	*sich benehmen*	L'élève apprend à se comporter en classe.	= se conduire
concession [f.]	*Zugeständnis*	Les travailleurs doivent faire des concessions pour sauver leur emploi.	

famille de mots	dt. Bedeutung	contexte/définition	synonyme/antonyme
concentration [f.]	*Konzentration*	La concentration des grandes usines dans la région parisienne a provoqué la désertification de la province.	= centralisation, ≠ déconcentration
concentrer	*konzentrieren*	La France a concentré ses efforts sur le problème du chômage.	= centraliser, grouper ≠ déconcentrer, disperser
conception [f.]	*Vorstellung, Meinung*	Les parents et les enfants ont une conception différente des loisirs.	= opinion, idée
concevable	*denkbar, begreiflich*	Il n'est pas concevable de voter une loi aussi impopulaire.	= imaginable, pensable ≠ inconcevable, impensable
concevoir	*ausdenken, planen*	Le code civil a été conçu par Napoléon Bonaparte.	= imaginer, créer
concurrence [f.]	*Wettbewerb*	La concurrence entre les entreprises est sans pitié.	= compétition, rivalité
concurrencer	*konkurrieren mit*	Le prix du travail en Europe ne peut pas concurrencer celui des pays d'Asie.	= rivaliser
concurrent, e	*Konkurrent, -in*	Le vin australien est un concurrent du vin français.	= rival
condamnable	*strafbar*	Le racket est une pratique condamnable qui est punie par la loi.	= répréhensible ≠ innocent, légal
condamnation [f.]	*Strafe, Strafurteil*	La condamnation à la peine de mort est supprimée.	= punition, sentence
condamner	*verurteilen, bestrafen*	La justice ne peut pas condamner un jeune de moins de 16 ans à la prison.	= blâmer, punir
condition [f.]	*Umstand, Bedingung*	Les conditions de vie des travailleurs s'améliorent.	= état, situation
à condition de	*unter der Bedingung, dass*	On peut le sauver, à condition d'opérer tout de suite.	= sous réserve de
conditionnel, le	*bedingt*	Le prisonnier est remis en liberté conditionnelle.	≠ inconditionnel

famille de mots	dt. Bedeutung	contexte/définition	synonyme/antonyme
conducteur, trice	*Fahrer*	Les conducteurs de bus sont souvent victimes d'aggressions.	= chauffeur
conduire	*leiten, führen, lenken*	L'incompétence peut conduire à la faillite.	= mener, diriger
conduite [f.]	*Benehmen*	Le prisonnier a été libéré plus tôt pour bonne conduite.	= comportement
conflit [m.]	*Konflikt*	Le conflit des générations oppose parents et enfants depuis toujours.	= lutte, opposition ≠ paix
congés [m. pl.] **(payés)**	*(bezahlter) Urlaub*	Chaque employé a droit à des congés payés.	= vacances
conjoncture [f.]	*(Wirtschafts-)Lage*	La conjoncture actuelle ne permet pas encore la réduction du chômage.	= circonstance
conjoncturel, le	*konjunkturell*	La crise économique est un problème conjoncturel.	
se connecter	*sich einloggen, sich anmelden*	Il faut un mot de passe pour pouvoir se connecter à certains programmes.	≠ se déconnecter
conquérir	*erobern*	Les femmes françaises veulent conquérir leur place dans la vie politique.	= gagner, ≠ perdre
conquête [f.]	*Eroberung*	La conquête de l'espace a fait l'objet d'une rivalité entre les grandes puissances.	= prise, victoire ≠ perte
conséquence [f.]	*Folge, Konsequenz*	Le tourisme subit les conséquences de la crise.	= effet, suite
par conséquent	*infolgedessen*	Il a commis une faute, par conséquent il sera puni.	= ainsi, donc
conservateur, trice [subst./adj.]	*Konservative(r); konservativ*	Le parti des conservateurs a gagné les élections.	
conservation [f.]	*Erhaltung, Bewahrung*	La conservation de certains aliments se fait au frigidaire.	= garde, protection, ≠ perte
conserver	*bewahren, erhalten*	Il faut conserver les bonnes habitudes.	= garder, ≠ perdre, jeter

famille de mots	dt. Bedeutung	contexte/définition	synonyme/antonyme
considérable	*beträchtlich*	À Paris, le nombre des sans-abri est considérable.	= important, ≠ insignifiant
considération [f.]	*Betrachtung;*	Il faut prendre en considération l'âge du délinquant.	
	(Hoch-)Achtung	J'ai beaucoup de considération pour ses qualités.	= respect, admiration
considérer (comme)	*betrachten (als)*	Il faudrait considérer ce problème sous tous ses aspects.	= examiner, regarder, juger, trouver, tenir pour
consommateur, trice	*Verbraucher, -in*	Il y a un institut de protection du consommateur.	= utilisateur, client
consommation [f.]	*Konsum*	Notre société de consommation se rend parfois coupable de gaspillage.	= utilisation, usage
consommer	*verbrauchen*	Les voitures économiques consomment peu d'essence.	= utiliser, prendre
constamment	*andauernd, ständig*	La pollution de l'air augmente constamment.	= sans cesse, sans arrêt
Constituer	*bilden, darstellen*	C'est le Premier ministre qui constitue le gouvernement.	= former, établir
constitution [f.]	*Verfassung*	La constitution de la Vème République a été établie par Charles de Gaulle.	
constitutionnel, le	*Verfassungs-*	La loi constitutionnelle se réfère à la constitution.	
consultation [f.]	*Beratung, Sprechstunde*	Le médecin donne sa consultation dans son cabinet.	
consulter	*um Rat fragen*	Il a consulté un avocat pour connaître ses droits.	= demander conseil
contacter	*sich in Verbindung setzen mit*	Les professeurs doivent contacter les parents d'élèves.	= prendre contact avec qn.
contagieux, euse	*ansteckend*	Le SIDA est une maladie contagieuse.	= transmissible ≠ intransmissible
contagion [f.]	*Ansteckung*	La contagion se fait par contact direct avec le malade.	= transmission
contamination [f.]	*Verseuchung*	La contamination de Tchernobyl est due à des substances radio-actives.	= infection
contaminer	*verseuchen*	Une explosion nucléaire peut contaminer tout un pays.	= infecter

famille de mots	dt. Bedeutung	contexte/définition	synonyme/antonyme
contemporain, e [subst./adj.]	*Zeitgenosse, Zeitgenossin; zeitgenössisch*	Les personnes qui vivent à la même époque sont des contemporains.	
content, e se contenter	*froh, zufrieden* *sich zufrieden geben*	Il est content des résultats qu'il a obtenus. Les jeunes chômeurs doivent souvent se contenter d'un travail au-dessous de leur qualification.	= satisfait ≠ insatisfait = se satisfaire
contenu [m.]	*Inhalt*	Le contenu de cet article porte sur la politique.	
contestable contester	*anfechtbar, zweifelhaft* *bestreiten*	Pour les écologistes, les arguments en faveur du nucléaire sont contestables. L'opposition a contesté les résultats des dernières élections.	= discutable ≠ incontestable, indiscutable = protester, discuter ≠ accepter, approuver
contradiction [f.] contradictoire contraire [m.] contredire	*Widerspruch* *widersprüchlich* *Gegenteil* *widersprechen*	Sa vie privée est en contradiction avec la morale. Les affirmations du témoin sont contradictoires. Je ne suis pas fâché, bien au contraire! La politesse interdit parfois de contredire.	≠ accord ≠ concordant ≠ confirmer, approuver
contraignant, e contraindre contrainte [f.]	*verpflichtend* *zwingen* *Zwang*	La loi sur la limitation de vitesse est contraignante. Il faudrait se contraindre à pratiquer un sport. Il a avoué sous la contrainte.	= obligatoire, gênant = obliger, forcer à = obligation, ≠ liberté
contraster	*kontrastieren, im Gegensatz stehen*	La couleur de la végétation contraste avec le bleu du ciel de Provence.	= trancher, ressortir
contrat [m.]	*Vertrag, Auftrag*	Les commandes importantes se font par contrat.	
convivial, e convivialité [f.]	*gesellig, gastfreundlich* *Geselligkeit*	L'ambiance de ce restaurant est très conviviale. La télévision est néfaste à la convivialité de la société.	 = sociabilité

famille de mots	dt. Bedeutung	contexte/définition	synonyme/antonyme
coopérer	*zusammenarbeiten*	Les pays européens doivent coopérer entre eux.	= collaborer
couche [f.] **d'ozone**	*Ozonschicht*	Le trou qui se forme dans la couche d'ozone menace la santé des hommes.	
coupable **culpabilité** [f.]	*schuldig* *Schuld*	L'accusé n'est pas coupable de ce crime. Avant de condamner, il faut prouver la culpabilité de quelqu'un.	= fautif, ≠ innocent = faute, responsabilité ≠ innocence
coût [m.] **coûteux, euse**	*Kosten* *kostspielig, teuer*	Le coût de cette marchandise est trop élevé. La politique d'austérité exige de renoncer aux projets trop coûteux.	= prix = cher, onéreux ≠ bon marché
coutume [f.] **s'accoutumer**	*Brauch, Sitte* *sich gewöhnen*	La bise sur les joues est une coutume française. Les immigrés ont parfois du mal à s'accoutumer aux mœurs du pays d'accueil.	= habitude, mœurs = s'habituer ≠ se déshabituer
couverture [f.]	*Titelseite*	La catastrophe fait la couverture des journaux.	= la une
couvrir	*abdecken*	Ce reporter couvre toute la région parisienne.	
craindre	*befürchten*	En cas de panne du réacteur nucléaire, on peut craindre le pire.	= redouter ≠ espérer, souhaiter
crainte [f.] **craintif, ive**	*Befürchtung, Angst* *ängstlich*	La crainte du chômage incite à économiser et freine la consommation. Cet enfant craintif a peur de tout.	= peur, ≠ assurance, témérité = peureux, ≠ hardi
créateur, trice **création** [f.] **créer**	*Gründer, -in, Erfinder, -in* *Gründung, Schaffung* *gründen, schaffen*	Christian Dior est un créateur de mode. L'implantation de l'usine a permis la création de nombreux emplois. Pour échapper au chômage, créez votre entreprise.	= fondateur, auteur = réalisation, œuvre = fonder, réaliser

famille de mots	dt. Bedeutung	contexte/définition	synonyme/antonyme
crime [m.]	*Verbrechen*	La police a retrouvé l'arme du crime.	
criminel, le	*kriminell*	Les très jeunes criminels ne vont pas en prison.	= délinquant, bandit
croissance [f.]	*Wachstum*	La croissance économique contribue à la prospérité.	= développement, ≠ déclin
croître	*wachsen, zunehmen*	La France voit croître le montant de la dette publique.	= pousser, grandir ≠ diminuer, baisser
curieux, euse	*neugierig;* *seltsam*	Les adolescents sont curieux de découvrir la vie. C'est un phénomène curieux qui nous étonne.	= intéressé = étrange, bizarre
curiosité [f.]	*Neugier*	C'est souvent par curiosité que les enfants fument.	≠ désintérêt
C.V. [m.] **(curriculum vitae)**	*Lebenslauf*	Un demandeur d'emploi doit présenter son C.V. à un employeur.	
danger [m.]	*Gefahr*	Il y a danger de mort à consommer certains champignons.	= péril ≠ sécurité
dangereux, euse	*gefährlich*	Quand il y a beaucoup de neige, il est dangereux de quitter les pistes de ski.	= risqué, périlleux ≠ sûr
se débarrasser	*sich entledigen*	Il est défendu de se débarrasser de ses déchets dans les rivières ou dans la mer.	= se défaire ≠ s'encombrer; s'embarrasser
débat [m.]	*Debatte*	Le débat sur la nouvelle loi a eu lieu à l'Assemblée Nationale.	= discussion
débattre	*debattieren*	Le conseil municipal va débattre les affaires de la commune.	= discuter
débordement [m.]	*Überschwemmung*	Le débordement de la rivière a provoqué une catastrophe.	= inondation
déborder	*überlaufen*	La ville est surpeuplée, Paris déborde.	

famille de mots	dt. Bedeutung	contexte/définition	synonyme/antonyme
débouché [m.]	*Absatzmarkt*	Les secteurs du textile et de la métallurgie n'offrent plus de débouchés.	
se débrouiller	*sich zu helfen wissen*	Il faut savoir se débrouiller pour trouver une place dans l'université de son choix.	= trouver un moyen
débrouillard [adj.]	*pfiffig, schlau*	Il est débrouillard, il trouve toujours une solution.	
début [m.]	*Anfang*	Il faut tout recommencer depuis le début.	= commencement, ≠ fin
débutant, e	*Anfänger, -in*	Les débutants manquent encore d'expérience.	= apprenti
débuter	*anfangen*	Les jeunes entrepreneurs ont besoin de capitaux pour débuter.	= commencer, démarrer ≠ finir, terminer, achever
début [m.]	*Anfang*	Il faut tout recommencer depuis le début.	= commencement, ≠ fin
débutant, e	*Anfänger, -in*	Les débutants manquent encore d'expérience.	= apprenti
débuter	*anfangen*	Les jeunes entrepreneurs ont besoin de capitaux pour débuter.	= commencer, démarrer ≠ finir, terminer, achever
décentralisation [f.]	*Dezentralisierung*	La décentralisation du pouvoir gouvernemental est indispensable à une meilleure administration des régions.	= déconcentration, ≠ centralisation, concentration
décharge [f.]	*Müllhalde*	La décharge est un endroit où l'on jette les ordures.	= déchetterie
déchets [m. pl.]	*Müll, Abfall*	Les boîtes de conserve vides sont des déchets.	= ordures
décider de	*beschließen*	Les députés ont décidé de ne pas voter la loi.	= prendre une décision
décisif, ive	*entscheidend*	Le moment de la mise à feu de la fusée est décisif.	
décision [f.]	*Entscheidung*	Je ferai connaître ma décision dès que je l'aurai prise.	≠ indécision
déclin [m.]	*Verfall, Niedergang*	Le tourisme vert pourrait éviter le déclin rural.	≠ essor, développement

famille de mots	dt. Bedeutung	contexte/définition	synonyme/antonyme
décontracté, e	*entspannt*	Les vacanciers décontractés oublient le travail.	= détendu, ≠ tendu
se décontracter	*sich entspannen*	En pratiquant le Yoga on apprend à se décontracter.	= se détendre
découverte [f.]	*Entdeckung*	La découverte de l'Amérique est due à C. Colomb.	= révélation, dévoilement
découvrir	*entdecken*	Les voyages offrent l'occasion de découvrir des régions pittoresques.	= connaître, voir ≠ couvrir, cacher
défavorable	*ungünstig, nachteilig*	La crise économique est défavorable à l'immigration.	= mauvais, ≠ favorable
défavorisé, e	*benachteiligt*	La criminalité se développe particulièrement dans les quartiers défavorisés.	= désavantagé, pauvre ≠ favorisé
défavoriser	*benachteiligen*	L'impôt sur les grandes fortunes défavorise les gens riches.	= désavantager, nuire ≠ favoriser
défendre	*verbieten;*	Il faut absolument défendre aux jeunes de porter des armes à l'école.	= interdire ≠ permettre, autoriser
	verteidigen	Un ministère est chargé de défendre les droits des enfants.	= protéger, secourir ≠ attaquer, accuser
défense [f.]	*Verbot;*	La défense de fumer dans les restaurants n'est pas toujours respectée.	= interdiction ≠ permission, autorisation
	Verteidigung	L'avocat se charge de la défense de son client.	≠ attaque, accusation
défi [m.]	*Herausforderung*	La France relève le défi des critères de Maastricht.	= provocation
défier	*herausfordern*	Certains sportifs défient le danger.	= provoquer
déficit [m.]	*Defizit, Verlust*	Le déficit de la sécurité sociale augmente.	= perte d'argent, ≠ gain
déficitaire	*defizitär*	Une entreprise déficitaire perd de l'argent.	≠ bénéficiaire, rentable
dégradation [f.]	*Verschlechterung, Zerstörung*	Certains campeurs sont responsables de la dégradation de la nature.	= destruction ≠ amélioration, préservation

famille de mots	dt. Bedeutung	contexte/définition	synonyme/antonyme
(se) dégrader **biodégradable**	*(sich) verschlechtern* *biologisch abbaubar*	La qualité de l'eau des océans se dégrade. Les produits d'emballage devraient être biodégradables.	= s'aggraver ≠ s'améliorer
délicat, e **délicatesse** [f.]	*heikel, empfindlich* *Empfindlichkeit, Zartheit*	Certaines plantes délicates sont des espèces protégées. La délicatesse de cette affaire demande beaucoup de précautions.	= sensible, ≠ robuste, solide = sensibilité, ≠ robustesse, grossièreté
délinquance [f.] **délinquant, e** [subst./adj.]	*Kriminalität* *Straftäter, -in; straffällig*	La délinquance des jeunes enfants pose un problème. Les délinquants sont souvent des jeunes sans travail.	= criminalité
délit [m.]	*Delikt, Vergehen*	L'alcool au volant est un délit sévèrement puni.	= faute, infraction
demande [f.] **demander** **demandeur** [m.] **d'asile** **demandeur** [m.] **d'emploi**	*Nachfrage* *fragen, bitten, (er)fordern* *Asylbewerber* *Stellenbewerber*	L'idéal serait que l'offre soit égale à la demande. Nous vous demandons deux minutes d'attention. Un demandeur d'asile est un réfugié politique. Pour augmenter ses chances, un demandeur d'emploi peut faire un stage de reconversion.	≠ offre = solliciter, prier, ≠ offrir = réfugié = chômeur
déménager	*umsiedeln, umziehen*	Certains citadins sont prêts à déménager pour aller vivre à la campagne.	= partir ailleurs, transférer ≠ demeurer, rester
démission [f.] **démissionner**	*Entlassung, Rücktritt* *zurücktreten*	Les habitants demandent la démission du maire. Son parti n'ayant plus la majorité, le ministre a dû démissionner.	= abdication = abdiquer
démographie [f.] **démographique**	*Demographie* *demographisch, Bevölkerungs-*	La démographie étudie la natalité et la mortalité. Dans les années 70 Paris a connu une véritable explosion démographique.	
dénoncer	*verraten*	Le journaliste a dénoncé un scandale écologique	≠ taire

famille de mots	dt. Bedeutung	contexte/définition	synonyme/antonyme
département [m.]	*Departement*	La France est divisée en 96 départements métropolitains et 4 départements d'outre-mer.	
dépasser	*übersteigen, überholen*	Les résultats obtenus ont dépassé nos espérances.	= surpasser, doubler
dépendance [f.]	*Abhängigkeit*	Les personnes sous la dépendance du tabac et de l'alcool doivent se faire soigner.	≠ indépendance
dépendant, e	*abhängig*	La consommation de drogue rend dépendant.	≠ indépendant
dépendre de	*abhängen von*	Les routes et les chemins de fer dépendent du ministère des transports.	
dépense [f.]	*Ausgabe*	Pour équilibrer le budget, il faut réduire la dépense.	= frais, ≠ économie
dépenser	*ausgeben*	La France a dépensé beaucoup d'argent pour ses armes nucléaires.	= débourser, payer ≠ économiser
dépensier, ière	*verschwenderisch*	Les Français reprochent à l'État d'être dépensier dans le domaine culturel.	= gaspilleur ≠ économe
dépeuplement [m.]	*Entvölkerung*	Le dépeuplement de certaines régions est dû au déclin de l'agriculture.	= désertification ≠ (re)peuplement
(se) dépeupler	*(sich) entvölkern*	La campagne française a tendance à se dépeupler.	= (se) vider, ≠ (re)peupler
député [m.]	*Abgeordneter*	Le député siège à l'Assemblée Nationale.	
déséquilibre [m.]	*Ungleichgewicht*	Le déséquilibre entre la densité de la population parisienne et celle de la province augmente.	≠ équilibre
déséquilibrer	*aus dem Gleichgewicht bringen*	La montée du chômage risque de déséquilibrer le budget de l'État.	≠ équilibrer

famille de mots	dt. Bedeutung	contexte/définition	synonyme/antonyme
désert [m.]	*Wüste*	Le climat a fait de la région un véritable désert.	
désert, e	*unbewohnt, verlassen*	Un amateur de calme préfère les endroits déserts.	= inhabité, ≠ peuplé, habité
déserter	*verlassen*	Pendant les vacances, les Parisiens désertent la capitale.	= quitter, ≠ occuper
désertification [f.]	*Verödung, Landflucht*	Pour lutter contre la désertification des campagnes, on développe le tourisme.	≠ (re)peuplement
désespérant, e	*entmutigend*	Il est désespérant de constater que nos efforts sont inutiles.	= décourageant ≠ encourageant
désespéré, e	*verzweifelt, hoffnungslos*	Il n'y a rien à faire, son cas est désespéré.	= sans espoir, ≠ optimiste
désespérer	*verzweifeln*	Il ne faut pas désespérer, la situation s'améliorera.	= se décourager, ≠ espérer
désespoir [m.]	*Verzweiflung*	Le désespoir conduit parfois à la violence.	= découragement, désolation
désintoxication [f.]	*Entziehungskur*	La cure de désintoxication peut guérir la dépendance.	≠ intoxication
désir [m.]	*Wunsch*	Il a exprimé le désir de revoir son pays natal.	= souhait, envie
désirable	*erwünscht*	Pour beaucoup de gens les immigrés ne sont pas désirables.	= souhaitable, bienvenu ≠ indésirable, malvenu
désirer	*wünschen*	Les touristes qui le désirent peuvent monter sur la tour Eiffel.	= souhaiter, vouloir ≠ repousser, rejeter
destructeur, trice	*zerstörerisch*	La violence destructive des casseurs fait peur.	= dévastateur, ≠ constructif
destruction [f.]	*Zerstörung*	La destruction des espèces protégées est interdite.	= ravage, ≠ construction
détruire	*zerstören*	Certains parasites peuvent détruire toute une récolte.	= abîmer, dévaster, casser ≠ sauvegarder
se détendre	*sich entspannen*	Il prend des congés pour se détendre.	= se décontracter, ≠ stresser
détendu, e	*entspannt*	Les vacanciers rentrent bronzés et détendus.	= décontracté, ≠ tendu
détente [f.]	*Entspannung*	La politique de détente succède à la guerre froide.	= décontraction, ≠ tension

famille de mots	dt. Bedeutung	contexte/définition	synonyme/antonyme
détérioration [f.] **se détériorer**	*Verschlechterung* *sich verschlechtern*	La détérioration de l'air est due à la pollution. La France voit la situation des agriculteurs se détériorer de plus en plus.	= dégradation = empirer, se dégrader ≠ s'améliorer
détermination [f.]	*Entschlossenheit*	Jacques Chirac a montré sa détermination à réduire le nombre des chômeurs.	= résolution, volonté ≠ irrésolution
détresse [f.]	*Not, Elend*	Des associations essaient de venir en aide à la détresse des très pauvres.	= misère, ≠ richesse, opulence, prospérité
détriment [m.]	*Nachteil*	La robotisation de l'industrie s'est faite au détriment de la main-d'œuvre.	= désavantage ≠ avantage
dette [f.] **dette** [f.] **publique**	*Schulden* *Staatsverschuldung*	L'entreprise en faillite ne peut plus payer ses dettes. La dette publique devra être réduite pour satisfaire aux critères de Maastricht.	= emprunt = emprunt d'État
dévaluation [f.] **dévaluer**	*Abwertung* *abwerten*	La dévaluation peut conduire à l'inflation. Il faut parfois dévaluer une monnaie.	≠ réévaluation ≠ réévaluer
développement [m.] **(se) développer**	*Entwicklung* *(sich) entwickeln*	La télécommunication a un développement rapide. Pour se développer, l'économie française a besoin d'une monnaie stable et forte.	= évolution, essor, ≠ déclin = évoluer ≠ décliner
dictateur [m.] **dictature** [f.]	*Diktator* *Diktatur*	Le dictateur a les pleins pouvoirs. La dictature est une atteinte à la liberté.	≠ démocratie
diffuser **diffusion** [f.]	*senden, ausstrahlen* *Ausstrahlung*	ARTE diffuse des émissions françaises et allemandes. La diffusion du journal télévisé est quotidienne.	= émettre

famille de mots	dt. Bedeutung	contexte/définition	synonyme/antonyme
digne **dignité** [f.]	*würdig* *Würde*	Il n'est pas digne de l'honneur qu'on lui fait. Les sans-abri ont parfois l'impression de perdre leur dignité.	≠ indigne, méprisable = fierté, honneur ≠ indignité, déshonneur
diminuer	*senken, verringen*	Il faut diminuer les dépenses en énergie.	= réduire, abaisser ≠ augmenter
diminution [f.]	*Verringerung*	La diminution du temps de travail ne suffit pas à réduire le chômage.	= baisse, réduction ≠ augmentation, montée
diriger	*führen, dirigieren*	Le chef de l'État et son gouvernement dirigent le pays.	= administrer, gérer
discrimination [f.]	*Diskriminierung*	La discrimination raciale est particulièrement sensible en temps de crise.	= ségrégation
discriminatoire	*diskriminierend*	Exclure les femmes de la politique est discriminatoire	
disparaître **disparition** [f.]	*verschwinden* *Verschwinden, Aussterben*	Il y a des métiers qui disparaissent. Certaines espèces animales sont en voie de disparition.	= partir, s'en aller, ≠ apparaître ≠ apparition, venue
disponible **disposer de** **disposition** [f.]	*verfügbar, frei* *verfügen über* *Verfügung*	L'hôtel n'a plus de chambres disponibles. La plupart des enfants disposent d'argent de poche. En cas de besoin , je suis à votre disposition.	= libre, ≠ occupé = jouir, ≠ manquer de
disque [m.] **disque** [m.] **dur**	*Scheibe; CD; Schallplatte* *Festplatte*	Le CD ROM est un disque utilisé sur ordinateur. La capacité du disque dur se mesure en G-byte.	
dissoudre	*auflösen*	Le président de la République peut dissoudre l'Assemblée Nationale.	= supprimer, ≠ former, créer, mettre en œuvre

famille de mots	dt. Bedeutung	contexte/définition	synonyme/antonyme
distraction [f.]	*Zerstreuung*	Il s'ennuie, il a besoin d'une distraction.	= divertissement, ≠ ennui
(se) distraire	*(sich) zerstreuen*	Pour se distraire, on peut aller au théâtre.	= s'amuser, se divertir ≠ s'ennuyer
distrayant, e	*unterhaltsam*	Pour les enfants, le cirque est un spectacle distrayant.	= amusant, divertissant ≠ ennuyeux
distribuer	*verteilen, ausgeben*	Les restaurants du cœur distribuent des repas gratuits.	= répartir, attribuer
distribution [f.]	*Verteilung*	La distribution des prix donnera lieu à une fête.	= répartition, attribution
divers, e	*verschieden*	Les paysages de la campagne française sont divers.	= varié, ≠ semblable, pareil
diversité [f.]	*Vielfalt*	La grande diversité des régions de France complique leur administration.	= variété, différence ≠ uniformité, ressemblance
(se) divertir	*(sich) zerstreuen*	Pour échapper aux contraintes de la vie moderne, il faut se divertir.	= s'amuser, se distraire ≠ s'ennuyer
divertissement [m.]	*Unterhaltung, Zerstreuung*	Paris offre plus de divertissements que la province.	= distraction, ≠ ennui
diviser	*teilen*	Il faut diviser pour régner. (proverbe)	= partager, fractionner ≠ (ré)unir, unifier
division [f.]	*Teilung*	La division de la France en départements facilite son administration.	= partage ≠ (ré)union, unification
domaine [m.]	*Gebiet, Branche*	On expérimente dans le domaine de la génétique.	= secteur
domination [f.]	*Herrschaft*	Les colonies françaises sont placées sous la domination de l'État.	= autorité ≠ liberté, indépendance
dominer	*(be)herrschen*	L'homme ne domine pas le problème de la faim.	= maîtriser
don [m.]	*Spende, Gabe*	Les médecins font appel aux dons d'organes.	= donnation, cadeau

famille de mots	dt. Bedeutung	contexte/définition	synonyme/antonyme
données [f. pl.]	*Daten*	Il est important de sauvegarder les données.	
double	*doppelt*	Le thermos a une double fonction, il garde la boisson au froid et au chaud.	
doubler	*(sich)verdoppeln*	En été, le nombre des habitants de Nice double.	
douceur [f.]	*Milde, Sanftmut*	La douceur du temps invite à la promenade.	≠ brutalité, dureté
doux, douce	*sanft, leicht*	Les drogues douces sont loin d'être sans danger.	≠ brutal, dur
drogue [f.]	*Droge, Rauschgift*	La loi interdit de consommer, de vendre de la drogue.	
drogué, e	*Drogensüchtige(r)*	Les drogués privés de drogue sont en état de manque.	
se droguer	*Drogen nehmen*	Les jeunes qui se droguent deviennent dépendants.	
droits [m. pl.] **de l'homme**	*Menschenrechte*	La Déclaration des droits de l'homme date de 1789.	
dur, e	*hart, schwer*	La vie des sans domicile fixe est plus dure en hiver.	= sévère, résistant, ≠ doux
durcir	*verhärten, verschärfen*	On a durci la loi contre l'alcool au volant.	≠ adoucir
dureté [f.]	*Härte, Strenge*	Les fumeurs critiquent la dureté de la loi anti-tabac.	= sévérité, ≠ douceur
durable	*dauerhaft, von Dauer*	Il vaut mieux trouver un emploi durable.	= stable, ≠ passager
durée	*Dauer*	Le C.D.D. est un contrat de travail à durée déterminée.	= période
durer	*(an)dauern*	Les plus optimistes espèrent que la crise ne durera pas.	= continuer, ≠ cesser, arrêter
dynamique	*dynamisch, aktiv*	La haute technologie est un secteur dynamique de l'industrie française.	= énergique, actif ≠ passif, mou
dynamisme [m.]	*Energie, Schwung*	Le dynamisme et l'optimisme sont nécessaires pour faire face à la crise.	= énergie, élan ≠ apathie, mollesse
écart [m.]	*Spanne, Abweichung, Kluft*	Dans le domaine de la vie culturelle, l'écart entre la capitale et la province continue de se creuser.	= distance

famille de mots	dt. Bedeutung	contexte/définition	synonyme/antonyme
échec [m.]	*Misserfolg*	L'échec scolaire est souvent synonyme de chômage.	= défaite, ≠ réussite
échouer	*misslingen, scheitern*	Il a échoué dans sa tentative de battre le record.	= manquer, rater, ≠ réussir
éclatant, e	*glänzend*	Il a remporté un succès éclatant.	= brillant, ≠ terne
éclater	*platzen, ausbrechen*	Il a éclaté de rire.	= exploser
s'éclater	*sich austoben*	Les jeunes se réunissent dans des méga-parties pour s'éclater.	= s'amuser, se défouler ≠ s'ennuyer
écologie [f.]	*Umweltschutz*	L'écologie est la protection de l'environnement.	
écologiste [m./f.]	*Umweltschützer, -in*	Les écologistes ont un parti politique, «Les Verts».	
économe	*sparsam*	Les voitures sont de plus en plus économes.	≠ dépensier, gaspilleur
économie [f.]	*Wirtschaft*	L'économie française est touchée par la crise.	
économies [f. pl.]	*Ersparnisse*	Il a perdu ses économies dans des opérations boursières malheureuses.	= épargne, ≠ dépense, gaspillage
économique	*wirtschaftlich*	Le train est parfois plus économique que la voiture.	= rentable, ≠ coûteux
économiser	*sparen*	Il faudra économiser l'eau potable de plus en plus rare et chère.	= épargner, ≠ dépenser, gaspiller
écran [m.]	*Bildschirm*	La télévision est aussi appelée "le petit écran".	
édition [f.]	*(Her-)Ausgabe*	L'édition du premier livre a eu lieu en 1456.	
éditer	*herausgeben*	Ce livre a été édité à 100 000 exemplaires.	
éditeur [m.]	*Verleger*	Plon et Fayard sont des éditeurs français.	
éditorial [m.]	*Leitartikel*	L'éditorial est un article écrit par le rédacteur en chef.	= article de fond

famille de mots	dt. Bedeutung	contexte/définition	synonyme/antonyme
effet [m.]	*Wirkung*	La répression a peu d'effet sur les délinquants.	= action, influence
effet [m.] **de serre**	*Treibhauseffekt*	L'effet de serre provoque le réchauffement de la terre.	
efficace	*wirksam, nützlich*	Le vaccin contre la grippe est efficace.	= utile, influent, ≠ inefficace
efficacité [f.]	*Wirkung*	L'efficacité d'un médicament fait l'objet d'études.	≠ inefficacité
égouts [m. pl.]	*Abwasser(kanal)*	Les eaux usées sont évacuées dans les égouts.	
électeur, trice	*Wähler, -in*	Pour être électeur il faut avoir au moins 18 ans.	= votant
élections [f. pl.]**législatives**	*Parlamentswahl*	Les élections législatives servent à élire les députés.	
élections municipales	*Gemeinderatswahl*	Les élections municipales se font au suffrage universel et servent à l'élection du maire.	
élections présidentielles	*Präsidentschaftswahl*	Les élections présidentielles ont lieu tous les 5 ans.	
électoral, e	*Wahl-*	La campagne électorale a lieu avant les élections.	
élire	*wählen*	Le président de la République est élu pour cinq ans.	
élevé, e	*hoch, gesteigert*	Les Français trouvent le prix de l'essence trop élevé.	= haut, ≠ bas, faible
embauche [f.]	*Einstellung*	Les T.U.C. (travaux d'utilité collective) ont permis l'embauche des jeunes.	= engagement, recrutement ≠ licenciement, renvoi
embaucher	*einstellen*	La crise économique n'incite pas les employeurs à embaucher du personnel.	= engager, recruter ≠ licencier, renvoyer
e-mail [m.]	*E-mail*	Un e-mail est un courrier électronique.	
émettre	*ausstoßen; senden*	Les voitures et les usines émettent des gaz polluants. Une chaîne peut émettre par satellite ou par le câble.	= lâcher, envoyer
émission [f.]	*Ausstoß Sendung*	Une émission de gaz nocifs pollue l'air. ARTE diffuse des émissions culturelles.	= envoi, rejet

famille de mots	dt. Bedeutung	contexte/définition	synonyme/antonyme
émeute [f.]	*Krawall*	Une manifestation pacifique peut tourner à l'émeute.	= soulèvement
émigrant, e	*Auswanderer*	Des émigrants français sont partis en Louisiane.	≠ immigrant, e
émigration [f.]	*Auswanderung*	L'émigration des Français au Canada s'est faite surtout au 18ème siècle.	≠ immigration
émigrer	*auswandern*	Beaucoup d'Africains doivent émigrer pour vivre.	= s'expatrier, ≠ immigrer
emploi [m.]	*Arbeitsstelle*	Le partage du travail pourrait créer des emplois.	= place, travail, poste
employer	*beschäftigen, benutzen*	L'État emploie des fonctionnaires.	= recruter
employeur, euse	*Arbeitgeber, -in*	Les employeurs se plaignent des charges sociales.	= patron
plein emploi [m.]	*Vollbeschäftigung*	Le plein emploi pour tous n'est plus garanti.	= travail à temps plein ≠ emploi à temps partiel
empoisonnement [m.]	*Vergiftung*	Certains champignons provoquent un empoisonnement mortel.	= intoxication ≠ désintoxication
empoisonner	*vergiften*	Les usines qui rejettent des produits chimiques risquent d'empoisonner l'eau.	= polluer, intoxiquer ≠ désintoxiquer
poison [m.]	*Gift*	L'arsenic est un poison violent.	
endroit [m.]	*Ort, Platz*	Le Mont Saint-Michel est un endroit touristique.	= lieu, place
énergie nucléaire [f.]	*Atomenergie*	La France produit de l'énergie nucléaire.	
engrais [m.]	*Dünger*	Les engrais sont utilisés pour nourrir le sol.	
ennui [m.]	*Langeweile; Ärger*	Si vous ne respectez pas les lois, vous aurez des ennuis.	= désagrément ≠ amusement, agrément
(s')ennuyer	*(sich) langweilen*	On risque de s'ennuyer dans les endroits qui n'offrent aucune distraction.	= s'embêter (pop.) ≠ s'amuser, se distraire
ennuyeux, euse	*langweilig; ärgerlich*	Ce film ne m'intéresse pas, je le trouve ennuyeux.	= sans intérêt, ≠ amusant

famille de mots	dt. Bedeutung	contexte/définition	synonyme/antonyme
enregistrement [m.]	*Aufnahme*	Au laboratoire de langue, les élèves écoutent l'enregistrement de leurs exercices.	
enregistrer	*aufnehmen*	On peut enregistrer un film qu'on aimerait revoir.	
enseignant, e	*Lehrer, -in*	Les enseignants français font cours l'après-midi.	= professeur, éducateur
enseignement [m.]	*Lehre, Unterricht*	L'enseignement religieux ne se fait pas à l'école.	= leçon, cours
enseigner	*lehren*	En général les professeurs enseignent une matière.	= apprendre
enthousiasme [m.]	*Begeisterung*	Les spectateurs applaudissent avec enthousiasme les performances de l'équipe.	= fougue, chaleur ≠ indifférence
(s')enthousiasmer	*(sich) begeistern*	Il est important que les jeunes puissent s'enthousiasmer pour le sport et la musique.	= se passionner ≠ se désintéresser
entourage [m.]	*Umfeld*	La scolarité des enfants dépend de leur entourage.	= milieu
entouré, e	*umgeben*	L'école est entourée d'un grand parc.	= environner, border
entraîner	*verursachen*	Le stress peut entraîner des problèmes de santé.	= amener, provoquer
entreprendre	*unternehmen*	Il faut du courage pour entreprendre un tel travail.	= commencer à réaliser
entreprise [f.]	*Unternehmen*	Les entreprises sont invitées à s'installer en province.	= action, usine, firme
envahir	*überfallen, über etwas herfallen*	Les insectes envahissent les récoltes et les détruisent parfois.	= attaquer, ≠ libérer
environnement [m.]	*Umwelt*	Les écologistes protègent l'environnement.	= entourage
environs [m. pl.]	*Umgebung*	Ce n'est pas loin, c'est dans les environs.	= alentours
s'épanouir	*sich entfalten*	Pour s'épanouir, les enfants ont besoin de calme.	
épanouissement [m.]	*Aufblühen, Entfaltung*	La Côte d'Azur doit son épanouissement au tourisme.	= développement, essor

famille de mots	dt. Bedeutung	contexte/définition	synonyme/antonyme
équilibre [m.] **équilibrer**	*Gleichgewicht* *ausgleichen*	Il a perdu l'équilibre et il est tombé. Il faut réduire les dépenses pour équilibrer le budget.	≠ déséquilibre ≠ déséquilibrer
équipe [f.] **équipement** [m.] **(s')équiper**	*Mannschaft* *Ausstattung* *(sich) ausstatten, ausrüsten*	Une équipe de football se compose de onze joueurs. Il faut un équipement pour pratiquer la plongée. Les jeunes entrepreneurs s'endettent pour s'équiper.	 = matériel = munir, pourvoir
esclavage [m.] **esclave** [m./f.]	*Sklaverei* *Sklave, Sklavin*	Le travail des enfants est une forme d'esclavage. Trop de femmes sont encore esclaves de leur condition.	≠ liberté
espace [m.] **spatial, e**	*Weltraum* *Weltraum-*	Il y a des milliers de satellites dans l'espace . La fusée Ariane est à la base du programme spatial.	
espèce [f.]	*Art, Gattung*	Les loups sont une espèce protégée en France.	= sorte
espérance [f.] **espérer** **espoir** [m.]	*Hoffnung, Erwartung* *hoffen* *Hoffnung*	L'espérance de vie des femmes est un peu plus élevée que celle des hommes. Comment espérer trouver du travail sans diplôme ? Ils ont perdu tout espoir de retrouver des survivants.	= espoir, attente ≠ désespoir ≠ désespérer ≠ désespoir
essentiel, le	*wesentlich*	La monnaie unique est essentielle à la réussite de l'Union Européenne.	= très important ≠ secondaire, accessoire
estival, e **estivant, e**	*sommerlich* *Sommerurlauber, -in*	Les roses sont des fleurs estivales. Les estivants sont des vacanciers d' été.	 = vacancier
établir **s'établir** **établissement** [m.]	*errichten, einrichten* *sich niederlassen* *Einrichtung, Firma*	La France a établi des lois sur la vente de l'alcool. Les usines s'établissent dans les zones industrielles. Beaucoup d'établissements sont fermés en août.	= instituer, installer, fonder = s'installer = entreprise

famille de mots	dt. Bedeutung	contexte/définition	synonyme/antonyme
éteindre	*ausschalten, löschen*	En Corse, les feux de forêts sont difficiles à éteindre.	≠ allumer
étrange	*seltsam, eigenartig*	Les habitudes de certaines tribus africaines nous semblent étranges.	= bizarre, ≠ normal
étranger, ère	*fremd, ausländisch*	Les lycéens apprennent des langues étrangères.	
à l'étranger	*im Ausland*	Nous passons toutes nos vacances à l'étranger.	
études [f. pl.]	*Studium*	Au lycée, les études mènent au baccalauréat.	
étudiant, e	*Student, -in*	Les étudiants manquent de place à l'université.	
étudier	*studieren*	Il faut le bac pour pouvoir étudier à l'université.	
s'évader	*fliehen*	Le week-end, les Parisiens s'évadent à la campagne.	= fuir, se sauver
évasion [f.]	*Flucht*	Chaque été voit l'évasion des citadins vers les plages et la montagne.	= fuite
évitable	*vermeidbar*	Certaines catastrophes ne sont pas évitables.	≠ inévitable
éviter	*vermeiden*	Les jours de grande pollution, il faut éviter de rouler.	
évoluer	*sich entwickeln*	La situation précaire des immigrés n'a guère évolué.	= se développer, ≠ stagner
évolution [f.]	*Entwicklung*	L'évolution positive de sa maladie permet d'espérer sa guérison.	= développement ≠ immobilité, stabilité
exagérer	*übertreiben*	Il ne faut pas exagérer la gravité de la crise même si celle-ci est sérieuse.	= amplifier, dramatiser ≠ modérer, atténuer
excitant, e	*aufregend, anregend*	Les jeunes prennent des pilules excitantes pour mieux jouir de la musique.	= énervant ≠ calmant
exciter	*aufregen*	Trop de télévision peut exciter les jeunes enfants.	= énerver, ≠ calmer

famille de mots	dt. Bedeutung	contexte/définition	synonyme/antonyme
exclu, e	*ausgeschlossen*	Les sans domicile fixe sont exclus de la société.	= écarté, renvoyé ≠ intégré
exclure	*ausschließen*	C'est une possibilité qu'on ne peut pas exclure.	= renvoyer, mettre dehors ≠ intégrer, accueillir,adopter
exclusif, ive	*exklusiv, alleinig*	L'usine a le droit exclusif de fabriquer ce produit.	= unique, réservé
exclusion [f.]	*Ausschluss*	À l'école, les élèves drogués risquent l'exclusion.	= renvoi, ≠ intégration
exclusivement	*ausschließlich*	Nous travaillons exclusivement avec des spécialistes.	= uniquement, seulement
exclusivité [f.]	*Alleinrecht*	Le journal a eu l'exclusivité de l'interview de la star.	= droit exclusif
exécuter	*ausführen*	Le soldat doit exécuter immédiatement les ordres.	= effectuer, faire
exigeant, e	*anspruchsvoll*	Les consommateurs sont de plus en plus exigeants.	= difficile, ≠ indulgent
exigence [f.]	*Forderung, Anspruch*	Pour répondre aux exigences des clients, les magasins sont ouverts jusqu'à 22 heures.	= demande ≠ indulgence
exiger	*erfordern*	L'alpinisme est un sport qui exige de l'endurance.	= demander, vouloir
exode [m.]	*Flucht, Abwanderung*	L'exode rural provoque la fermeture des écoles dans les villages trop peu peuplés.	= fuite
expansion [f.]	*Wachstum*	L'électronique a favorisé l'expansion des télécommunications.	= développement, essor ≠ déclin, affaiblissement
expérience [f.]	*Erfahrung, Versuch*	On reproche aux débutants leur manque d'expérience.	= test
expérimenter	*Versuche machen*	Les médicaments sont expérimentés sur des cobayes.	= tester
exploitation [f.]	*Nutzung, Ausbeutung*	L'exploitation des mines de charbon de Nord a pris fin.	
exploiter	*sich zu Nutze machen, ausbeuten*	Des hommes sans scrupules n'hésitent pas à exploiter les travailleurs clandestins.	
extérieur, e	*Außen-*	Le marché extérieur français se porte plutôt bien.	≠ intérieur

famille de mots	dt. Bedeutung	contexte/définition	synonyme/antonyme
extermination [f.] **exterminer**	*Vernichtung* *ausrotten*	Ce polluant provoque l'extermination de la faune. Les Indiens d'Amérique furent exterminés.	= mort, destruction = anéantir, éliminer
faim [f.] **famine** [f.]	*Hunger* *Hungersnot*	Donne-leur à manger, ils ont faim. Il n'y a plus rien à manger, c'est la famine.	
faire-part [m.]	*Bekanntgabe*	Il a mis un faire-part dans le journal local pour annoncer la naissance de son fils.	
fatal, e	*verhängnisvoll*	L'inattention au volant peut être fatale.	= inexorable, inévitable ≠ évitable
faune [f.]	*Tierwelt*	Les animaux qui peuplent la région forment la faune.	
faute [f.] **faute de** **fautif, ive** **faux, fausse**	*Schuld, Fehler* *aus Mangel an* *schuldig* *falsch*	Une faute de pilotage a provoqué l'accident d'avion. Faute d'argent, il ne peut pas partir en vacances. Il se sent fautif devant les reproches qu'on lui fait. Les chiffres publiés sont faux.	= erreur, culpabilité = par manque de = coupable, ≠ innocent = inexact, ≠ exact, juste, vrai
faveur [f.] **(être) favorable** **favori, ite**	*Vorteil, Gunst* *befürworten, billigen* *Lieblings-*	Ici, les vacanciers bénéficient de la faveur du climat et du paysage. Les députés n'étant pas favorables à cette loi, elle n'a pas été votée. La boxe et le tennis sont ses sports favoris.	= avantage, complaisance ≠ désavantage = être pour qc./qn. ≠ (être) défavorable = préféré
favoriser	*begünstigen*	Les congés payés ont favorisé l'industrie du tourisme.	= avantager, ≠ désavantager
féminin, e	*weiblich, Frauen-*	Bien que très sportive, cette fille reste féminine.	
feuilleton [m.]	*Fernsehserie*	Les feuilletons américains sont appréciés en France.	= série

famille de mots	dt. Bedeutung	contexte/définition	synonyme/antonyme
financement [m.] **financer** **finances** [f. pl.] **financier, ière**	*Finanzierung* *finanzieren* *Finanzen* *Geld-, finanziell*	Le financement des autoroutes est assuré par le péage. Les écoles et les hôpitaux sont financés par la région. Le ministre des Finances gère le budget de l'État. La banque peut aider à régler un problème financier.	 = payer, fournir de l'argent
fisc [m.] **fiscal, e**	*Fiskus, Steuerbehörde* *steuerlich, Steuer-*	Le fisc lui réclame les impôts impayés. La réforme fiscale est faite en faveur des familles.	
flèche [f.] **mobile**	*Cursor*	La flèche mobile se déplace à l'aide de la souris.	
flore [f.]	*Pflanzenwelt*	L'ensemble des plantes constitue la flore de la région.	
fonctionnaire [m.]	*Beamter*	Un fonctionnaire est employé par l' État.	
Forêt [f.] **Vierge**	*Regenwald*	La Forêt Vierge est aussi appelée forêt amazonienne.	
formation [f.] **professionnelle**	*Berufsausbildung*	La formation professionnelle peut se faire au lycée ou en apprentissage en usine.	= apprentissage
foule [f.]	*Menschenmenge*	Le samedi, la foule se presse dans les magasins.	= cohue
fournir **fournisseur, euse**	*liefern, besorgen* *Lieferant, -in*	Il est trop facile de se fournir de la drogue. Les fournisseurs de drogue sont appelés dealers.	= procurer = pourvoyeur
fournisseur d'accès [m.]	*Provider*	Easynet France est un fournisseur d'accès français.	
foyer [m.] **d'accueil**	*(Übergangs-) Wohnheim*	Les sans-abri peuvent loger gratuitement plusieurs nuits dans un foyer d'accueil.	= centre d'accueil
frais [m. pl.]	*Kosten*	Certains frais peuvent être déduits des impôts.	= dépense

famille de mots	dt. Bedeutung	contexte/définition	synonyme/antonyme
fraude [f.]	*Betrug*	La fraude électorale oblige à refaire les élections.	= tricherie, tromperie
frauder	*betrügen*	L'informatisation devrait empêcher de frauder sur la déclaration d'impôts.	= tricher, tromper
fréquent, e	*häufig*	En été, il fait très chaud et les orages sont fréquents.	= nombreux, répété, ≠ rare
fréquentation [f.]	*Umgang, Kontakt*	Les mauvaises fréquentations peuvent conduire à la délinquance.	= contact, rapport
fréquenter	*verkehren, besuchen*	Cet élève a fréquenté notre lycée pendant sept ans.	= être en relation
frustrant, e	*frustrierend*	Les résultats obtenus dans la lutte contre la misère sont frustrants.	= décevant, démoralisant ≠ encourageant
frustration [f.]	*Enttäuschung*	Après la défaite de l'équipe, la frustration des supporters fut grande.	= insatisfaction, déception ≠ satisfaction
frustré, e	*frustriert, enttäuscht*	Les diplômés sans emploi se sentent frustrés.	= déçu, insatisfait, ≠ satisfait
fuir	*fliehen*	Les réfugiés ont dû fuir leur pays.	= s'échapper, se sauver
fuite [f.]	*Flucht*	Le malfaiteur en fuite a été repris par la police.	= évasion
fusée [f.]	*Rakete*	La fusée sert à mettre un satellite sur orbite.	
gagnant, e	*Gewinner*	Le gagnant de la compétition recevra un prix.	= vainqueur, ≠ perdant
gagner	*verdienen, gewinnen*	Les travailleurs se plaignent de gagner trop peu d'argent.	= réussir, vaincre, recevoir ≠ perdre
gain [m.]	*Gewinn, Verdienst*	Beaucoup d'entreprises réinvestissent leurs gains pour se moderniser.	= bénéfice, profit ≠ perte
galère [f.]	*Schinderei, Plage*	A Paris, c'est la galère pour trouver un logement.	= tracasserie, ≠ facilité
gaspillage [m.]	*Verschwendung*	Il faudra cesser le gaspillage de l'énergie.	≠ économie
gaspiller	*vergeuden*	L'eau est rare et précieuse, il ne faut pas la gaspiller.	≠ économiser

famille de mots	dt. Bedeutung	contexte/définition	synonyme/antonyme
gaz [m.] **carbonique**	*Kohlendioxid*	Le gaz carbonique est un polluant de l'air.	
gaz [m.] **d'échappement**	*Auspuffgas*	Les gaz d'échappement sont émis par les automobiles.	
gênant, e	*hinderlich, störend*	À Paris, le nombre élevé des automobiles est gênant pour la circulation.	= embarrassant, dérangeant ≠ commode, pratique
gêner	*stören, (be)hindern*	Le nombre élevé des étudiants gêne le travail à l'université.	= déranger, embarrasser ≠ débarrasser, faciliter
gène [m.]	*Gen*	La manipulation des gènes est contrôlée par la loi.	
génétique [f.] [subst./adj.]	*Genetik; genetisch*	La génétique étudie l'influence des gènes. Les manipulations génétiques sont-elles dangereuses?	
transgénique	*genmanipuliert*	Les céréales transgéniques sont interdites en France.	
organisme [m.] **génétiquement modifié (O.G.M.)**	*genveränderter Organismus*	Les O.G.M. sont encore interdits en France.	
gérer	*verwalten*	Pour mieux gérer la province, le gouvernement a délégué des pouvoirs aux conseillers régionaux.	= administrer
gestion [f.]	*Verwaltung*	La rentabilité d'une entreprise dépend d'une bonne gestion financière.	= administration
goût [m.]	*Geschmack*	Il y a un grand choix pour tous les goûts.	
goûter	*kosten, versuchen*	Il a goûté et il a beaucoup aimé ce plat.	= essayer
gouvernement [m.]	*Regierung*	Le Premier ministre choisit son gouvernement.	
gouvernemental, e	*Regierungs-*	Le pouvoir exécutif est un pouvoir gouvernemental.	
gouverner	*regieren*	Pendant la cohabitation, le président doit gouverner avec un Premier ministre de l'opposition.	= diriger, conduire
gratuit, e	*kostenlos, frei*	Depuis 1881, l'école publique française est gratuite.	≠ payant

famille de mots	dt. Bedeutung	contexte/définition	synonyme/antonyme
graver	*brennen*	Pour copier un CD, on le grave avec l'ordinateur.	
grève [f.]	*Streik*	La grève des transports cause des embouteillages.	
gréviste	*Streikender*	Des grévistes en colère ont bloqué les autoroutes.	
gros titres [m. pl.]	Schlagzeile	Cet événement fait les gros titres de tous les journaux.	= la une
guérir	*heilen*	Il y a encore beaucoup de maladies qu'on ne peut pas guérir.	= soigner, rétablir ≠ rendre/tomber malade
guérison [f.]	*Heilung*	Il devra rester au lit jusqu'à sa guérison complète.	= rétablissement
guérissable	*heilbar*	Le SIDA n'est pas encore guérissable.	= curable, ≠ incurable
habitant, e	*Einwohner, -in*	On a dû évacuer les habitants de la région polluée.	
habitation [f.]	*Wohnung, Unterkunft*	Les H.L.M. sont des habitations à loyer modéré.	= logement
habitude [f.]	*Gewohnheit*	Il a l'habitude de passer ses vacances en Bretagne.	= coutume, usage
habituel, le	*gewohnt, üblich*	Cette façon de procéder nous surprend car elle n'est pas habituelle.	= ordinaire, coutumier ≠ inaccoutumé; inhabituel
habituellement	*gewöhnlich*	Habituellement, la plupart des Français prennent leurs vacances en août.	= normalement; d'habitude ≠ exceptionnellement
(s')habituer	*(sich) gewöhnen*	Il faut s'habituer à la monnaie européenne.	= se faire à, ≠ (se) déshabituer
haine [f.]	*Hass*	Les xénophobes ont de la haine pour les étrangers.	= animosité, ≠ amour; amitié
haineux, euse	*hasserfüllt, gehässig*	Les propos racistes sont souvent haineux.	= méchant, ≠ amical; gentil
haïr	*hassen*	Il est difficile de ne pas haïr ses ennemis.	= détester, ≠ aimer, chérir, adorer
hausse [f.]	*Erhöhung, Steigerung*	La hausse des prix restreint le pouvoir d'achat.	= montée, ≠ baisse
hausser	*steigern, erhöhen*	La sono permet de hausser le son.	= monter, ≠ baisser

famille de mots	dt. Bedeutung	contexte/définition	synonyme/antonyme
hebdomadaire	*wöchentlich*	Une revue hebdomadaire paraît toutes les semaines.	
hésitant, e	*zögernd, unsicher*	Il a peur, il avance d'un pas hésitant.	= indécis ≠ décidé
hésitation [f.]	*Zögern*	Après bien des hésitations, elle s'est décidée à partir.	= indécision, ≠ décision
hésiter	*zögern*	N'hésitez pas à m'appeler si vous avez besoin d'aide.	≠ se décider
hivernal, e	*winterlich*	Pendant la saison hivernale, les intempéries empêchent les chantiers de construction de travailler.	≠ estival
honte [f.]	*Scham, Schande*	Parce qu'ils ont honte, les pauvres n'osent pas demander de l'aide.	= gêne ≠ fierté, orgueil, honneur
honteux, euse	*beschämt;* *unverschämt*	Il est honteux de la conduite de ses enfants. Comment osez-vous parler ainsi, c'est honteux!	= gêné, ≠ fier, orgueilleux = insolent
hospitaliser	*in ein Krankenhaus einliefern*	Son état est grave, il faut l'hospitaliser d'urgence.	
hostile	*feindlich*	La société est plutôt hostile aux sans-abri.	= ennemi, ≠ amical
hostilité [f.]	*Feindseligkeit*	Les usagers montrent leur hostilité envers les grèves.	= animosité, ≠ bienveillance
humain	*menschlich*	Le travail obligatoire des enfants n'est pas humain.	= bon, ≠ inhumain
humanité [f.]	*Menschheit;* *Menschlichkeit*	La pollution menace l'humanité tout entière. La justice doit faire preuve d'humanité.	= race humaine, hommes, bonté, ≠ méchanceté, dureté
icône [f.]	*Ikon, Symbol*	Les icônes se trouvent sur la barre de menus.	
carte [f.] **d'identité**	*Personalausweis*	En cas de contrôle, il faut avoir sa carte d'identité .	
immigration [f.]	*Einwanderung*	L'État a pris des mesures pour limiter l'immigration.	≠ émigration
immigré, e	*Einwanderer, Einwanderin*	En France, les immigrés sont en majeure partie d'origine africaine et asiatique.	≠ émigré
immigrer	*einwandern*	Il faut un permis de séjour pour immigrer en France.	≠ émigrer

famille de mots	dt. Bedeutung	contexte/définition	synonyme/antonyme
impératif, ive	*zwingend, verbindlich*	Le port de la ceinture de sécurité est impératif.	= obligatoire, ≠ facultatif
impôt [m.]	*Steuer*	Les gens riches paient un impôt sur la fortune.	= taxe
imprimante [f.] **imprimer**	*Drucker* *drucken*	L'imprimante au laser a une bonne qualité d'écriture. Johannes Gutenberg a imprimé la première bible.	
impuissance [f.] **impuissant, e**	*Machtlosigkeit* *hilflos, machtlos*	L'État reconnaît son impuissance devant la montée du chômage des jeunes. On est impuissant devant les catastrophes naturelles.	= incapacité, impossibilité ≠ capacité, pouvoir = inefficace, ≠ efficace
inadapté, e	*unangepasst, ungeeignet*	L'infrastructure est inadaptée aux besoins de Paris.	≠ adapté
incendie [m.] **incendier**	*Brand* *Feuer legen*	Le vent et la sécheresse causent des incendies. Des casseurs ont incendié des voitures.	= feu = brûler, mettre le feu
incertain, e **incertitude** [f.]	*ungewiss, unsicher* *Ungewissheit*	L'avenir de l'industrie minière française est incertain. L'incertitude de l'avenir économique n'encourage pas l'investissement.	= précaire, ≠ certain, sûr, ≠ certitude, conviction
incitation [f.] **inciter à**	*Anregung, Verleitung* *verleiten, anregen*	Les sucreries sont parfois une incitation à la gourmandise. Les vacances incitent au voyage et aux joies du plein air.	= tentation, invitation ≠ dissuasion = inviter, tenter ≠ déconseiller, dissuader
inconvénient [m.]	*Nachteil, Unannehmlichkeit*	Les inconvénients de la vie urbaine poussent les gens à préférer la campagne.	= désavantage ≠ avantage
indemniser **indemnité** [f.]	*entschädigen* *Entschädigung*	Une assurance indemnise les victimes. Les chômeurs reçoivent une indemnité qui est calculée sur leur dernier salaire.	= dédommager = dédommagement

famille de mots	dt. Bedeutung	contexte/définition	synonyme/antonyme
indépendance [f.]	*Unabhängigkeit*	Les anciennes colonies françaises ont obtenu leur indépendance.	= liberté, autonomie ≠ dépendance
indépendant, e	*unabhängig*	La France veut rester indépendante de l'OTAN.	= autonome, ≠ dépendant
indifférence [f.]	*Gleichgültigkeit*	Trop de gens meurent de faim et de froid dans l'indifférence générale.	= désintéressement ≠ émotion, sensibilité
indifférent, e	*gleichgültig*	Le ministre est loin d'être indifférent aux problèmes des jeunes.	= insensible ≠ ému, sensible, troublé
indignation [f.]	*Entrüstung*	Le renvoi de clandestins a provoqué l'indignation.	= colère, révolte
indigne	*unwürdig*	Ces mesures sont indignes d'un pays civilisé.	= bas, méprisable, ≠ digne
indigner	*empören*	Les scandales politiques indignent les citoyens.	= révolter, ≠ réjouir
indispensable	*unentbehrlich, unerlässlich*	L'entraînement est indispensable à la pratique de nombreux sports.	= obligatoire, nécessaire ≠ inutile
individuel, le	*Einzel-, individuell*	La course automobile est un sport individuel.	= personnel, ≠ collectif
indulgence [f.]	*Nachsicht*	L'artiste débutant demande l'indulgence du public.	= bienveillance, tolérance ≠ sévérité, rigueur
indulgent, e	*nachsichtig*	Ce professeur est très indulgent envers les élèves.	= bienveillant, tolérant ≠ sévère, dur, rigoureux
industrialiser	*industrialisieren*	Airbus a contribué à industrialiser le Sud-Ouest.	
industriel, le	*industriell, gewerblich*	Généralement, la zone industrielle se trouve à la périphérie de la ville.	
inégal, e	*ungleich*	Les chances de réussite à l'école sont inégales.	= différent, ≠ égal, pareil, tel

famille de mots	dt. Bedeutung	contexte/définition	synonyme/antonyme
inépuisable	*unerschöpflich*	Les ressources naturelles ne sont pas inépuisables, économisons-les!	= intarissable, sans fin ≠ tarissable, épuisable,
inflation [f.]	*Inflation*	La hausse des prix provoque l'inflation.	≠ déflation
influençable	*beeinflussbar*	Les adolescents influençables se laissent entraîner à commettre des délits.	
influence [f.]	*Einfluss*	Certains films ont une influence sur les jeunes.	= effet, ascendant
influencer	*beeinflussen*	Cet événement a influencé l'opinion publique.	=avoir un effet sur
influent, e	*einflussreich*	C'est un homme très influent dans le gouvernement.	
informaticien, ne	*Informatiker, -in*	Un programmeur est un informaticien qui écrit des programmes pour ordinateur.	
informatique [f.]	*Informatik*	L'informatique a révolutionné la vie d'aujourd'hui.	
informatiser	*auf EDV umstellen*	Les entreprises ont dû s'informatiser.	
information [f.]	*Nachricht*	Les informations sont transmises rapidement.	= nouvelle
infrastructure [f.]	*Infrastruktur*	Une infrastructure insuffisante empêche le développement d'une région.	
ingénieur [m.]	*Ingenieur*	Gustave Eiffel est un ingénieur français célèbre.	
injuste	*ungerecht*	Le verdict du procès a semblé injuste.	≠ juste
injustice [f.]	*Ungerechtigkeit*	La crise économique aggrave l'injustice sociale.	≠ justice
injustifié, e	*ungerechtfertigt*	Votre demande est injustifiée, nous la rejetons.	≠ justifié
innocence [f.]	*Unschuld*	Accusé injustement, il a pu prouver son innocence.	≠ culpabilité
innocent, e	*unschuldig*	Il n'est pas coupable, il est innocent.	≠ coupable

famille de mots	dt. Bedeutung	contexte/définition	synonyme/antonyme
inquiet, iète	*besorgt*	Les jeunes sont inquiets devant la hausse du chômage	= soucieux, ≠ insouciant
inquiétant, e	*beunruhigend*	Le déséquilibre entre les réserves d'eau et la consommation est inquiétant.	= menaçant, alarmant ≠ rassurant
inquiéter	*beunruhigen*	La concurrence étrangère inquiète les industriels.	= alarmer, ≠ rassurer
inquiétude [f.]	*Beunruhigung*	Les enseignants ont exprimé leur inquiétude de voir la violence se développer.	= souci, crainte ≠ quiétude
insensible	*gleichgültig*	La faim dans le monde ne doit pas laisser insensible.	= indifférent, ≠ sensible
insertion [f.]	*Eingliederung*	Le R.M.I. est un revenu minimum d'insertion.	= intégration, ≠ exclusion
insouciance [f.]	*Sorglosigkeit*	L'insouciance peut être dangereuse quand elle concerne l'écologie.	= indifférence, ≠ inquiétude, souci
insouciant, e	*unbekümmert, sorglos*	En vacances il est agréable d'oublier ses problèmes, d'être insouciant.	= indifférent ≠ inquiet, soucieux
installation [f.]	*Niederlassung, Errichtung*	Les habitants refusent l'installation d'un réacteur nucléaire dans la région.	= établissement
installer	*Einrichten, installieren*	Pour utiliser un logiciel on l'installe sur l'ordinateur.	= établir
s'installer	*sich niederlassen*	Les usines quittent Paris pour s'installer en province.	= s'établir, ≠ déménager
instauration [f.]	*Einführung, Gründung*	L'instauration de la République a suivi la révolution.	= institution, création
instaurer	*einführen, einsetzen*	Le gouvernement va instaurer une nouvelle politique.	= établir, instituer
insuffisance [f.]	*Mangel*	L'insuffisance des pluies a réduit la récolte de moitié.	= manque, ≠ suffisance
insuffisant, e	*ungenügend*	La capacité des autoroutes est insuffisante en été.	≠ suffisant
suffire	*ausreichen*	L'offre ne suffit pas à satisfaire la demande.	≠ manquer
s'insurger	*sich empören*	Les écologistes s'insurgent contre la pollution.	= se révolter, ≠ se résigner

famille de mots	dt. Bedeutung	contexte/définition	synonyme/antonyme
intégration [f.]	*Integration*	L'intégration des travailleurs immigrés commence par l'apprentissage de la langue du pays d'accueil.	= insertion ≠ exclusion
s'intégrer	*sich integrieren*	Les jeunes s'intègrent plus facilement que les parents.	= s'insérer, ≠ s'isoler
interdiction [f.]	*Verbot*	On doit respecter l'interdiction de fumer dans certains lieux publics.	= défense ≠ permission, autorisation
interdire	*verbieten*	Il est interdit de rouler après avoir bu de l'alcool.	= défendre, ≠ permettre
intérieur, e	*Innen-*	Le ministre de l'Intérireur est le chef de la police.	≠ extérieur
Interrompre	*unterbrechen*	Il a dû interrompre ses vacances à cause d'un accident.	= couper, arrêter, ≠ continuer
interruption [f.]	*Unterbrechung*	La machine fonctionne 24 h sur 24, sans interruption.	= arrêt, coupure
investir	*investieren, anlegen*	La France investit des capitaux dans la recherche.	= placer
investissement [m.]	*Investition*	Il s'est enrichi grâce à des investissements judicieux.	= placement
isolement [m.]	*Einsamkeit*	L'isolement est un des maux de la société moderne.	= solitude, ≠ compagnie
isoler	*trennen, isolieren*	Les chercheurs ont réussi à isoler le virus du SIDA.	= séparer, ≠ rassembler
s'isoler	*sich zurückziehen*	Fatigué du bruit, il cherche à s'isoler pour se reposer.	= se retirer, ≠ se mêler
jalouser	*beneiden*	Ses collègues jalousent son succès.	= envier
jalousie [f.]	*Eifersucht, Neid*	L'infidélité de sa femme a provoqué sa jalousie.	= envie
jaloux, ouse	*eifersüchtig, neidisch*	Il est insatisfait, jaloux du bonheur des autres.	= envieux, se
jardin [m.]	*Garten*	Le jardin botanique de Paris est très visité.	
jardiner	*im Garten arbeiten*	Jardiner est un loisir très apprécié des Français.	

famille de mots	dt. Bedeutung	contexte/définition	synonyme/antonyme
jeu [m.] **télévisé**	*Fernsehquiz*	Certains jeux télévisés permettent aux participants de gagner de l'argent ou des cadeaux.	
jeu vidéo [m.]	*Videospiel*	Le jeu vidéo peut s'utiliser sur un ordinateur.	
jouer	*spielen*	Beaucoup de Français aiment jouer aux boules.	
joueur, euse	*Spieler, -in*	Il y a onze joueurs dans une équipe de football.	
jouir de qc.	*etwas genießen*	Les Français jouissent en moyenne de cinq semaines de congés payés.	= bénéficier, apprécier ≠ être privé de
journal [m.]	*Tageszeitung*	Pour beaucoup de Français, les informations télévisées ne remplacent pas le journal.	= quotidien
journalier, ière	*täglich*	Le brossage journalier des dents est indispensable.	= quotidien
journée [f.]	*Tag, Tagesablauf*	Les vacanciers aiment passer la journée sur la plage.	= tout le jour
juridique	*rechtlich, juristisch*	Les entreprises emploient un conseiller juridique.	
juste	*gerecht, richtig, knapp*	L'innocent paie pour le coupable, ce n'est pas juste.	= équitable, ≠ injuste
justement	*(so)eben; zu Recht*	Tu tombes bien, je voulais justement te voir.	
justesse [f.]	*Richtigkeit*	Personne ne doute de la justesse de ses affirmations.	= exactitude, ≠ inexactitude
de justesse	*knapp*	Il a gagné les élections de justesse.	
justice [f.]	*Gerechtigkeit*	Il demande justice et réparation pour le préjudice subi	≠ injustice
laboratoire [m.]	*Labor*	Ce lycée dispose d'un laboratoire de langue.	
laïc, laïque	*weltlich, religiös unabhängig*	En France, les écoles de l'Etat sont laïques et gratuites.	≠ confessionnel
laïcisme [m.]	*Trennung von Kirche und Staat*	Le laïcisme est une doctrine qui ôte tout caractère religieux à l'enseignement.	

famille de mots	dt. Bedeutung	contexte/définition	synonyme/antonyme
laxisme [m.]	*Laxheit*	Une trop grande indulgence peut mener au laxisme.	= laisser-aller, ≠ sévérité
laxiste	*lasch, lax*	Certains délits restent impunis par une loi trop laxiste.	= indulgent, ≠ sévère
légal, e	*rechtmäßig*	On ne peut pas faire cela, ce n'est pas légal.	= permis par la loi, ≠ illégal
légaliser	*rechtlich anerkennen, legalisieren*	La France a décidé de légaliser le contrôle des naissances.	
légalité [f.]	*Rechtmäßigkeit*	Il n'est pas condamnable, il a agi en toute légalité.	≠ illégalité
loi [f.]	*Gesetz*	La loi doit être la même pour tous.	
lecteur, trice	*Leser, -in*	Les lecteurs d'un journal sont souvent abonnés.	
lecteur [m.] **de**	*Laufwerk*	Les ordinateurs sont en général munis de lecteurs.	
libération [f.]	*Befreiung*	La libération de la France par les armées alliées a commencé en juin 1944.	≠ emprisonnement, occupation
liberté [f.]	*Freiheit*	Liberté, égalité, fraternité sont les devises de la République française.	= indépendance, autonomie, ≠ esclavage, contrainte
libre	*frei*	Les hommes naissent libres et égaux en droit. (Déclaration des droits de l'homme)	= indépendant, autonome ≠ esclave, dépendant
licenciement [m.]	*Entlassung*	Une loi protège les employés contre le licenciement.	= renvoi, ≠ embauche
licencier	*entlassen*	Pour rationaliser il faut souvent licencier.	= débaucher, ≠ embaucher
limitation [f.] **de vitesse**	*Geschwindigkeitsbegrenzung*	La limitation de vitesse est de 50 km/h en ville.	
limite [f.]	*Grenze, Höchst-*	Attention, ma patience a des limites.	= borne, bout
limiter	*begrenzen*	En période de sécheresse, il faut limiter la consommation d'eau.	= borner, restreindre ≠ étendre, agrandir
illimité, e	*unbeschränkt*	Les crédits accordés par l'État ne sont pas illimités.	= sans limite, ≠ limité

famille de mots	dt. Bedeutung	contexte/définition	synonyme/antonyme
local,e [adj.]	*lokal*	Nice Matin est un quotidien de la presse locale du sud de la France.	
logement [m.]	*Wohnung, Unterkunft*	Les sans-abri n'ont pas de logement.	= habitation
loger	*wohnen*	Loger dans le centre de Paris coûte cher.	= habiter
logiciel [m.]	*Programm, Software*	Word est un logiciel utilisé pour le traitement de texte.	= programme
loisir [m.]	*Freizeit*	La lecture est un loisir conseillé par les enseignants.	= temps libre
lutte [f.]	*Kampf*	La lutte contre la maladie du cancer n'est pas encore gagnée.	= bataille, combat ≠ résignation
lutter	*kämpfen*	Les femmes ont dû lutter pour obtenir le droit de vote.	= se battre, combattre ≠ se résigner
magazine [m.]	*Zeitschrift*	Géo est un magazine international spécialisé.	= revue
magnétoscope [m.]	*Videorecorder*	Le magnétoscope est de plus en plus remplacé par le D.V.D.	
main-d'œuvre [f.]	*Arbeitskraft, Belegschaft*	Tous les ouvriers qui constituent la main d'œuvre de l'usine sont en grève.	= ensemble des ouvriers
maire [m.]	*Bürgermeister*	Le maire administre la commune.	
mairie [f.]	*Rathaus*	C'est à la mairie que siège le conseil municipal.	= hôtel de ville
majeur, e	*volljährig*	Pour avoir le droit de voter il faut être majeur.	≠ mineur
majoritaire	*mehrheitlich*	Il a démissionné, son parti n'étant plus majoritaire.	≠ minoritaire
majorité [f.]	*Mehrheit; Volljährigkeit*	En France, l'âge de la majorité est fixé à dix-huit ans.	≠ minorité
maltraiter	*misshandeln*	Il y a un foyer d'accueil pour les femmes maltraitées.	

famille de mots	dt. Bedeutung	contexte/définition	synonyme/antonyme
manifestant, e	*Demonstrant, -in*	Les manifestants se sont heurtés aux forces de police.	= protestataire
manifestation [f.]	*Demonstration*	La manifestation réunit beaucoup de gens dans la rue.	
manifester	*äußern, demonstrieren*	Les étudiants ont manifesté leur opposition à la loi.	= montrer, protester
marchandise [f.]	*Ware*	La marchandise invendue est soldée à bas prix.	
marché [m.] **du travail**	*Arbeitsmarkt*	Chaque été, des jeunes arrivent sur le marché du travail.	
marché [m.] **intérieur**	*Binnenmarkt*	Le marché intérieur européen lutte contre la concurrence asiatique.	
marée [f.] **noire**	*Ölpest*	La marée noire pollue la mer, les côtes et les plages.	
marginal, e	*Außenseiter*	Les marginaux refusent le conformisme de la société.	
marginaliser	*ausgrenzen*	La pauvreté contribue à marginaliser ses victimes.	
marginalité [f.]	*Existenz am Rand der Gesellschaft*	La marginalité des sans-abri empêche leur réinsertion dans la vie sociale.	
matière [f.] **première**	*Rohstoff*	La matière première est transformée en un produit industriel.	
média [m.]	*Medien*	La presse, la radio, la télé, Internet sont des médias.	
médiatisation [f.]	*Verbreitung durch Medien*	La médiatisation d'un événement est sa publication.	
médiatiser	*verbreiten durch Medien*	Faut-il vraiment médiatiser les actes terroristes?	
mécontent, e	*unzufrieden*	Il est mécontent des résultats obtenus.	= insatisfait, ≠ content
mécontentement [m.]	*Unzufriedenheit*	Il a exprimé son mécontentement dans une lettre de protestation.	= insatisfaction, déplaisir ≠ satisfaction
mécontenter	*missfallen, verärgern*	Pour ne pas mécontenter ses électeurs, le politicien a renoncé à son projet.	= contrarier, déplaire ≠ contenter, satisfaire

famille de mots	dt. Bedeutung	contexte/définition	synonyme/antonyme
méfait [m.]	*schädliche Folge, Übel; Missetat*	Le cancer est un des plus grands méfaits du tabac.	= dommage, mal, ≠ bienfait
méfiance [f.]	*Misstrauen*	La méfiance est mère de la sûreté. (proverbe)	= défiance, ≠ confiance
méfiant, e	*misstrauisch*	Il est trop méfiant, il ne fait confiance à personne.	≠ confiant
se méfier	*sich hüten, misstrauen*	Il faut se méfier des rayons du soleil.	= se défier, ≠ faire confiance
mémoire [f.]	*Speicher*	La mémoire de l'ordinateur est l'ensemble de bytes dont il dispose pour effectuer son travail.	
menaçant, e	*drohend, bedrohlich*	Les nuages sont menaçants, il va pleuvoir.	= inquiétant, ≠ rassurant
menace [f.]	*(Be)Drohung*	La pollution est une menace pour notre survie.	= danger
menacer	*bedrohen*	Le chômage menace de plus en plus de travailleurs.	≠ rassurer
mendiant, e	*Bettler, -in*	Les mendiants font appel au bon cœur des gens.	
mendier	*betteln*	Les sans-abri sont souvent obligés de mendier.	= demander l'aumône
mensuel, le [adj.]	*monatlich*	Une publication mensuelle paraît une fois par mois.	
mépris [m.]	*Verachtung*	Cette attitude doit être considérée avec mépris.	= dédain, ≠ considération
méprisable	*verachtenswert*	Le racisme est un sentiment méprisable.	= bas, vil, ≠ admirable
méprisant, e	*verächtlich*	La société se montre souvent méprisante envers les exclus.	= arrogant, dédaigneux ≠ respectueux
mépriser	*verachten*	Il faut mépriser les menaces du terrorisme.	= dédaigner, ≠ estimer
au mépris de	*ungeachtet, trotz*	Il roule vite , au mépris de toute prudence.	= sans considérer
mesurer	*messen, einteilen*	Un sportif doit savoir mesurer ses forces.	
prendre des mesures	*Maßnahmen ergreifen*	Il faut prendre des mesures contre l'épidémie.	
métier [m.]	*Beruf*	Le lycée professionnel prépare à l'exercice d'un métier.	= profession

famille de mots	dt. Bedeutung	contexte/définition	synonyme/antonyme
météo [f.]	*Wetterbericht*	La météo du journal télévisé français prévoit le temps pour les trois jours à venir.	
mineur, e	*klein, geringfügig; minderjährig*	Ce n'est pas grave, c'est un délit mineur. L'enfant mineur est sous la tutelle de ses parents.	= petit, sans gravité ≠ majeur
minoritaire	*in der Minderheit*	Le candidat minoritaire n'est pas élu.	≠ majoritaire
minorité [f.]	*Minderheit*	Les minorités ethniques sont confrontées au racisme.	≠ majorité
ministère [m.]	*Ministerium*	Les médicaments dépendent du ministère de la Santé.	
ministre [m.]	*Minister*	Le ministre de l'Education nationale a changé les programmes scolaires.	
misérable	*elend, jämmerlich*	Aujourd'hui encore, il y a en France des gens misérables qui ont faim.	= très pauvre ≠ riche, prospère
misère [f.]	*Elend*	La perte du travail peut conduire à la misère.	= pauvreté, ≠ prospérité
misogyne	*frauenfeindlich*	On reproche à la politique française d'être misogyne.	
(se) mobiliser	*etwas unternehmen*	L'Etat demande aux Français de se mobiliser pour lutter contre la crise.	= s'unir pour entreprendre
modération [f.]	*Mäßigkeit, Maß*	Il faut boire avec modération avant de conduire.	≠ exagération, excès
modéré, e	*gemäßigt*	Il est très modéré dans ses réactions.	≠ exagéré, immodéré
modification [f.]	*Änderung*	Avant de mettre cet appareil en service, il faut y apporter une modification.	= transformation
modifier	*verändern*	La télévision a profondément modifié notre vie.	= transformer, changer

famille de mots	dt. Bedeutung	contexte/définition	synonyme/antonyme
monétaire	*Geld-, Währungs-*	Paris et Bonn ont créé ensemble un conseil économique et monétaire.	
monnaie [f.]	*Währung*	L'Euro est la monnaie de nombreux Européens.	= devise, argent
monopole [m.]	*Monopol*	Un brevet spécial peut garantir le monopole de fabrication d'un produit.	
monopoliser	*monopolisieren*	L'État monopolise le commerce du tabac.	
mort [f.]	*Tod*	L'annonce de sa mort nous a bouleversés.	= décès, trépas, ≠ vie
mortalité [f.]	*Sterblichkeit*	La mortalité infantile est élevée en Afrique.	≠ immortalité
mortel, le	*tödlich, sterblich*	Une over-dose est une dose mortelle de drogue.	= fatal, ≠ immortel
mourir	*sterben*	Allons manger, je meurs de faim.	= décéder, ≠ naître
moteur [m.] de recherche	*Suchmaschine*	Wanadoo et Google sont des moteurs de recherche.	
moyen [m.]	*Mittel*	Il faut avoir les moyens pour partir en vacances.	= possibilité, argent
moyen, ne	*durchschnittlich*	L'âge moyen des bacheliers français est de 18 ans.	
muni, e de	*ausgestattet mit*	Le Concorde est muni d'un moteur à réaction.	= équipé, ≠ démuni
(se) munir	*(sich) ausstatten*	Il faudrait munir chaque voiture d'un catalyseur.	= (s')équiper, ≠ (se) démunir
municipal, e	*Gemeinde-*	Le conseil municipal administre la commune.	= communal
municipalité [f.]	*Gemeinde*	La France compte, en Europe, le plus grand nombre de petites municipalités de moins de 2 000 habitants.	= commune
naissance [f.]	*Geburt*	Le contrôle des naissances permet d'éviter les familles nombreuses.	= venue au monde ≠ mort
naître	*geboren werden*	Les hommes naissent libres et égaux en droit.	= venir au monde, ≠ mourir
natal, e	*Geburts-, Heimat-*	La France est son pays natal.	

famille de mots	dt. Bedeutung	contexte/définition	synonyme/antonyme
nation [f.]	*Nation*	Le 14 juillet est la fête de la nation.	= pays, État
national, e	*national*	La Marseillaise est l'hymne national français.	
nationalisation [f.]	*Verstaatlichung*	La nationalisation d'une entreprise est son rachat par l'Etat.	≠ privatisation
nationalité [f.]	*Nationalität*	La nationalité doit figurer sur le passeport.	
naturalisation [f.]	*Einbürgerung*	Un étranger peut demander sa naturalisation dans le pays d'accueil.	
naturaliser	*einbürgern*	À 18 ans, les étrangers nés en France peuvent demander à être naturalisés.	
nécessaire	*notwendig*	Un bon hygiène alimentaire est nécessaire à la santé.	= indispensable, ≠ inutile
nécessité [f.]	*Notwendigkeit*	La nécessité de trouver des sources d'énergie a conduit à la construction des réacteurs nucléaires.	= obligation, utilité ≠ inutilité
nécessiter	*erfordern*	La mise en circulation de l'Euro a nécessité une longue préparation.	= exiger, demander
négociation [f.]	*Verhandlung*	L'échec des négociations entre le patronat et les syndicats a provoqué une grève.	= discussion
négocier	*verhandeln*	Les ennemis se sont rencontrés pour négocier la paix.	= discuter, traiter
niveau [m.] **de vie**	*Lebensstandard*	Le niveau de vie dépend du pouvoir d'achat.	
nocif, ive	*schädlich*	L'alcool est un produit nocif à la santé.	= mauvais, nuisible
nocivité [f.]	*Schädlichkeit*	La nocivité des engrais pour la nappe phréatique pose un problème aux agriculteurs français.	
nomination [f.]	*Ernennung*	Il espère sa nomination au poste de directeur.	
nommer	*ernennen*	Le président a nommé le Premier ministre.	

famille de mots	dt. Bedeutung	contexte/définition	synonyme/antonyme
nouvelle [f.]	*Nachricht*	La nouvelle a paru dans tous les journaux.	= info, information
nuage [m.] **nuageux, euse**	*Wolke* *wolkig, bedeckt*	Certains nuages sont annonciateurs de pluie. Un ciel nuageux empêche le soleil de percer.	
nuire **nuisance** [f.] **nuisible**	*schaden* *Umweltbeeinträchtigung* *schädlich*	L'usage des pesticides nuit à la qualité de l'eau. Le bruit et la pollution sont des nuisances. Les rayons du soleil sont nuisibles à la peau.	≠ avantager, favoriser ≠ bienfait = mauvais, nocif ≠ bienfaisant, inoffensif
numérique [adj.]	*digital*	L' appareil- photo numérique a remplacé la pellicule.	
objectif [m.]	*Vorhaben, Ziel*	Son objectif est de devenir le meilleur de sa classe.	= but
objectivité [f.] **objectif, ive** [adj.]	*Objektivität* *objektiv*	L'objectivité est une qualité d'un bon journaliste. Une information objective ne prend pas parti.	= impartialité, ≠ partialité = impartial, ≠ partial
obstacle [m.]	*Hindernis*	Le manque d'infrastructure est un obstacle à l'essor.	= barrière, empêchement
occasion [f.] **occasionnel, le** **occasionner**	*Gelegenheit* *gelegentlich* *verursachen*	Il a profité de l'occasion pour acheter une voiture. Une rencontre occasionnelle leur permet de se revoir. Les fortes pluies peuvent occasionner une inondation.	= circonstance = fortuit, circonstanciel = provoquer, amener
occupation [f.] **occuper** **s'occuper de**	*Beschäftigung* *beschäftigen* *sich kümmern um*	Le bricolage est une occupation prisée des Français. Il faut occuper les enfants pendant les vacances. Des retraités s'occupent bénévolement d'enfants.	= activité, ≠ oisiveté = donner qc. à faire = se consacrer
offre [f.] **offrir** **s'offrir qc.**	*Angebot* *anbieten* *sich etwas leisten*	L'offre d'emploi est inférieure à la demande. La France a beaucoup à offrir aux touristes étrangers. Il économise pour pouvoir s'offrir une voiture neuve.	= proposition, ≠ demande = proposer, ≠ demander = se payer

famille de mots	dt. Bedeutung	contexte/définition	synonyme/antonyme
opposant, e **s'opposer**	*Gegner, -in (politisch)* *sich entgegenstellen, sich widersetzen*	Il y a beaucoup d'opposants au projet ministériel. Les employés n'ont pas pu s'opposer à la fermeture de l'usine.	= adversaire, ≠ partisan, ami = lutter contre qc. ≠ se rallier
oppression [f.] **opprimer**	*Unterdrückung* *unterdrücken*	L'exil est un moyen d'échapper à l'oppression. Le despote a opprimé son peuple pendant des années.	= tyrannie, contrainte = tyranniser
ordinateur [m.] **ordinateur** [m.] **portable**	*Computer* *Laptop*	L'ordinateur a révolutionné notre vie. L'ordinateur portable est petit et facile à transporter.	
ordures [f. pl.]	*Abfall*	Les ordures ménagères se mettent à la poubelle.	= déchets
originaire **origine** [f.]	*stammend, gebürtig* *Grund, Ursache; Herkunft, Ursprung*	Beaucoup d'immigrés sont originaires d'Afrique. Pour ne pas être renvoyés, les clandestins ne disent pas leur origine.	= natif, issu = provenance, cause, source
oser	*wagen*	Les enfants agressés n'osent pas toujours se plaindre.	= avoir le courage
ouvrier, ière	*Arbeiter*	Les ouvriers sont des travailleurs manuels.	
paisible **paix** [f.]	*friedlich, ruhig* *Frieden*	C'est un endroit paisible, loin de toute agitation. Un traité de paix a mis fin à la guerre.	= calme, ≠ agité, violent = calme, ≠ guerre, agitation
papiers [m. pl.]	*Ausweispapiere*	Pour le contrôle d'identité, on présente ses papiers.	
paralyser **paralysie** [f.]	*lahmlegen* *Lähmung*	Les grèves paralysent la production. La paralysie des jambes empêche de marcher.	= bloquer, immobiliser = blocage, immobilisation
part [f.] **partager** **prendre part à**	*Teil* *(ver)teilen* *an etwas teilnehmen*	Il y a une petite part de vérité dans ses affirmations. La France est partagée en départements et en régions. Il a refusé de prendre part aux discussions.	= partie, portion = diviser, découper, ≠ unifier = participer à

famille de mots	dt. Bedeutung	contexte/définition	synonyme/antonyme
parti [m.]	*Partei*	On peut prendre parti pour une cause.	
partisan, e	*Anhänger, -in*	Les partisans de la réforme donnent leurs arguments.	≠ adversaire, opposant
participant, e	*Teilnehmer, -in*	Les participants ont pris le départ de la course.	
participation [f.]	*Beteiligung*	La participation aux élections a dépassé les 70 %.	
participer	*teilnehmen*	„Pour le sportif, l'important n'est pas de gagner mais de participer." (P. de Coubertin, Jeux Olympiques)	= prendre part à
parution [f.]	*Erscheinen*	La parution d'un événement dans les médias le fait connaître du grand public.	
paraître	*erscheinen*	Le monde est un journal qui paraît tous les jours.	
passe-temps [m.]	*Zeitvertreib*	La broderie est un passe-temps typiquement féminin.	= loisir
passif, ive	*passiv, teilnahmslos*	Il ne faut pas rester passif devant un problème.	= inactif, ≠ actif
passion [f.]	*Leidenschaft*	Sa passion pour les œuvres d'art lui coûte cher.	= amour, ≠ haine
passionnant, e	*fesselnd, interessant*	J'ai relu deux fois ce livre passionnant.	= captivant, ≠ inintéressant
passionnément	*leidenschaftlich*	Roméo aimait passionnément Juliette.	= follement, beaucoup
se passionner	*sich begeistern*	Les vacanciers se passionnent pour le sport nautique.	= s'enthousiasmer ≠ se désintéresser
patrimoine [m.]	*kulturelles Erbe*	Les œuvres qui font partie du patrimoine français ne peuvent pas être vendues à l'étranger.	= héritage
patron, ne	*Chef, Arbeitgeber*	Il a demandé une augmentation de salaire à son patron.	= chef, employeur

famille de mots	dt. Bedeutung	contexte/définition	synonyme/antonyme
pauvre	*arm(selig)*	Les restaurants du cœur nourrissent gratuitement les plus pauvres.	= miséreux, malheureux ≠ riche, prospère
pauvreté [f.]	*Armut*	Le surendettement peut conduire à la pauvreté.	= misère, ≠ richesse
appauvrir	*verarmen, schwächen*	L'usage immodéré d'engrais appauvrit le sol.	≠ enrichir
pays [m.]	*Land*	La France est un des pays de l'union européenne.	= nation
paysage [m.]	*Landschaft*	Le paysage de la campagne française est très varié.	= site, vue
paysan, ne [subst./adj.]	*Bauer; ländlich, bäuerlich*	Les paysans vivent du travail de la terre.	= agriculteur, ≠ rural
peau [f.]	*Haut*	Trop de gens sont victimes de la couleur de leur peau.	
peine [f.]	*Leid*	La mort de son ami lui a fait beaucoup de peine.	= souffrance, mal
peiner	*leiden*	Il peine sous le poids de ses responsabilités.	= (faire) souffrir
pénible	*hart, schwer*	Le travail est trop pénible pour un enfant.	= dur, difficile, ≠ facile, aisé
à peine	*kaum*	Il a à peine changé depuis sa dernière visite.	= ne ... presque pas, très peu
perdant, e	*Verlierer, -in*	Ce parti politique est le grand perdant des élections.	= vaincu, ≠ gagnant
perdre	*verlieren*	Sa mauvaise gestion lui a fait perdre des clients.	≠ gagner, trouver
perte [f.]	*Verlust*	Il vaut mieux travailler à perte plutôt que fermer.	= déficit, ≠ gain, bénéfice
permettre qc.	*ermöglichen, erlauben*	La précarité de son emploi ne lui permet pas de faire des projets.	= autoriser, ≠ interdire, défendre, empêcher
permis [m.] **de séjour**	*Aufenthaltserlaubnis*	Pour pouvoir rester plus de trois mois à l'étranger, il faut un permis de séjour.	
persécution [f.]	*Verfolgung*	Les réfugiés ont fui pour échapper à la persécution.	= tourment, torture
persécuter	*verfolgen, quälen*	Pendant la guerre , les Juifs ont été persécutés.	= tourmenter
perspective [f.]	*Aussicht, Möglichkeit*	Les perspectives d'embauche sont restreintes.	

famille de mots	dt. Bedeutung	contexte/définition	synonyme/antonyme
pesticide [m.]	*Schädlingsbekämpfungsmittel*	Les pesticides employés pour traiter les récoltes empoisonnent le sol et l'eau.	
petites annonces [f. pl.]	*Kleinanzeigen*	Les petites annonces sont aussi des offres d'achat.	
pétrole [m.]	*Öl*	Le pétrole sert à fabriquer l'essence.	
pétrolier [m.]	*Öltanker*	Un pétrolier est un bateau qui transporte du pétrole.	
peur [f.]	*Angst*	La peur de la répression n'empêche pas les agressions.	= crainte, ≠ assurance, courage, hardiesse
peureux, euse	*ängstlich*	C'est un enfant peureux qui ne s'aventure jamais loin.	= craintif, ≠ courageux
(se) plaindre	*(sich be)klagen*	Les professeurs se plaignent des classes surchargées.	= réclamer, protester
plainte [f.]	*Klage*	Le plaignant a retiré sa plainte.	= réclamation, protestation
plein air [m.]	*Freiluft-, im Freien*	La randonnée se pratique en plein air.	= dehors, à l'air libre
pluie [f.] **acide**	*saurer Regen*	La pluie acide attaque les arbres et détruit la forêt.	
politicien, ne	*Politiker, -in*	Le politicien est élu pour représenter son électorat.	
polluant [m.]	*Schadstoff*	Les gaz et les déchets chimiques sont des polluants.	
polluer	*verschmutzen*	Les déchets nucléaires polluent gravement .	= salir
pollueur [m.]	*Umweltverschmutzer*	Les écologistes se battent contre les pollueurs.	
pollution [f.]	*Umweltverschmutzung*	La pollution de l'air peut rendre malade.	
populaire	*beliebt, verbreitet*	La pétanque est un sport très populaire.	= aimé, apprécié
population [f.]	*Bevölkerung*	La population mondiale augmente dangereusement.	
surpopulation [f.]	*Über(be)völkerung*	Le problème de la faim est dû aussi à la surpopulation	
portable	*tragbar, drahtlos*	Le téléphone portable est interdit dans l'avion.	

famille de mots	dt. Bedeutung	contexte/définition	synonyme/antonyme
potable	*trinkbar*	Vous pouvez boire cette eau, elle est potable.	= propre à la consommation
pourcentage [m.]	*Prozentsatz*	Le pourcentage des accidents mortels a baissé.	
pousser	*vorantreiben*	Une bonne publicité doit pousser à la consommation.	= entraîner, inciter, ≠ freiner
pouvoir [m.]	*Macht*	Le pouvoir de l'argent est presque sans limite.	= autorité, puissance
pleins pouvoirs [m. pl.]	*Vollmacht*	Sous la monarchie, le roi avait les pleins pouvoirs.	
pouvoir [m.] **d'achat**	*Kaufkraft*	L'argent dont on dispose est le pouvoir d'achat.	
pouvoir exécutif	*Exekutive*	Le pouvoir exécutif fait appliquer les lois.	
pouvoir judiciaire	*Judikative*		
pouvoir législatif	*Legislative*	Le pouvoir législatif discute et fait les lois.	
praticable	*durchführbar*	En hiver certaines routes ne sont plus praticables.	= faisable, ≠ impraticable
pratique [f.]	*Praxis, Ausübung*	La théorie est souvent plus simple que la pratique.	= mise en œuvre
pratiquer	*(be)treiben*	Pour la santé, il est conseillé de pratiquer un sport.	= faire
précaire	*prekär, unsicher*	Un emploi précaire vaut mieux que le chômage.	= incertain, ≠ sûr, solide
préférable	*vorzuziehen, ratsam*	Il est préférable de réserver sa place dans le train.	= conseillé, ≠ déconseillé
préférence [f.]	*Vorliebe, Vorzug*	Pour l'information, la préférence va à la télé.	= faveur
préférer	*vorziehen*	Je préfère le train à l'avion.	= aimer mieux
préjugé [m.]	*Vorurteil*	Les préjugés sont la source de méconnaissances.	
présentateur,trice	*Moderator*	Les présentateurs du journal télévisé sont des stars.	
présenter	*moderieren*	Un cuisinier célèbre présente une émission de cuisine.	
se présenter	*sich bewerben, sich vorstellen*	Beaucoup de demandeurs se sont présentés pour répondre à une offre d'emploi.	= poser sa candidature

famille de mots	dt. Bedeutung	contexte/définition	synonyme/antonyme
préservation [f.]	*Schutz, Rettung*	La préservation de l'environnement est nécessaire.	= sauvegarde, ≠ destruction
préserver	*erhalten, schützen*	Il faut préserver les espèces en voie de disparition.	= sauvegarder, ≠ détruire
présidentiel, le	*Präsidentschafts-*	L'élection présidentielle se fait au suffrage universel.	
prévenir	*vorbeugen;*	Mieux vaut prévenir que guérir. (proverbe)	= éviter
	warnen, informieren	Il faut prévenir les gens du danger qui les menace.	= avertir
préventif, ive	*vorbeugend*	Un traitement préventif permet d'éviter la maladie.	
prévention [f.]	*Vorbeugung*	Le vaccin est une mesure de prévention.	= précaution
primer	*den Vorrang haben*	L'intérêt collectif prime l'intérêt personnel.	= avoir priorité
printanier, ière	*Frühlings-, frühlingshaft*	Il fait beau, le temps est printanier.	
prison [f.]	*Gefängnis*	Il a été condamné à une peine de prison ferme.	= maison d'arrêt
prisonnier, ière [subst./adj.]	*Häftling;* *gefangen*	«Amnesty International» cherche à aider les prisonniers politiques.	= détenu, captif ≠ libre
emprisonnement [m.]	*Haft*	L'emprisonnement à vie a remplacé la peine de mort.	= détention, incarcération
emprisonner	*einsperren*	La loi interdit d'emprisonner un adolescent mineur.	= enfermer, ≠ libérer
privatisation [f.]	*Privatisierung*	La privatisation est une mise en vente par l'État.	≠ nationalisation
privatiser	*privatisieren*	L'État pense à privatiser des entreprises déficitaires.	≠ nationaliser
privé, e	*privat*	Les écoles privées françaises sont très fréquentées.	≠ public
privilège [m.]	*Vorrecht, Privileg*	L'école gratuite ne doit plus être un privilège.	= avantage, ≠ désavantage
privilégier	*bevorzugen*	Le protectionnisme veut privilégier certains produits.	= avantager, ≠ désavantager
proclamation [f.]	*Verkündung, Ausrufung*	La proclamation de la République date de 1789.	= déclaration, annonce
proclamer	*verkünden, ausrufen*	Il a été proclamé vainqueur du tournoi.	= déclarer, annoncer
se procurer	*sich besorgen, beschaffen*	La France est obligée de se procurer du pétrole.	= se fournir

famille de mots	dt. Bedeutung	contexte/définition	synonyme/antonyme
producteur, trice [subst./adj.]	*Erzeuger, -in*	La France est un pays producteur de vin.	= créateur, fabricant
produire	*erzeugen*	Les centrales nucléaires produisent de l'électricité.	= fabriquer, créer
produit [m.]	*Produkt*	Les produits bio sont en principe naturels.	
produit [m.] **de substitution**	*Ersatzdroge, Ersatzmittel*	Un produit de substitution peut aider un drogué à lutter contre l'état de manque.	= produit de remplacement
produit [m.] **intérieur brut (P.I.B.)**	*Bruttosozialprodukt*	Le calcul du produit intérieur brut permet de suivre et d'analyser le développement économique du pays.	
profession [f.]	*Beruf*	Porteur d'eau était une profession au Moyen Age.	= métier
professionnel, le	*beruflich*	La retraite fait suite à la vie professionnelle.	
profit [m.]	*Profit, Gewinn*	L'entreprise augmente son profit en stimulant le rendement du personnel.	= gain, bénéfice ≠ perte, déficit
profitable	*gewinnbringend*	La baisse des prix est profitable à la consommation.	= avantageux
profiter de	*ausnutzen, genießen*	Le vacancier profite du beau temps pour se baigner.	= bénéficier, jouir
programme [m.]	*Programm*	La revue *Télé 7 jours* publie un programme de télé.	
programmer	*planen, programmieren*	Le Président doit programmer ses voyages officiels.	
programmeur [m.]	*Programmierer*	Le programmeur crée des logiciels.	
progrès [m.]	*Fortschritt*	Les progrès de la science permettent d'espérer la guérison du SIDA.	= développement, ≠ recul
progresser	*vorankommen*	La technique progresse vite avec le numérique.	= se développer, ≠ régresser
progression [f.]	*Fortschritt*	La progression de la science en biologie est encourageante.	= développement, ≠ recul

famille de mots	dt. Bedeutung	contexte/définition	synonyme/antonyme
propice	*geeignet für, günstig*	La vallée de la Loire est propice aux randonnées culturelles.	= favorable ≠ défavorable, nocif
proposer **proposition** [f.] **(de loi)**	*vorschlagen* *(Gesetzes-)Vorschlag*	On nous a proposé plusieurs solutions. La proposition de loi est votée à l'Assemblée.	
prospère	*blühend, erfolgreich*	L'industrie de la haute technologie est un secteur prospère.	= florissant, riche ≠ pauvre, misérable
prospérer **prospérité** [f.]	*gedeihen, gutgehen* *Wohlstand*	Pour prospérer, le pays a besoin d'une stabilité politique. Cette région doit sa prospérité au tourisme.	= se développer, réussir ≠ décliner, reculer, régresser = richesse ≠ misère
protecteur, trice **protection** [f.] **protéger**	*Beschützer, -in* *Schutz* *schützen*	Il y a une société protectrice des animaux. La protection de certaines espèces empêche leur disparition. La ceinture de sécurité protège l'automobiliste en cas d'accident.	= défenseur, ≠ agresseur = préservation ≠ agression, attaque = défendre, préserver ≠ agresser, attaquer
province [f.] **provincial, e**	*Provinz* *Provinz-, in der Provinz*	L'Alsace et la Bretagne sont des provinces françaises. Quelques usines provinciales ont leur siège à Paris.	
provisoire	*vorläufig, einstweilig*	Il a accepté un emploi provisoire, en attendant mieux.	= momentané, ≠ définitif
provocant, e **provocation** [f.] **provoquer**	*provozierend* *Provokation* *herausfordern, provozieren; verursachen*	Je trouve son attitude provocante. Évitons de céder à la provocation. Il le provoque pour éprouver sa patience. L'inattention peut provoquer des accidents.	= excitant, agressif = incitation, défi = inciter, défier = causer, occasionner

famille de mots	dt. Bedeutung	contexte/définition	synonyme/antonyme
public [m.]	*Publikum, Öffentlichkeit*	Le public a applaudi debout.	= auditoire, assistance
public, que	*öffentlich*	Il faut assurer la sécurité dans les transports publics.	≠ privé
publication [f.]	*Veröffentlichung*	La publication de son livre a fait scandale.	= parution
publicitaire	*Werbe-*	Les spots publicitaires sont fréquents à la télévision.	
publicité [f.]	*Werbung*	La publicité interrompt les programmes de la télé.	= réclame
publier	*veröffentlichen*	Les infos locales sont publiées dans le journal.	= annoncer, éditer
puissance [f.]	*Macht*	La puissance des syndicats peut faire reculer le gouvernement.	= force, pouvoir ≠ impuissance, faiblesse
puissant, e	*mächtig, stark*	Unis, les pays européens seront plus puissants.	= fort, ≠ impuissant, faible
punir	*bestrafen*	Il faut punir les coupables.	≠ récompenser
punition [f.]	*Strafe*	En cas de récidive, la punition est plus sévère.	= peine, ≠ récompense
pur, e	*sauber, rein*	L'eau de cette source est pure, elle est potable.	= propre, sain, ≠ malsain
pureté [f.]	*Reinheit*	La pureté de l'eau est contrôlée régulièrement.	= propreté, ≠ impureté
purifier	*reinigen*	Les stations d'épuration servent à purifier l'eau.	= assainir ≠ polluer, salir, souiller
qualification [f.]	*Qualifikation, Befähigung*	Il a la qualification nécessaire pour faire ce travail.	= aptitude, ≠ inaptitude
qualifié, e	*qualifiziert*	Seul un ouvrier qualifié peut faire ce travail.	= apte, capable, ≠ inapte
se qualifier	*sich qualifizieren*	Il faut d'abord se qualifier avant de pouvoir participer aux Jeux Olympiques.	≠ se disqualifier, être disqualifié
qualité [f.] **de vie**	*Lebensqualität*	La qualité de vie dépend souvent de l'environnement.	
quantité [f.]	*Menge*	La grande quantité de voitures qui circulent dans Paris provoque des embouteillages.	= foule, masse ≠ peu

famille de mots	dt. Bedeutung	contexte/définition	synonyme/antonyme
questionnaire [m.] **questionner**	*Fragebogen* *befragen, verhören*	Pour le sondage, il faut remplir un questionnaire. L'inspecteur de police a questionné le suspect.	= formulaire = interroger, ≠ répondre
quotidien [m.] **quotidien, ne**	*Tageszeitung* *täglich*	Les Parisiens lisent leur quotidien dans le métro. Pour les Français, le pain est un aliment quotidien.	 = journalier
race [f.] **racial, e** **racisme** [m.] **raciste** [m./f.] [subst./adj.]	*Rasse* *rassisch, Rassen-* *Rassismus* *Rassist, -in; rassistisch*	Le droit ne fait pas de distinction de race. La préférence raciale est interdite par la loi française. Le racisme se développe avec l'immigration. La ségrégation est une discrimination raciste.	
radiation [f.] **irradier**	*Strahlung* *verstrahlen*	La radiation atomique est mortelle. Les rayons atomiques ont irradié la région.	
randonnée [f.]	*Wanderung*	Les régions peu peuplées sont propices aux randonnées.	= promenade à pied
rassurant, e **rassurer**	*beruhigend* *beruhigen*	La présence de la police a parfois un effet rassurant. Les éleveurs tentent de rassurer les consommateurs de viande de bœuf.	= apaisant, ≠ inquiétant = calmer, tranquilliser ≠ inquiéter
rationalisation [f.] **rationaliser**	*Rationalisierung* *rationalisieren*	La rationalisation de l'industrie a causé du chômage. On peut rationaliser l'industrie en remplaçant les hommes par des robots.	= rentabilisation = rentabiliser, restructurer
ravager **ravages** [m. pl.]	*verwüsten* *Verwüstung*	La tempête a ravagé toute la région. En Corse, le feu provoque des ravages.	= détruire, dévaster = dégâts
réagir	*reagieren*	Il faut réagir contre l'insécurité qui règne dans les écoles.	

famille de mots	dt. Bedeutung	contexte/définition	synonyme/antonyme
récepteur [m.]	*Empfänger*	Le récepteur de télévision est tombé en panne.	
recevoir	*empfangen*	Les antennes et les satellites permettent de recevoir de nombreuses chaînes.	= capter
récession [f.]	*Rezession*	La période de récession a fait place à la reprise de l'activité économique.	= crise ≠ prospérité, boom, relance
recette [f.]	*Einnahmen*	La recette doit être supérieure à la dépense.	≠ dépense
réchauffement [m.] **réchauffer**	*Erwärmung* *erwärmen*	Le réchauffement de la terre est dû en partie à la pollution de l'air. Le soleil réchauffe la planète.	≠ refroidissement ≠ refroidir
recherche [f.]	*Forschung*	Le C.N.R.S. est le centre national de la recherche.	
chercheur [m.]	*Forscher*	Des chercheurs tentent d'isoler le virus.	
reconversion [f.]	*Umschulung*	La reconversion est souvent difficile quand les chômeurs sont âgés.	
(se) reconvertir	*(sich) umschulen (lassen)*	Il faut parfois se reconvertir pour retrouver du travail.	= changer de profession
recul [m.]	*Absinken, Rückgang*	Le pouvoir d'achat est en léger recul sur l'année dernière.	= régression ≠ avance, progrès
reculer	*zurückgehen, senken*	Ce médicament pourrait faire reculer la maladie.	= régresser, diminuer ≠ avancer, progresser
recyclage [m.]	*Wiederverwertung*	Le recyclage des vieux papiers économise le bois.	= retraitement
recycler	*wiederverwerten*	Il y a des usines qui recyclent le verre.	= retraiter
rédacteur, trice	*Redakteur,in*	Le rédacteur écrit les articles des journaux.	
redevance [f.]	*Gebühren*	La redevance télé est une taxe qu'il faut payer quand on possède un téléviseur.	= taxe

famille de mots	dt. Bedeutung	contexte/définition	synonyme/antonyme
redoutable	*beängstigend*	Le cancer est une maladie redoutable.	= effrayant, ≠ rassurant
redouter	*befürchten*	Beaucoup de gens redoutent le chômage.	= craindre, ≠ espérer
réduction [f.]	*Reduzierung, Kürzung*	Ils demandent la réduction des heures de travail sans diminution de salaire.	= diminution, ≠ augmentation, élargissement
réduire	*reduzieren*	Comment réduire le chômage sans partager le travail?	= diminuer, abaisser ≠ augmenter, élargir
réévaluation [f.]	*Aufwertung*	La réévaluation d'une monnaie pose parfois des problèmes à l'exportation.	≠ dévaluation
réévaluer	*aufwerten*	L'inflation peut obliger à réévaluer une monnaie.	≠ dévaluer
réformer	*reformieren*	Le président Chirac a réformé l'armée française.	= changer, restructurer
refuge [m.]	*Zuflucht, Schutz*	On peut trouver refuge sous un abri.	= abri
réfugié, e	*Flüchtling*	Le réfugié politique bénéficie d'un droit d'asile.	= exilé
se réfugier	*flüchten*	L'inondation les oblige à se réfugier sur le toit.	= s'abriter
refus [m.]	*Ablehnung*	Il a opposé un refus à ma demande.	= rejet ≠ consentement
refuser	*ablehnen, verweigern*	Il a refusé d'obéir aux ordres.	≠ accepter, consentir
régionalisation [f.]	*Regionalisierung*	La politique de régionalisation est faite pour décentraliser le pouvoir politique.	
régional, e [adj.]	*regional*	Les actualités régionales sont diffusées chaque soir avant le journal télévisé national.	
régresser	*rückgängig sein; nachlassen*	Depuis la crise économique européenne, l'immigration régresse.	= reculer, diminuer ≠ évoluer, progresser
régression [f.]	*Rückgang, Sinken*	Grâce à la limitation de vitesse, le nombre des accidents est en régression.	= recul, diminution ≠ évolution, progrès

famille de mots	dt. Bedeutung	contexte/définition	synonyme/antonyme
rejet [m.]	*Ablehnung*	Le rejet de son projet de loi a conduit le ministre à démissionner.	= refus, ≠ acceptation, adoption, accord
rejeter	*ablehnen, verwerfen*	La majorité des Français a rejeté le texte de la loi sur l'immigration.	= repousser, refuser ≠ accepter, adopter
se réjouir	*sich (er)freuen*	Tous se réjouissent de partir en vacances.	= être heureux ≠ s'attrister, déplorer
relation [f.]	*Beziehung, Verbindung*	Les relations franco-allemandes sont amicales.	= rapport
relier	*verbinden*	Un pont permet de relier les rives du fleuve.	= joindre, ≠ séparer, diviser
lien [m.]	*Band, Verbindung*	Les jumelages entretiennent les liens d'amitié.	= rapport
remboursement [m.]	*Rückzahlung*	Le remboursement des frais de maladie est assuré par la caisse de sécurité sociale.	= paiement ≠ emprunt
rembourser	*zurückzahlen, tilgen*	De plus en plus de gens ne peuvent plus rembourser leur emprunt.	= payer, acquitter une dette ≠ emprunter
remplaçant, e	*Stellvertreter Ersatzspieler*	Il joue comme remplaçant dans l'équipe de football.	
remplacement [m.]	*Vertretung, Ersatz*	Comme travail, il fait des remplacements.	
remplacer	*ersetzen*	Les ordinateurs ont remplacé les machines à écrire.	= prendre la place, succéder
renforcement [m.]	*Verstärkung, Erhöhung*	Le renforcement des impôts ne suffit pas à réduire le déficit budgétaire de l'État.	= augmentation ≠ affaiblissement, baisse
renforcer	*(ver)stärken*	La politique de régionalisation veut renforcer le pouvoir des élus locaux.	= consolider, augmenter ≠ affaiblir, diminuer, baisser
rentabilité [f.]	*Rentabilität, Wirtschaftlichkeit*	La rentabilité de certaines lignes de chemin de fer est remise en question.	
rentable	*einträglich, rentabel*	L'industrie textile française n'est plus rentable.	

famille de mots	dt. Bedeutung	contexte/définition	synonyme/antonyme
renvoi [m.]	*Ausweisung, Entlassung*	Le ministre demande le renvoi de tous les clandestins.	= expulsion, licenciement
renvoyer	*zurückschicken*	Le client mécontent a renvoyé la marchandise.	= réexpédier, retourner
répartir	*aufteilen, einteilen*	Les zones industrielles sont inégalement réparties.	= partager, distribuer
répartition [f.]	*Verteilung, Aufteilung*	La démocratie exige la répartition des pouvoirs.	= partage
reportage [m.]	*Reportage*	Le reportage se fait souvent en direct et sur place.	
repos [m.]	*Ruhe, Erholung*	Le médecin lui a ordonné une semaine de repos.	= délassement, ≠ fatigue
se reposer	*sich ausruhen*	Après une grande fatigue, il faut se reposer.	= se délasser, ≠ se fatiguer
représailles [f. pl.]	*Vergeltungsmaßnahmen*	Ils se taisent par peur des représailles.	= punition, vengeance
représentant, e	*Vertreter, -in, Abgeordnete(r)*	La France a envoyé un représentant à la réunion.	= délégué, remplaçant
représentatif, ive	*typisch, bezeichnend*	La montée de la violence est représentative du climat social actuel.	= typique
	Darstellung, Vorführung		
représentation [f.]	*darstellen, vertreten*	La représentation de la pièce a eu du succès.	= image, spectacle
représenter		Un buste de femme représente la République.	= remplacer, figurer
répression [f.]	*Bestrafung*	La répression de la vitesse est de plus en plus sévère.	= punition, sanction
réprimer	*bekämpfen, bestrafen*	La révolte a été réprimée dès le début.	= combattre, punir
réprouver	*missbilligen*	La morale réprouve le crime.	= désapprouver, ≠ approuver
reproche [m.]	*Vorwurf*	Il a fait des reproches au gouvernement sur la politique sociale.	= blâme, critique ≠ compliment, louange
reprocher qc. à qn.	*jdm. etwas vorwerfen*	On peut reprocher à certains immigrés de ne pas vouloir s'intégrer.	= blâmer, critiquer, ≠ louer, complimenter, féliciter
réseau [f.]	*Netz*	Le réseau routier est souvent saturé en été.	

famille de mots	dt. Bedeutung	contexte/définition	synonyme/antonyme
réserve [f.]	*Vorrat, Naturpark*	Une réserve naturelle est un endroit où les plantes et les animaux sont protégés.	
réserver	*aufbewahren*	Il faut réserver des graines pour la semence.	= garder, conserver
résignation [f.]	*Resignation*	La résignation a fait suite à une lutte sans succès.	= soumission, ≠ révolte
se résigner	*resignieren, sich abfinden*	Il faut se résigner à accepter l'inévitable.	= se soumettre, ≠ se révolter
résistance [f.]	*Widerstand*	Le patronat a opposé une grande résistance aux exigences des travailleurs.	= solidité, opposition ≠ résignation, fragilité
résistant, e	*widerstandsfähig*	Certains virus sont résistants aux vaccins.	= solide, fort, ≠ faible
résister	*widerstehen*	La maladie résiste à tous les médicaments.	= tenir, ≠ céder
responsabilité [f.]	*Verantwortung*	Les mineurs sont sous la responsabilité des parents.	≠ irresponsabilité
responsable	*verantwortlich*	L'alcool et la vitesse sont responsables de beaucoup d'accidents de la route.	≠ irresponsable
ressortissant, e	*(Staats-)Angehörige(r)*	Le consulat s'occupe des ressortissants vivant à l'étranger.	
ressources [f. pl.]	*Naturschätze, Mittel*	Ce pays est pauvre en ressources naturelles.	= réserves
restreindre	*einschränken, kürzen*	L'État a dû restreindre les allocations au chômage.	= réduire, ≠ augmenter
restreint, e	*eingeschränkt, begrenzt*	Le pouvoir des conseillers généraux est restreint.	= réduit, limité, ≠ large
restriction [f.]	*Einschränkung*	La crise impose des restrictions mal acceptées.	= réduction, ≠ largesses
restructuration [f.]	*Umstrukturierung*	La restructuration de l'entreprise a permis d'augmenter sa productivité.	= réorganisation ≠ déstructuration
restructurer	*umstrukturieren*	Il faut restructurer une partie du réseau routier.	= réaménager, ≠ déstructurer

famille de mots	dt. Bedeutung	contexte/définition	synonyme/antonyme
résultat [m.]	*Ergebnis*	Le résultat des élections n'a surpris personne.	
résulter	*daraus folgen, sich ergeben*	Il résulte de cette enquête, qu'ils ne sont pas coupables.	= s'ensuivre, découler
retraite [f.]	*Ruhestand, Rente*	La cotisation pour la retraite est retenue sur le salaire.	
retraité, e	*Rentner, -in*	Les retraités ont droit à un tarif spécial de transport.	
retransmission [f.]	*Übertragung*	La retransmission en exclusivité d'un événement sportif populaire coûte très cher à la chaîne.	= diffusion
réunion [f.]	*Versammlung*	Le président ordonne la réunion immédiate du gouvernement.	= rassemblement, session ≠ séparation
se réunir	*sich versammeln*	Le conseil municipal se réunit régulièrement.	= se rassembler, ≠ se séparer
réussir	*gelingen*	Il a réussi tous les examens qu'il a passés.	= parvenir, ≠ échouer
réussite [f.]	*Erfolg*	On considère la Pyramide du Louvre comme une réussite architecturale.	= succès, ≠ échec
rêve [m.]	*Traum*	Les hommes ont réalisé leur rêve d'aller sur la lune.	= souhait, désir
rêver	*träumen, schwärmen*	Il rêve de faire le tour du monde.	= souhaiter, désirer
rêveur, euse	*verträumt, grüblerisch*	Cette éventualité le laisse rêveur.	= pensif
révélation [f.]	*Enthüllung*	La révélation du scandale choque l'opinion publique.	
révéler	*enthüllen*	La photo prise sur Mars a révélé la présence d'eau.	= dévoiler, ≠ taire
revendication [f.]	*Forderung*	Les revendications des manifestants sont justifiées.	= réclamation, demande
revendiquer	*fordern*	Les colonies revendiquent leur indépendance.	= réclamer, demander
revenu [m.]	*Einkommen*	L'impôt sur le revenu est calculé sur le salaire.	
revenu [m.] **minimum d'insertion (R.M.I.)**	*Mindestsatz an Sozialhilfe*	Les chômeurs qui n'ont plus droit aux allocations chômage touchent le R.M.I.	

famille de mots	dt. Bedeutung	contexte/définition	synonyme/antonyme
révoltant, e	*empörend*	Abandonner son chien est une chose révoltante.	= inacceptable
révolte [f.]	*Aufruhr*	La révolte des enseignants contre la violence à l'école a été efficace.	= rebellion, insurection ≠ résignation
se révolter	*sich auflehnen*	Les jeunes se révoltent contre l'autorité des adultes.	= s'insurger, ≠ se résigner
revue [f.]	*Zeitschrift*	*Elle* est une revue destinée aux femmes.	= magazine
rigide	*starr, unbeweglich*	Une bureaucratie trop rigide décourage les jeunes créateurs d'entreprise.	= inflexible, dur, rigoureux ≠ mou, flexible
rigidité [f.]	*Strenge, Starrheit*	La rigidité de cette morale n'est pas supportable.	= rigueur, dureté
rigoureux, euse	*streng, hart*	L'hiver est particulièrement rigoureux dans le centre de la France.	= sévère, dur ≠ indulgent, doux
rigueur[f.]	*Strenge*	La politique de rigueur est nécessaire à la lutte contre la crise économique.	= sévérité, austérité ≠ indulgence, douceur
risque [m.]	*Risiko, Gefahr*	Il vit dangereusement, il prend beaucoup de risques.	= danger, ≠ sécurité
risqué, e	*gewagt*	Le transport des déchets nucléaires est une entreprise risquée.	= dangereux, hasardeux ≠ sûr
risquer	*wagen, riskieren*	Il a risqué sa vie pour sauver son ami.	= mettre en danger, oser
rivaliser	*konkurrieren*	L'industrie électronique a du mal à rivaliser avec les produits japonais.	= concurrencer, concourir
rivière [f.]	*Fluss*	Les rivières du sud de la France sont souvent à sec.	
routier, ière	*Straßen-*	Le réseau routier est payant sur les autoroutes.	
rubrique [f.]	*Rubrik*	La rubrique des faits divers intéresse le lecteur.	

famille de mots	dt. Bedeutung	contexte/définition	synonyme/antonyme
rural, e	*ländlich*	Le budget des petites communes rurales est maigre.	= campagnard, ≠ urbain
ruraux [m. pl.]	*Landbewohner*	Les ruraux souffrent parfois d'isolement.	
sac [m.] **à dos**	*Rucksack*	Les randonneurs portent un sac à dos.	
sac de couchage	*Schlafsack*	Le sac de couchage est souvent la seule chose que possèdent les sans-abri.	
sac de voyage	*Reisetasche*	Les jeunes préfèrent le sac de voyage à la valise.	
sacrifice [m.]	*Opfer*	Il faudrait des sacrifices pour assainir les finances.	
sacrifier	*opfern*	Le sportif sacrifie souvent du temps à l'entraînement.	
salaire [m.]	*Lohn*	Le salaire des fonctionnaires est fixé par l'État.	= paie; traitement
salarié, e	*Gehaltsempfänger*	Les salariés doivent payer des cotisations sociales.	= employé
salaire [m.] **minimum interprofessionnel garanti (S.M.I.G.)**	*Mindestlohn*	Le salaire S.M.I.G. est le salaire minimum fixé par l'État que chaque employeur doit payer à ses employés.	
sans-abri [m.]	*Obdachloser*	Les sans-abri n'ont pas de logement.	
sans domicile fixe [m.] **(S.D.F.)**	*Obdachloser*	Les sans domicile fixe de Paris dorment en hiver sur les bancs des stations de métro.	= sans-abri, clochard
sans-papiers [m.]	*illegaler Einwanderer*	Les immigrés sans-papiers ne reçoivent pas de permis de séjour et sont expulsés.	
sans plomb	*bleifrei*	L'essence sans plomb pollue beaucoup moins.	
sans ressources	*mittellos*	Une personne sans ressources reçoit une aide sociale.	≠ riche, nanti
satellite [m.]	*Satellit*	Certaines chaînes de télévision émettent par satellite.	
saturation [f.]	*Sättigung, Überfüllung*	La saturation des autoroutes parisiennes s'aggrave.	
saturé, e	*gesättigt, ausgereizt*	Paris est une ville saturée qui déborde sur sa banlieue.	

famille de mots	dt. Bedeutung	contexte/définition	synonyme/antonyme
sauvegarder	*bewahren, schützen; sichern*	Il faut sauvegarder les espèces menacées. Pour sauvegarder vos données, faites des copies.	= maintenir, garder, protéger ≠ détruire, abîmer
sec, sèche **sécheresse** [f.] **assécher**	*trocken, dürr* *Trockenheit, Dürre* *austrocknen*	En Afrique, pendant la saison sèche, il ne pleut pas. Les récoltes souffrent de la sécheresse. Il est parfois nécessaire d'assécher les marais.	≠ humide, mouillé = manque d'eau, ≠ humidité ≠ irriguer
secteur [m.] **secteur primaire/secondaire/tertiaire**	*Branche, Gebiet* *primärer/sekundärer (Dienstleistungs-)Sektor*	Les entreprises dépendant de l'État font partie du secteur public. Le secteur primaire comprend l'agriculture et l'élevage, la pêche et les mines.	= branche, domaine
sécurité [f.] **sécurité sociale**	*Sicherheit* *Krankenkasse*	Les jeunes réclament plus de sécurité et moins d'agressions à l'école. Le déficit de la sécurité sociale exige une réforme.	= sûreté, ≠ insécurité
ségrégation [f.]	*Rassentrennung*	Dans certains pays, la ségrégation raciale est abolie.	= discrimination
séjour [m.] **séjourner**	*Aufenthalt* *sich aufhalten*	Il a fait un séjour de plusieurs mois à l'étranger. Pour séjourner plus de trois mois en France, il faut un permis de séjour.	= demeurer, rester, vivre
sensation [f.] **sentiment** [m.] **sentimental, e** **(se) sentir**	*Gefühlsregung* *Gefühl* *gefühlvoll* *(sich) fühlen*	La peur et la douleur sont des sensations désagréables Les sentiments sont parfois trompeurs. La vie sentimentale de cet homme est mouvementée. Pour bien travailler, il faut se sentir en sécurité.	= impression, sentiment = opinion, sensation
sentier [m.]	*Weg, Pfad*	Le sentier est un petit chemin étroit.	= chemin
seringue [f.]	*Spritze*	L'infirmière fait une piqûre avec une seringue.	= aiguille

famille de mots	dt. Bedeutung	contexte/définition	synonyme/antonyme
séropositif, ive	*HIV-infiziert*	Les malades séropositifs peuvent vivre des années sans que la maladie se déclare.	
sévère	*streng*	Les enseignants français ont la réputation d'être sévères.	= dur, intolérant, rigoureux ≠ indulgent, laxiste
sévérité [f.]	*Strenge, Härte*	La justice a montré une grande sévérité envers les coupables.	= rigueur, dureté ≠ indulgence, laxisme
siège social [m.]	*Gesellschaftssitz*	Le siège social d'une entreprise est l'ensemble des bureaux où se fait la gestion.	
simplifier	*vereinfachen*	La régionalisation veut simplifier la gestion de l'État.	= faciliter, ≠ compliquer
site [m.]	*Aussicht, Ort, Ansicht* *Website*	Les cartes postales reproduisent les sites régionaux. Chacun peut créer son propre site sur Internet.	= vue, panorama
solaire	*Solar-*	L'énergie solaire est une alternative à l'énergie nucléaire.	
soleil [m.]	*Sonne*	Les rayons ultraviolets du soleil sont nocifs à la peau.	
ensoleillé, e	*sonnig*	La Provence très ensoleillée invite au tourisme.	
solidaire	*solidarisch*	Les travailleurs sont solidaires les uns des autres.	
se solidariser	*sich solidarisieren*	Les Français se sont solidarisés avec leur président.	≠ se désolidariser
solidarité [f.]	*Solidarität*	Le partage du travail serait une preuve de solidarité envers les chômeurs.	≠ égoïsme
solide	*fest, stark*	L'acier est un métal solide.	= fort, résistant, ≠ faible
solidité [f.]	*Festigkeit, Härte*	La solidité d'une monnaie témoigne d'une économie florissante.	= stabilité, force ≠ faiblesse, précarité

famille de mots	dt. Bedeutung	contexte/définition	synonyme/antonyme
solitaire	*einsam*	Il est difficile de vivre en solitaire.	= seul, isolé, ≠ entouré
solitude [f.]	*Einsamkeit*	La solitude des gens âgés est un mal de notre époque.	= isolement, ≠ compagnie
seul, e	*allein, einsam*	Séparés de leur famille, les immigrés se sentent seuls.	= isolé, solitaire
son [m.]	*Ton*	Pour mieux entendre, on monte le son.	
sortie [f.]	*Ausgang*	Les parents doivent surveiller les sorties des jeunes.	≠ entrée
sortir	*ausgehen*	Il est agréable de sortir dans Paris la nuit.	≠ entrer
souci [m.]	*Sorge*	La montée du chômage est un souci constant.	= inquiétude
se soucier	*sich Sorgen machen, sich kümmern*	Il faudra bien se soucier davantage de l'environnement.	= s'inquiéter
soucieux, euse	*besorgt*	Les parents sont soucieux de l'avenir de leurs enfants.	= inquiet, ≠ insouciant
souffrance [f.]	*Leid, Schmerz*	L'euthanasie met fin aux souffrances des malades.	= mal, douleur
souffrant, e	*leidend*	Il n'est pas venu travailler parce qu'il est souffrant.	= malade, indisposé
souffrir de	*leiden unter*	Les sans-abri souffrent de froid et de faim.	= avoir mal
souhait [m.]	*Wunsch*	Au Nouvel An, on échange des souhaits de bonne année.	= désir, vœu
souhaitable	*wünschenswert, erwünscht*	De nouvelles sources d'énergie seraient souhaitables.	= désirable, ≠ indésirable
souhaiter	*wünschen*	De plus en plus de vacanciers souhaitent aller aux sports d'hiver.	= désirer, vouloir ≠ redouter, craindre
soulagement [m.]	*Erleichterung*	Nous apprenons avec soulagement la fin du conflit.	≠ charge
soulager	*lindern, erleichtern*	La morphine est un médicament destiné à soulager la souffrance.	= décharger, aider, ≠ charger

famille de mots	dt. Bedeutung	contexte/définition	synonyme/antonyme
soupçon [m.]	*Verdacht*	Son honnêteté est au-dessus de tout soupçon.	
soupçonner	*verdächtigen*	On les soupçonne d'être à l'origine de l'explosion.	= suspecter
soupçonneux, euse	*misstrauisch*	La menace d'attentat rend la police soupçonneuse.	= méfiant, ≠ confiant
suspect, e [subst./adj.]	*Verdächtige(r); verdächtig*	Après l'attentat, la police a arrêté deux suspects.	= douteux, louche
source [f.]	*Quelle*	Un bon journaliste vérifie la source de ses infos.	
souris [f.]	*Maus*	La souris est un petit appareil qui vous permet de cliquer sur l'écran de l'ordinateur.	
sous-titrage [m.]	*Untertitel(ung)*	Les films projetés en V.O. (version originale) sont souvent accompagnés d'un sous-titrage.	
soutenir	*unterstützen*	Il faut soutenir les entreprises en difficultés.	= aider
soutien [m.]	*Unterstützung, Hilfe*	Les médecins en grève ont bénéficié du soutien de toute la population.	= aide
spécial, e	*speziell, Spezial-*	Il faut un équipement spécial pour faire de la plongée.	
se spécialiser	*sich spezialisieren*	Les médecins peuvent se spécialiser en chirurgie.	
stabilité [f.]	*Stabilität*	La stabilité de la monnaie est indispensable à l'économie du pays.	= solidité, ≠ fragilité, précarité, instabilité
stable	*solide, sicher*	Les emplois stables deviennent rares.	= solide, sûr, ≠ fragile
stage [m.]	*Praktikum*	Les stages en entreprise font partie de l'apprentissage.	
station [f.] balnéaire	*Badeort*	Les stations balnéaires sont au bord de la mer.	
station [f.] d'épuration	*Kläranlage*	La station d'épuration sert à retraiter les eaux usées.	
stressé, e	*gestresst*	Les gens stressés peuvent tomber malades.	= surmené

famille de mots	dt. Bedeutung	contexte/définition	synonyme/antonyme
subsister	*fortdauern, überleben*	Trop de pauvres possèdent à peine de quoi subsister.	= survivre, ≠ disparaître
subvention [f.]	*Beihilfe, Zuschuss*	L' État paie une subvention pour le matériel scolaire.	= aide, allocation
subventionner	*unterstützen*	Les « restos du cœur » sont subventionnés par l' État.	= aider, allouer
succéder	*nachfolgen*	La République a succédé à la monarchie.	≠ précéder
successeur [m.]	*Nachfolger*	Jacques Chirac fut le successeur de François Mitterrand à la présidence de la République.	≠ prédécesseur
succession [f.]	*Nachfolge, Erbfolge*	Le fils a pris la succession de son père.	
successivement	*nach und nach*	Le médecin examine successivement chaque malade.	
suffrage [m.]	*Wahlstimme, Wahlrecht*	Les sénateurs sont élus au suffrage indirect.	= vote
sujet [m.]	*Thema*	ARTE propose des soirées à thème dont le sujet fait l'objet de discussions intéressantes.	= thème
supplément [m.]	*Zusatz*	Le juge a réclamé un supplément d'informations.	= complément
supplémentaire	*zusätzlich*	Les travailleurs demandent une semaine supplémentaire de congés.	= de plus
surcharge [f.]	*Überlastung*	La surcharge du programme scolaire est critiquée.	≠ décharge, allégement
surcharger	*überlasten*	Il ne faut pas surcharger une administration déjà bien difficile à gérer.	= alourdir, ≠ décharger, alléger, soulager
surveillance [f.]	*Aufsicht*	Après l'attentat, la surveillance a été accrue dans les gares et les aéroports.	= contrôle, vigilance
surveillant [m.]	*Aufsichtsperson*	Les surveillants des lycées de banlieue viennent souvent eux-mêmes de milieux défavorisés.	
surveiller	*beaufsichtigen*	La baignade en piscine est souvent surveillée.	= contrôler, observer

famille de mots	dt. Bedeutung	contexte/définition	synonyme/antonyme
survie [f.]	*Überleben*	La pollution menace la survie de notre planète.	≠ mort, disparition
survivant, e	*Überlebende(r)*	Tous sont morts, il n'y a pas de survivants.	= rescapé, ≠ mort, victime
survivre	*überleben*	Il ne veut pas mourir, il se bat pour survivre.	≠ mourir, disparaître
syndical, e	*Gewerkschafts-*	Les revendications syndicales ont été satisfaites.	
syndicaliste [m./f.]	*Gewerkschafter, -in*	Le syndicaliste est membre actif d'un syndicat.	
syndicat [m.]	*Gewerkschaft*	Les syndicats défendent les intérêts des travailleurs.	
syndiqué, e	*Gewerkschaftsmitglied*	Pour être syndiqué, le travailleur paie une cotisation.	
taux [m.] **(de chômage)**	*(Arbeitslosen-)Quote, Rate*	Le taux de chômage est en hausse constante.	
taux d'écoute	*Einschaltquote*	Le taux d'écoute mesure la popularité d'une émission	= audimat
taux d'intérêt	*Zinssatz*	Les taux d'intérêt ont une influence sur l'économie.	
taxe [f.]	*Steuer*	La T.V.A est une taxe sur la valeur ajoutée.	= impôt
taxe [f.] **à la valeur ajoutée (T.V.A.)**	*Mehrwertsteuer*	Le montant de la T.V.A. n'est pas encore le même dans tous les pays européens.	
technique [f.]	*Technik*	La technique industrielle est de plus en plus pointue.	
technologie de pointe	*Spitzentechnologie*	La technologie de pointe est un secteur en plein essor.	
télécarte [f.]	*Telefonkarte*	La télécarte permet de téléphoner d'une cabine.	
télécharger	*herunterladen*	Pour installer ce programme il faut le télécharger.	
télécommande [f.]	*Fernbedienung*	La télécommande permet la commande à distance.	
téléspectateur, trice	*Fernsehzuschauer, -in*	Le téléspectateur regarde la télévision.	
temporaire	*vorübergehend, einstweilig*	Beaucoup de jeunes doivent se contenter d'un travail temporaire.	= passager, provisoire ≠ permanent, durable
temps libre [m.]	*Freizeit*	Le temps libre sert à la pratique d'un loisir.	= loisir

famille de mots	dt. Bedeutung	contexte/définition	synonyme/antonyme
tension [f.]	*Spannung*	La tension des banlieues conduit parfois à l'émeute.	= pression ≠ détente
tentant, e	*verlockend*	Il est tentant de sortir quand il fait beau.	≠ repoussant, dissuasif
tentation [f.]	*Versuchung*	Il n'est pas toujours facile de résister à la tentation.	= envie, ≠ dissuasion
tentative [f.]	*Versuch*	La tentative de battre le record a échoué.	= essai
tenter	*versuchen*	Ils tentent de trouver une solution à leur problème.	= essayer
tenter qn.	*jdn. in Versuchung führen*	La publicité cherche à tenter le consommateur.	= inciter, ≠ dissuader
terreur [f.]	*Schrecken, Entsetzen*	Une bande de jeunes délinquants fait régner la terreur.	= épouvante, frayeur
terrible	*schrecklich*	Quoi de plus terrible que de perdre son travail?	= effrayant, épouvantable
terrifiant, e	*erschreckend*	Le cancer est une maladie terrifiante.	= effrayant, épouvantable
terroriser	*erschrecken*	Les racketteurs cherchent à terroriser leurs victimes.	= épouvanter, effrayer
tirage [m.]	*Auflage*	Le tirage est la quantité d'exemplaires imprimés.	
tolérable	*erträglich, tragbar*	Cette situation n'est plus tolérable, il faut y mettre fin.	= supportable, ≠ intolérable
tolérance [f.]	*Toleranz*	«S.O.S. racisme» fait appel à la tolérance.	= indulgence, ≠ intolérance
tolérant, e	*tolerant*	Il faut apprendre aux enfants à être tolérant .	= indulgent
tolérer	*dulden, ertragen*	Il n'est plus question de tolérer la violence à l'école.	= supporter, admettre
touche [f.]	*Taste*	Les touches du clavier français sont différentes de celles du clavier allemand.	
tourner (bien/mal)	*(gut/schlecht) ausgehen*	Une émeute est une manifestation qui tourne mal.	
toxicomane [m./f.]	*Süchtige(r)*	Les toxicomanes souffrent de leur dépendance.	= drogué
toxique	*giftig*	Les gaz des pots d'échappement sont toxiques.	= empoisonné
trafic [m.]	*illegaler Handel*	Pour éviter le trafic, les dons d'organes sont gratuits.	= commerce illégal
trafiquant, e	*Drogenhändler, -in*	Les trafiquants se servent de revendeurs.	

famille de mots	dt. Bedeutung	contexte/définition	synonyme/antonyme
traitement [m.]	*Behandlung*	Le traitement des drogués exige une désintoxication.	= soin, thérapie
traitement de texte	*Textverarbeitung*	*Word* est un programme de traitement de texte.	
traiter	*behandeln*	Pour traiter la maladie, les médecins essaient un nouveau médicament.	= soigner
transférer	*verlegen*	Les Halles, le plus grand marché de Paris, ont été transférées en banlieue.	= déplacer, déménager
transfert [m.]	*Verlegung*	Le transfert à l'hôpital se fait en ambulance.	= déplacement, mutation
transformation [f.]	*Änderung, Umgestaltung*	Le magasin sera fermé pendant sa transformation.	= changement, modification
transformer	*ändern, umgestalten*	Les zones piétonnes ont transformé la circulation.	= changer, modifier
transmettre	*übertragen*	Les malades contagieux transmettent leur maladie.	= donner, faire passer
transmissible	*übertragbar*	Le SIDA est une maladie sexuellement transmissible.	= contagieux
transmission [f.]	*Übertragung*	La transmission de la maladie se fait aussi par le sang.	= contagion
transplantation [f.]	*Verpflanzung*	La transplantation d'organe peut sauver la vie.	
transplanter	*verpflanzen*	Pour transplanter un organe, il faut l'accord du donneur ou de sa famille.	
unanime	*einstimmig*	Tous sont unanimes pour refuser la proposition.	= uni, d'accord, ≠ divisé
unanimité [f.]	*Einhelligkeit, Einstimmigkeit*	Le candidat a été élu à l'unanimité.	≠ désaccord, division
uni, e	*vereint, gleichförmig*	La France et l'Allemagne sont unies dans la lutte.	= lié, ≠ désuni, séparé
unifier	*vereinigen*	Le président de la République devra unifier son parti.	= unir, ≠ diviser
unité [f.]	*Einheit*	Le mètre est une unité de mesure.	
uniforme	*einheitlich*	Les provinces françaises sont loin d'être uniformes.	≠ varié, diversifié
uniformité [f.]	*Einheitlichkeit, Eintönigkeit*	L'uniformité du paysage rend la région monotone.	= monotonie, ≠ variété

famille de mots	dt. Bedeutung	contexte/définition	synonyme/antonyme
univers [m.]	*Universum, Weltall*	Les astronautes vont à la découverte de l'univers.	
universel, le	*universal, umfassend*	La loi universelle concerne le monde entier.	= mondial
universitaire	*Universitäts-*	Les études universitaires durent de 4 à 6 ans.	
urbain, e	*städtisch*	Le tram est un moyen de transport urbain.	≠ rural
urbanisation [f.]	*Verstädterung*	L'urbanisation des régions rurales doit tenir compte de la qualité de vie des habitants.	
urgence [f.]	*Dringlichkeit*	Il a été transporté en urgence à l'hôpital.	
urgent, e	*dringend*	Ce travail urgent ne souffre aucun retard.	= pressant
usage [m.]	*Anwendung, Brauch*	L'usage de certains gaz est interdit.	= utilisation
usagé, e	*verbraucht*	Il est dangereux de rouler avec des pneus usagés.	= usé, ≠ neuf
usager [m.]	*Benutzer*	Les usagers des transports publics prennent le bus ou le tram pour circuler en ville.	= utilisateur
utile	*nützlich*	L'ordinateur est un appareil utile, voire indispensable.	≠ inutile
utilisation [f.]	*Gebrauch, Verwendung*	L'utilisation du téléphone est interdite dans l'avion.	= usage
utilité [f.]	*Nützlichkeit*	L'utilité du catalyseur ne fait plus de doute.	≠ inutilité
vacances [f. pl.]	*Ferien*	Les grandes vacances ont lieu en juillet et août.	= congés
vacancier, ière	*Urlauber, -in*	Les vacanciers français aiment visiter la France.	
vaincre	*besiegen*	Il faut vaincre sa peur avant de sauter en parachute.	= gagner, ≠ perdre
vainqueur [m.]	*Sieger*	Le vainqueur du Tour de France est acclamé à Paris.	= gagnant, ≠ perdant
victoire [f.]	*Sieg*	Le gagnant de la course a bien mérité sa victoire.	= succès, réussite, ≠ défaite
victorieux, euse	*siegreich*	Il est sorti victorieux de son combat.	= gagnant, ≠ perdant

famille de mots	dt. Bedeutung	contexte/définition	synonyme/antonyme
valable	*gültig, annehmbar*	Votre billet de train est aussi valable pour le retour.	= valide ≠ faux
valeur [f.]	*Wert*	Des experts estiment la valeur d'une œuvre d'art.	= qualité, prix
valoir	*gelten, Wert sein*	Ce beau bijou doit certainement valoir cher.	= coûter
variable	*veränderlich, abwechselnd*	Le nombre des touristes est variable selon les saisons.	= changeant, ≠ invariable
varié, e	*vielfältig, verschieden*	Une nourriture équilibrée doit être variée.	= divers, ≠ uniforme
varier	*variieren, abwechseln*	La Bretagne a dû varier sa production de légumes.	= diversifier, ≠ uniformiser
variété [f.]	*Verschiedenartigkeit*	La France produit une grande variété de fromages.	= diversité, ≠ uniformité
végétal, e	*pflanzlich*	Le monde végétal se transforme avec les saisons.	
végétarien, ne [subst./adj.]	*Vegetarier, -in; vegetarisch*	Le végétarien exclut la viande de son régime.	
vendeur, euse	*Verkäufer, -in*	Le vendeur propose la marchandise au client.	≠ acheteur, acquéreur
vendre	*verkaufen*	La loi défend de vendre de l'alcool aux mineurs.	≠ acheter, acquérir
vente [f.]	*Verkauf*	La vente de voitures neuves continue de baisser.	≠ achat, acquisition
victime [f.]	*Opfer*	L'enfant est la première victime d'un divorce.	≠ rescapé
vide	*leer, unbewohnt*	Les bouteilles vides peuvent parfois être recyclées.	≠ plein
(se) vider	*leer werden, entleeren*	Les campagnes du centre de la France se vident.	≠ (s')emplir
vigilance [f.]	*Wachsamkeit*	Seule une grande vigilance peut protéger les jeunes	= surveillance, attention
vigilant, e	*wachsam*	contre la drogue.	= attentif, ≠ inattentif
violence [f.]	*Gewalt*	La violence ne doit pas avoir sa place à l'école.	= brutalité, ≠ douceur
violent, e	*heftig, gewalttätig*	Elle souffre d'un violent mal de tête.	= brutal, fort, ≠ doux
vol [m.]	*Diebstahl*	Il a été condamné à trois mois de prison pour vol.	
voler	*stehlen*	Ils sont obligés de voler pour pouvoir manger.	
voleur, euse	*Dieb, -in*	Les voleurs ont été pris en flagrant délit.	

famille de mots	dt. Bedeutung	contexte/définition	synonyme/antonyme
volontaire [subst./adj.]	*Freiwillige(r); freiwillig*	Les pompiers volontaires travaillent gratuitement.	≠ involontaire
volonté [f.]	*Wille*	Il a écrit ses dernières volontés dans un testament.	
volontiers	*gerne*	Je vous aiderais volontiers si je le pouvais.	= avec plaisir
vote [m.]	*Abstimmung, Wahl*	Les immigrés n'ont pas encore le droit de vote.	
voter	*wählen*	Le personnel a voté pour élire son représentant.	
voyage [m.]	*Reise*	Les voyages forment la jeunesse. (proverbe)	
voyager	*reisen*	Les moyens de transport modernes permettent de voyager vite et confortablement.	
voyageur, euse	*Reisende(r)*	Les voyageurs de l'espace sont appelés cosmonautes.	
xénophobe [subst./adj.]	*fremdenfeindliche Person; ausländerfeindlich*	Les xénophobes demandent l'arrêt de l'immigration et le renvoi des étrangers.	= raciste, ≠ xénophile
xénophobie [f.]	*Ausländerfeindlichkeit*	La montée de l'immigration a provoqué une vague de xénophobie.	= racisme ≠ xénophilie
zèle [m.]	*Eifer*	Il a montré beaucoup de zèle dans l'accomplissement de son travail.	= empressement, ardeur ≠ nonchalance
zélé, e	*eifrig*	C'est un travailleur zélé qu'il faut récompenser.	= empressé, ≠ nonchalant
zéro	*null*	Oublions tout et repartons à zéro.	
zone [f.]	*Zone;* *ärmliches Wohnviertel*	Cette région a été déclarée zone interdite. Les habitants de la zone manquent d'espaces verts.	= endroit, lieu, emplacement = bidonville ≠ quartier chic
zone climatique	*Klimazone*	La zone climatique polaire est menacée par le réchauffement de la terre.	

Ihre Meinung ist uns wichtig!

Ihre Anregungen sind uns immer willkommen. Bitte informieren Sie uns mit diesem Schein über Ihre Verbesserungsvorschläge!

Titel-Nr.	Seite	Vorschlag

Bitte hier abtrennen

Die echten Hilfen zum Lernen ... **STARK**

14-V1T

Bitte ausfüllen und im frankierten Umschlag
an uns einsenden. Für Fensterkuverts geeignet.

Zutreffendes bitte ankreuzen!

Die Absenderin/der Absender ist:

- ☐ Lehrer/in in den Klassenstufen: ____
- ☐ Fachbetreuer/in
  Fächer: ____
- ☐ Seminarlehrer/in
  Fächer: ____
- ☐ Regierungsfachberater/in
  Fächer: ____
- ☐ Oberstufenbetreuer/in
- ☐ Schulleiter/in
- ☐ Referendar/in, Termin 2. Staatsexamen: ____
- ☐ Leiter/in Lehrerbibliothek
- ☐ Leiter/in Schülerbibliothek
- ☐ Sekretariat
- ☐ Eltern
- ☐ Schüler/in, Klasse: ____
- ☐ Sonstiges: ____

Unterrichtsfächer: **(Bei Lehrkräften!)**

____

STARK Verlag
Postfach 1852
85318 Freising

Kennen Sie Ihre Kundennummer?
Bitte hier eintragen.

Absender **(Bitte in Druckbuchstaben!)**

Name/Vorname

Straße/Nr.

PLZ/Ort

Telefon privat

Geburtsjahr

E-Mail-Adresse

Schule/Schulstempel **(Bitte immer angeben!)**

Bitte hier abtrennen

(Bitte blättern Sie um)

Wirtschaft/Recht

- Abitur-Wissen Betriebswirtschaft — Best.-Nr. 94851
- Abitur-Wissen Volkswirtschaft — Best.-Nr. 94881
- Abitur-Wissen Rechtslehre — Best.-Nr. 94882
- Kompakt-Wissen Abitur Volkswirtschaft — Best.-Nr. 948501

Deutsch

- Training Methoden Deutsch — Best.-Nr. 944062
- Deutsch 11. Klasse — Best.-Nr. 90405
- Aufsatz Oberstufe — Best.-Nr. 84401
- Abitur-Wissen Erörtern und Sachtexte analysieren — Best.-Nr. 944064
- Abitur-Wissen Textinterpretation Lyrik, Drama, Epik — Best.-Nr. 944061
- Abitur-Wissen Deutsche Literaturgeschichte — Best.-Nr. 94405
- Abitur-Wissen Prüfungswissen Oberstufe — Best.-Nr. 94400
- Kompakt-Wissen Rechtschreibung — Best.-Nr. 944065
- Lexikon Autoren und Werke — Best.-Nr. 944081

Französisch

- Landeskunde Frankreich — Best.-Nr. 94501
- Wortschatz — Best.-Nr. 94503
- Literatur — Best.-Nr. 94502
- Textarbeit Oberstufe — Best.-Nr. 94504
- Abitur-Wissen Literaturgeschichte — Best.-Nr. 94506
- Kompakt-Wissen Abitur Themenwortschatz — Best.-Nr. 945010

Latein

- Abitur-Wissen Lateinische Literaturgeschichte — Best.-Nr. 94602
- Kurzgrammatik — Best.-Nr. 94601
- Wortkunde — Best.-Nr. 94603
- Kompakt-Wissen Kurzgrammatik — Best.-Nr. 906011

Englisch

- Textaufgaben Literarische Texte und Sachtexte — Best.-Nr. 94468
- Übersetzungsübung — Best.-Nr. 82454
- Grammatikübung Oberstufe — Best.-Nr. 82452
- Wortschatzübung Oberstufe — Best.-Nr. 82451
- Grundlagen der Textarbeit — Best.-Nr. 94464
- Grundfertigkeiten des Schreibens — Best.-Nr. 94466
- Sprechfertigkeit mit CD — Best.-Nr. 94467
- Englisch – Übertritt in die Oberstufe — Best.-Nr. 82453
- Abitur-Wissen Landeskunde Großbritannien — Best.-Nr. 94461
- Abitur-Wissen Landeskunde USA — Best.-Nr. 94463
- Abitur-Wissen Literaturgeschichte — Best.-Nr. 94465
- Kompakt-Wissen Abitur Themenwortschatz — Best.-Nr. 90462
- Kompakt-Wissen Kurzgrammatik — Best.-Nr. 90461

Erdkunde

- Training Methoden Erdkunde — Best.-Nr. 94901
- Abitur-Wissen Entwicklungsländer — Best.-Nr. 94902
- Abitur-Wissen USA — Best.-Nr. 94903
- Abitur-Wissen Europa — Best.-Nr. 94905
- Abitur-Wissen Asiatisch-pazifischer Raum — Best.-Nr. 94906
- Lexikon Erdkunde — Best.-Nr. 94904

Religion

- Katholische Religion 1 – gk — Best.-Nr. 84991
- Katholische Religion 2 – gk — Best.-Nr. 84992
- Abitur-Wissen gk ev. Religion Der Mensch zwischen Gott und Welt — Best.-Nr. 94973
- Abitur-Wissen gk ev. Religion Die Verantwortung des Christen in der Welt — Best.-Nr. 94974
- Abitur-Wissen Glaube und Naturwissenschaft — Best.-Nr. 94977
- Abitur-Wissen Jesus Christus — Best.-Nr. 94978
- Abitur-Wissen Die Frage nach dem Menschen — Best.-Nr. 94990
- Abitur-Wissen Die Bibel — Best.-Nr. 94992
- Abitur-Wissen Christliche Ethik — Best.-Nr. 94993
- Lexikon Ethik und Religion — Best.-Nr. 94959

Ethik

- Ethische Positionen in historischer Entwicklung – gk — Best.-Nr. 94951
- Abitur-Wissen Philosophische Ethik — Best.-Nr. 94952
- Abitur-Wissen Glück und Sinnerfüllung — Best.-Nr. 94953
- Abitur-Wissen Freiheit und Determination — Best.-Nr. 94954
- Abitur-Wissen Recht und Gerechtigkeit — Best.-Nr. 94955
- Abitur-Wissen Religion und Weltanschauungen — Best.-Nr. 94956
- Abitur-Wissen Wissenschaft – Technik – Verantwortung — Best.-Nr. 94957
- Abitur-Wissen Politische Ethik — Best.-Nr. 94958
- Lexikon Ethik und Religion — Best.-Nr. 94959

Sport

- Bewegungslehre – LK — Best.-Nr. 94981
- Trainingslehre – LK — Best.-Nr. 94982

Kunst

- Grundwissen Malerei – LK — Best.-Nr. 94961
- Analyse und Interpretation – LK — Best.-Nr. 94962

Fachübergreifend

- Richtig Lernen Tipps und Lernstrategien – Oberstufe — Best.-Nr. 10483
- Referate und Facharbeiten – Oberstufe — Best.-Nr. 10484
- Training Methoden Meinungen äußern, Ergebnisse präsentieren — Best.-Nr. 10486

Natürlich führen wir noch mehr Buchtitel für alle Schularten. Wir informieren Sie gerne!

Telefon: 08161/179-0
Internet: www.stark-verlag.de
Telefax: 08161/179-51
E-Mail: info@stark-verlag.de

Bestellungen bitte direkt an:
STARK Verlagsgesellschaft mbH & Co. KG · Postfach 1852 · 85318 Freising

STARK

14-VIT

- On peut écrire cette équation : $U_{AB} \cdot I = r \cdot I^2 + E \cdot I$.

$P_e = U_{AB} \cdot I$ est la puissance électrique reçue par le récepteur.
$P_j = r \cdot I^2$ est la puissance dissipée par effet Joule dans le récepteur.
$E \cdot I$ est la puissance mécanique (P_m) du moteur ou la puissance chimique (P_{ch}) pour un électrolyseur.
Ces résultats sont conformes au principe de conservation de l'énergie :
Pour un moteur : $P_e = P_m + P_J$.
Pour un électrolyseur : $P_e = P_{ch} + P_J$.

Bilan énergétique dans un générateur continu

▶ EXERCICE D'APPLICATION 6, p. 193

- Un générateur électrochimique (pile, accumulateur) convertit une puissance chimique en puissance électrique, l'autre partie étant dissipée par effet Joule.

Un générateur électromécanique (dynamo, alternateur) convertit une puissance mécanique en une puissance électrique, l'autre partie étant dissipée par effet Joule.
Tout générateur a une borne positive P et négative N ; il est caractérisé par deux paramètres :
– sa résistance interne r,
– sa force électromotrice (f.é.m.) E.
Sa caractéristique intensité-tension a pour équation :

$$U_{PN} = E - r \cdot I$$

- On peut écrire cette équation :

$$U_{PN} \cdot I = E \cdot I - r \cdot I^2,$$

soit : $E \cdot I = r \cdot I^2 + U_{PN} \cdot I$.
$E \cdot I$ est la puissance (chimique pour un générateur électrochimique, mécanique pour un générateur électromécanique) convertie en puissance électrique.

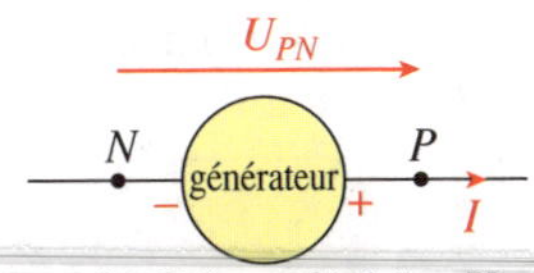

$U_{PN} > 0$; P_e(transférée) $= U_{PN} \cdot I$

$P_j = r \cdot I^2$ est la puissance dissipée par effet Joule dans le générateur.
$P_e = U_{PN} \cdot I$ est la puissance électrique transférée au circuit extérieur.
Ces résultats sont conformes au principe de conservation de l'énergie :
Pour un générateur électrochimique : $P_{ch} = P_J + P_e$.
Pour un générateur électromécanique : $P_m = P_J + P_e$.
L'énergie électrique fournie au circuit par le générateur pendant une durée Δt est égale à :

$$W_e = P_e \cdot \Delta t = U_{PN} \cdot I \cdot \Delta t$$

Elle se mesure en joule (J) ou en kilowattheure (kWh).

LA DIFFICULTÉ DU CHAPITRE

L'algébrisation de la tension et sa mesure

Récepteur

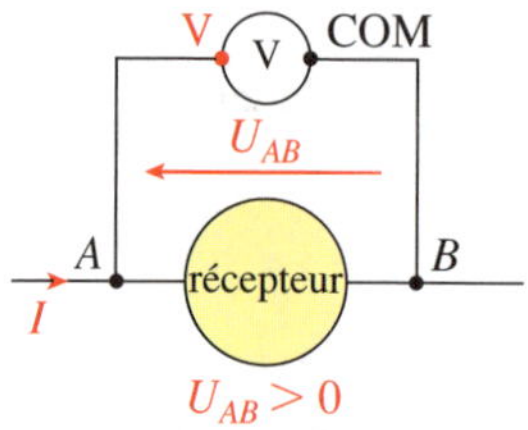

V ↔ A ; COM ↔ B :

on mesure la tension U_{AB}

La borne COM est reliée à la borne par où entre le courant dans le récepteur :

la tension mesurée est positive : $U_{AB} > 0$.

Si on inverse les branchements du voltmètre, le voltmètre mesure $U_{BA} < 0$.

La tension U_{AB} est représentée par un segment fléché, la pointe de la flèche dirigée vers la borne A.

La flèche relative à la tension U_{AB} est de sens opposé à la flèche indiquant le sens du courant I : $U_{AB} > 0$.

Générateur

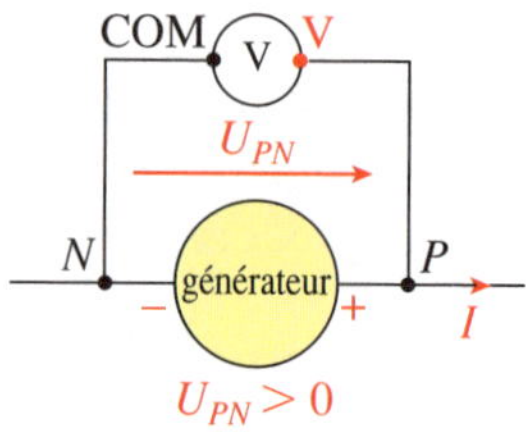

V ↔ $P(+)$; COM ↔ N(−) :

on mesure la tension U_{PN}

La borne V est reliée à la borne $P(+)$ du générateur :

la tension mesurée est positive : $U_{PN} > 0$.

Si on inverse les branchements du voltmètre, le voltmètre mesure $U_{NP} < 0$.

La tension U_{PN} est représentée par un segment fléché, la pointe de la flèche dirigée vers la borne P.

La flèche relative à la tension U_{PN} est de même sens que la flèche indiquant le sens du courant I : $U_{PN} > 0$.

EXERCICES

Tester ses connaissances

1 QCM 1

(corrigés p. 197)

Parmi les affirmations suivantes, lesquelles sont vraies ?

$R = 220\ \Omega$; $I = 10$ mA

1° La tension U_{AB} est :

a) positive ;
b) négative.

2° La tension U_{AB} est égale à :

a) 2 200 V ;
b) 2,2 V ;
c) – 2 200 V ;
d) – 2,2 V.

3° Pour mesurer la tension U_{BA}, on branche :

a) la borne V du voltmètre en A ;
b) la borne V du voltmètre en B ;
c) la borne COM du voltmètre en A ;
d) la borne COM du voltmètre en B.

4° La puissance Joule dissipée est :

a) 22 mW ;
b) 22 MJ ;
c) 2,2 W ;
d) 2,2 J ;
e) – 22 MW.

2 QCM 2

(corrigés p. 197)

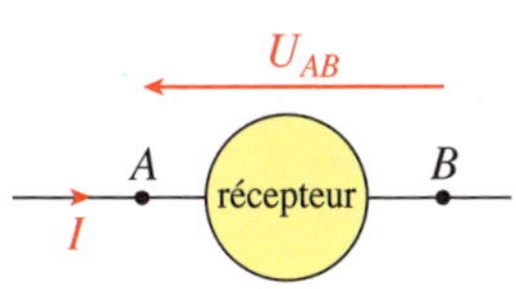

Choisir les affirmations vraies.

1° La caractéristique intensité-tension de ce moteur est :

a) $U_{AB} = E - r \cdot I$;
b) $U_{AB} = E + r \cdot I$;
c) $U_{BA} = E + r \cdot I$.

2° La puissance électrique convertie en puissance mécanique est :

a) $U_{AB} \cdot I$;
b) $E \cdot I$;
c) $r \cdot I^2$.

3° La puissance électrique fournie au moteur est :

a) $U_{AB} \cdot I$;
b) $E \cdot I$;
c) $r \cdot I^2$.

4° E s'exprime en :

a) A ;
b) V ;
c) Ω.

3 QCM 3 (corrigés p. 197)

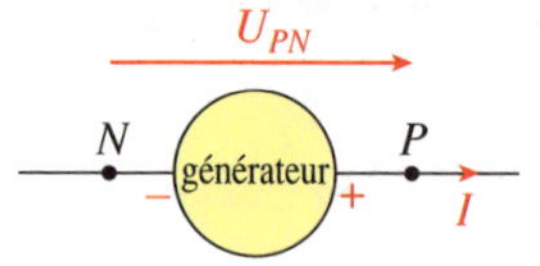

Choisir les affirmations vraies.

1° La caractéristique intensité-tension de ce générateur électrochimique est :

a) $U_{PN} = E - r \cdot I$; **b)** $U_{PN} = E + r \cdot I$; **c)** $U_{NP} = E - r \cdot I$.

2° La puissance électrique disponible aux bornes du générateur est :

a) $U_{PN} \cdot I$; **b)** $E \cdot I$; **c)** $r \cdot I^2$.

3° La puissance chimique convertie en puissance électrique est :

a) $U_{PN} \cdot I$; **b)** $E \cdot I$; **c)** $r \cdot I^2$.

4° E s'exprime en :

a) A ; **b)** V ; **c)** Ω.

Maîtriser les méthodes

Les exercices de cette rubrique font appel aux méthodes de base, qu'il faut maîtriser. Ils font l'objet d'une correction guidée pas à pas, qui récapitule ces méthodes, pour mieux les mémoriser.

4 LOI D'OHM (corrigés p. 197)

Une résistance radio (470 Ω ; 0,50 W), de bornes C et D, est insérée dans un circuit parcouru par un courant d'intensité $I = 21$ mA.

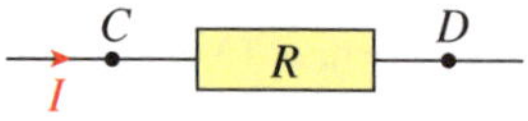

1° a) Représenter, sur un schéma, les tensions U_{CD} et U_{DC}.

b) Déterminer les valeurs de ces tensions.

2° a) Calculer la puissance électrique fournie à ce dipôle.

b) Calculer l'énergie électrique, en Wh, fournie pour un fonctionnement de 2 heures.

c) Sous quelle forme l'énergie électrique est-elle transférée à l'environnement ?

3° Déterminer :

a) l'intensité maximale à ne pas dépasser ;

b) la tension maximale à ne pas dépasser.

5 ÉLECTROLYSEUR (corrigés p. 197)

Un électrolyseur est soumis à une tension $U_{AC} = 3{,}8$ V ; sa f.é.m. est $E = 1{,}2$ V et sa résistance interne $r = 7{,}2$ Ω.

1° Schématiser l'électrolyseur en indiquant par une flèche la tension U_{AC} ainsi que le sens du courant.

2° Calculer :

a) l'intensité I du courant qui traverse l'électrolyseur ;

b) la puissance électrique reçue par cet électrolyseur ;

c) la puissance convertie sous forme chimique ;

d) la puissance Joule dissipée.

3° Ce récepteur fonctionne dans ces conditions pendant une durée $\Delta t = 45$ min.

Calculer :
a) l'énergie électrique consommée ;
b) l'énergie convertie sous forme chimique ;
c) l'énergie dissipée sous forme thermique.
4° Définir et calculer le rendement de cet électrolyseur.

6 GÉNÉRATEUR ÉLECTROCHIMIQUE *(corrigés p. 198)*

Un générateur électrochimique de f.é.m. $E = 9{,}20$ V, de résistance interne $r = 1{,}20\ \Omega$, débite un courant d'intensité $I = 0{,}280$ A.
1° a) Représenter, sur un schéma, la tension U_{PN} à ses bornes ainsi que le sens du courant.
b) Déterminer la valeur de U_{PN}.
2° Ce générateur fonctionne pendant une durée $\Delta t = 5$ min.
Déterminer :
a) l'énergie électrique transférée au circuit extérieur ;
b) l'énergie dissipée sous forme thermique ;
c) l'énergie chimique convertie en énergie électrique.
3° Définir et calculer le rendement de ce générateur.

S'entraîner

7 PUISSANCE REÇUE PAR UNE LAMPE ★★ 6 min *(corrigés p. 198)*

Une lampe à halogène (12 V ; 20 W) fonctionne 12 heures dans les conditions nominales.
1° Quelle est la puissance électrique fournie à cette lampe ?
2° Quelle est l'énergie électrique fournie ?
3° Sous quelle forme cette énergie est-elle convertie ?
4° Calculer l'intensité du courant continu qui traverse cette lampe.

8 EFFET JOULE EN COURANT ALTERNATIF ★★ 8 min *(corrigés p. 198)*

Sur la plaque d'un convecteur électrique comportant une « résistance chauffante » est inscrit : 1,8 kW ; ~230 V.
1° Quelle est la signification de ces inscriptions ?
2° Calculer la valeur de la résistance R de ce convecteur.
3° Calculer la valeur de l'intensité efficace du courant qui le traverse.
4° Ce convecteur est pourvu d'un thermostat. Calculer, en kWh, l'énergie consommée en 3 mois (90 jours) si l'on admet un fonctionnement de 10 heures par jour.

9 ÉLECTROLYSEUR ★★ 10 min *(corrigés p. 199)*

Une cuve à électrolyse convertit une énergie de 20,8 MJ sous forme chimique, lorsqu'elle est traversée par un courant d'intensité $I = 200$ A pendant une durée $\Delta t = 18{,}2$ h. Sa résistance interne est $r = 4{,}0\ \text{m}\Omega$.

cours
exercices
interro
corrigés

1° Écrire le bilan énergétique pour un électrolyseur.
2° Calculer la f.é.m. de cette cuve à électrolyse.
3° Calculer l'énergie dissipée sous forme thermique.
4° Calculer, en MJ, l'énergie électrique fournie.
5° Calculer le rendement de la cuve.

10 CARACTÉRISTIQUE D'UN CONDUCTEUR OHMIQUE ★★★ 12 min *(corrigés p. 199)*

On veut tracer la caractéristique d'un conducteur ohmique afin de déterminer sa résistance R.
On dispose d'un générateur de tension continue réglable, d'un rhéostat et de deux multimètres.
1° Proposer un montage expérimental qui permet de relever la tension U aux bornes de ce conducteur pour différentes valeurs de I le traversant. Indiquer les bornes de branchement des appareils de mesure.
2° Au cours d'un T.P., un groupe d'élèves a obtenu le tableau suivant :

***U* (V)**	0	0,35	0,45	0,62	0,76	0,91
***I* (mA)**	0	7,6	9,9	13,4	16,6	19,7

a) Tracer la caractéristique intensité-tension de ce dipôle.
b) En déduire la résistance R.
c) Le constructeur indique $P_{max} = 0,25$ W. Quelle est l'intensité maximale à ne pas dépasser avec ce conducteur ohmique ?

11 MOTEUR ÉLECTRIQUE BLOQUÉ ★★★ 12 min *(corrigés p. 200)*

Un moteur est alimenté sous une tension constante $U = 18$ V.
1° On l'empêche de tourner en bloquant l'arbre du rotor. L'intensité du courant est $I_0 = 8,4$ A.
a) Quelle est la puissance mécanique des forces électromagnétiques dans cette situation ?
b) En déduire la résistance interne r du moteur.
2° Le moteur tourne et fournit du travail mécanique. L'intensité du courant est alors $I = 3,2$ A.
a) Calculer la f.é.m. E du moteur dans ce régime de fonctionnement.
b) Déterminer la puissance P_J du transfert par effet Joule.
c) Déterminer la puissance P_m des forces électromagnétiques.
d) Déterminer la puissance électrique P_e reçue.

Pour aller plus loin

12 MOTEUR ★★★★ 20 min *(corrigés p. 200)*

Un moteur a les caractéristiques suivantes :
– résistance interne : $r = 11,0\ \Omega$;
– f.é.m. : $E = 7,20$ V.
Il est alimenté sous la tension constante $U_{CD} = 16,0$ V.

1° Calculer :
a) la puissance électrique P_e reçue par le moteur ;
b) la puissance mécanique P_m des forces électromagnétiques développées par le moteur ;
c) la puissance P_J dissipée par effet Joule.
2° Déterminer les quantités d'énergie mises en jeu, en Wh, sous les différentes formes, lors d'un fonctionnement de durée $\Delta t = 2$ h 45 min.
3° Le moteur entraîne un petit alternateur. La puissance mécanique utile P_u, transférée à cet alternateur, n'est pas égale à P_m car il existe différentes pertes (frottements, magnétiques…) dites « internes » : $P_{int.}$
a) Définir le rendement de ce moteur couplé à l'alternateur.
b) Le rendement de ce moteur est égal à 18 %. Calculer P_{int}.

13 GÉNÉRATEUR ÉLECTROMÉCANIQUE ★★★ 16 min (corrigés p. 201)

Une dynamo, qui est un générateur électromécanique, maintient une tension $U_{PN} = 11{,}8$ V lorsqu'elle assure le passage d'un courant d'intensité $I = 5{,}20$ A dans la portion extérieure du circuit. La puissance des pertes Joule est de 6,80 W. On néglige toute autre perte d'énergie.
1° a) Écrire la relation entre les différentes puissances mises en jeu dans ce générateur.
b) Calculer ces puissances.
2° Calculer la f.é.m. de ce générateur dans ces conditions de fonctionnement ainsi que sa résistance interne.
3° Calculer l'énergie mécanique fournie à ce générateur et l'énergie électrique engendrée par ce générateur pendant la durée $\Delta t = 5$ h 15 min de fonctionnement. Exprimer le résultat en Wh.
4° Définir et calculer le rendement de ce générateur.

14 ÉLECTROLYSE DU SULFATE DE ZINC ★★★★ 12 min (corrigés p. 201)

Au cours d'une séance de T.P., un groupe d'élèves a obtenu la caractéristique ci-contre pour l'électrolyse du sulfate de cuivre entre électrodes de nickel.

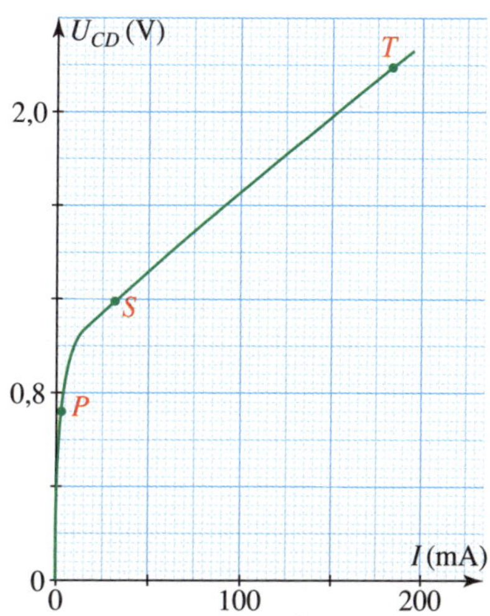

1° Schématiser le montage utilisé et indiquer les bornes des appareils de mesure.
2° Déterminer la f.é.m. E et la résistance interne r de cet électrolyseur lorsque son fonctionnement est linéaire.
3° On le laisse fonctionner 30 minutes sous une tension de 2,0 V.
a) Calculer l'énergie électrique fournie.
b) Déterminer l'énergie électrique convertie en énergie chimique.
c) Faire un bilan d'énergie.

cours exercices interro corrigés

15 DÉTERMINATION DES CARACTÉRISTIQUES D'UNE PILE 30 min (corrigés p. 202)

Au cours d'une séance de travaux pratiques, un groupe d'élèves se propose de déterminer la f.é.m. E et la résistance interne r d'une pile plate 4,5 V.

1° a) Schématiser un montage permettant de tracer la caractéristique intensité-tension d'une telle pile. On dispose de la pile, d'un rhéostat (0 - 100 Ω ; 2 A max), d'une résistance de protection R(12 Ω ; 2 W), de deux multimètres et d'un interrupteur. Indiquer la nature des bornes des multimètres.

b) Quel est le rôle de la résistance de protection ?

2° Les élèves ont obtenu les mesures suivantes :

I **(mA)**	0	10,0	61,0	103	191	243	330
U_{PN} **(V)**	4,63	4,57	4,52	4,41	4,32	4,21	4,10

a) Tracer la caractéristique intensité-tension.

b) En déduire la f.é.m. E et la résistance interne r.

3° Pour une tension $U_{PN} = 4{,}21$ V, déterminer :

a) la puissance électrique fournie au circuit extérieur ;

b) la puissance chimique transformée en puissance électrique ;

c) la puissance Joule dissipée.

4° a) La résistance du rhéostat étant comprise entre 0 Ω et 100 Ω, calculer l'intensité minimale et l'intensité maximale du courant qui peut circuler dans le circuit.

b) Les conditions de l'expérience respectent-elles les indications portées sur le rhéostat ainsi que sur la résistance de protection ?

CORRIGÉS

Tester ses connaissances

1 Affirmations **vraies** : **1° b) ; 2° d) ; 3° b)** et **c) ; 4° a)**.

2 Affirmations **vraies** : **1° b) ; 2° b) ; 3° a) ; 4° b)**.

3 Affirmations **vraies** : **1° a) ; 2° a) ; 3° b) ; 4° b)**.

Maîtriser les méthodes

4 **1° a)**

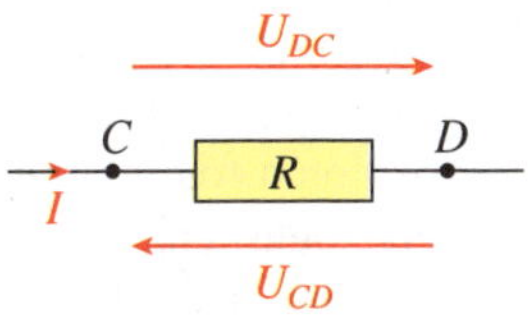

b) Le courant entre par la borne C ; donc

$$\boldsymbol{U_{CD} = R \cdot I > 0}.$$

$U_{CD} = 470 \times 21 \times 10^{-3} = \mathbf{9{,}9\ V}$;
$U_{DC} = -U_{CD} = \mathbf{-9{,}9\ V}$.

2° a) La puissance électrique fournie à ce dipôle est donnée par la relation :

$$\boldsymbol{P_e = U \cdot I = R \cdot I^2}.$$

Numériquement :
$P_e = 470 \times (21 \times 10^{-3})^2 = \mathbf{0{,}21\ W}$.

b) L'énergie électrique fournie pour un fonctionnement de 2 heures est :

$$\boldsymbol{W_e = P_e \cdot \Delta t}.$$

Numériquement :
$W_e = 0{,}21 \times 2 = \mathbf{0{,}42\ Wh}$.

c) L'énergie électrique est transférée à l'environnement sous forme de **chaleur** et de **rayonnement**.

3° a) La puissance maximale à ne pas dépasser est $P_{max} = 0{,}50$ W.

Or $P_{max} = R \cdot I^2_{max}$; d'où $\boldsymbol{I_{max} = \sqrt{\dfrac{P_{max}}{R}}}$;

Numériquement :

$I_{max} = \sqrt{\dfrac{0{,}5}{470}} = \mathbf{0{,}033\ A}$, soit 33 mA.

b) Appliquons la loi d'Ohm :

$$\boldsymbol{U_{max} = R \cdot I_{max}}.$$

Numériquement :
$U_{max} = 470 \times 0{,}033 = \mathbf{15{,}51\ V} \approx \mathbf{15\ V}$.

Exercice 4 : conseils à retenir

• Pour la question **1° a)** : lorsqu'on représente U_{CD} par une flèche, la pointe de la flèche est en C.

• Pour la question **2° b)** : on aurait pu exprimer Δt en seconde :
$P = 0{,}21 \times 2 \times 3\,600 = 1{,}51 \times 10^3$ J.

• Pour la question **3° b)** : on aurait pu calculer directement U_{max} :

$$P_{max} = R \cdot I_{max} = \frac{U^2_{max}}{R},$$

donc $U_{max} = \sqrt{P_{max} \cdot R}$.

5 **1°**

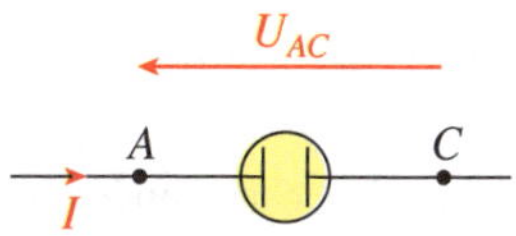

2° a) La tension U_{AC} aux bornes de l'électrolyseur est donnée par la relation :

$$U_{AC} = E + r \cdot I\ ;$$

donc : $\boldsymbol{I = \dfrac{U_{AC} - E}{r}}$.

Numériquement :

$I = \dfrac{(3{,}8 - 1{,}2)}{7{,}2} = \mathbf{0{,}36\ A}$.

b) la puissance électrique reçue est :

$$\boldsymbol{P_e = U_{AC} \cdot I}.$$

Numériquement :
$P_e = 3{,}8 \times 0{,}36 = \mathbf{1{,}4\ W}$.

c) La puissance convertie sous forme chimique est : $\boldsymbol{P_{ch} = E \cdot I}$.

Numériquement :
$P_{ch} = 1{,}2 \times 0{,}36 = \mathbf{0{,}43\ W}$.

d) La puissance Joule dissipée est :
$\boldsymbol{P_J = r \cdot I^2 = P_e - P_{ch} = 0{,}97\ W}$.

3° a) L'énergie électrique consommée est : $\boldsymbol{W_e = P_e \cdot \Delta t}$,
avec $\Delta t = 45$ min $= 45 \times 60 = 2\,700$ s.
Numériquement :
$W_e = 1{,}4 \times 2{,}7 \times 10^3 = \mathbf{3{,}8\ kJ}$.
b) L'énergie convertie sous forme chimique est : $\boldsymbol{W_{ch} = P_{ch} \cdot \Delta t}$.
Numériquement :
$W_{ch} = 0{,}43 \times 2{,}7 \times 10^3 = \mathbf{1{,}2\ kJ}$.
c) L'énergie dissipée sous forme thermique est : $\boldsymbol{W_J = P_J \cdot \Delta t}$.
Numériquement :
$W_J = 0{,}97 \times 2{,}7 \times 10^3 = \mathbf{2{,}6\ kJ}$.

Exercice 5 : conseils à retenir
- Pour la question 1° : les flèches correspondant à I et U_{AC} sont de sens contraire.
- Pour la question 2° : la conservation de l'énergie implique que : $P_e = P_{ch} + P_J$.
- Pour la question 3° : il faut penser à convertir les minutes en secondes.

6 **1° a)**

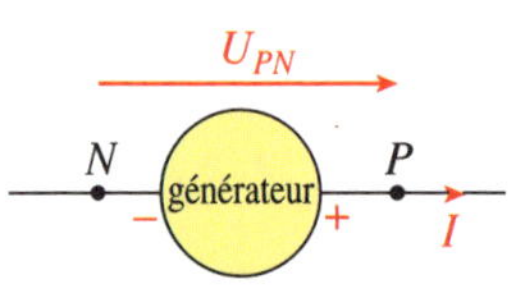

b) La tension U_{PN} est donnée en fonction de l'intensité I par la relation :
$$\boldsymbol{U_{PN} = E - r \cdot I.}$$
Numériquement :
$U_{PN} = 9{,}2 - 1{,}20 \times 0{,}280 = \mathbf{8{,}86\ V}$.
2° a) L'énergie électrique transférée au circuit extérieur est :
$$\boldsymbol{W_e = U_{PN} \cdot I \cdot \Delta t},$$
avec $\Delta t = 5 \times 60 = 300$ s.
Numériquement :
$W_e = 8{,}86 \times 0{,}280 \times 300 = \mathbf{744\ J}$.
b) L'énergie dissipée sous forme thermique est : $\boldsymbol{W_J = r \cdot I^2 \cdot \Delta t}$.
Numériquement :
$W_J = 1{,}20 \times 0{,}280^2 \times 300 = \mathbf{28{,}2\ J}$.
c) L'énergie chimique convertie en énergie électrique est : $\boldsymbol{W_{ch} = E \cdot I \cdot \Delta t}$.
Numériquement :
$W_{ch} = 9{,}20 \times 0{,}280 \times 300 = \mathbf{773\ J}$.

3° Le rendement de ce générateur est défini par : $\eta = \dfrac{W_u}{W_{ch}}$.
L'énergie utile est l'énergie électrique disponible aux bornes P et N : $W_u = W_e$;
donc, $\eta = \dfrac{W_e}{W_{ch}} = \dfrac{744}{773} = \mathbf{0{,}96}$.

Exercice 6 : conseils à retenir
- Pour la question 1° : pour un générateur, les flèches de I et de U_{PN} (P borne « + » et N borne « – ») sont de même sens.
- Pour la question 2° c) : bien vérifier la conservation de l'énergie :
$$W_{ch} = W_e + W_J.$$
- Pour la question 3° : le rendement énergétique est le rapport entre l'énergie utile récupérée (électrique pour un générateur, chimique pour un électrolyseur, mécanique pour un moteur) et l'énergie que l'on a fournie (chimique pour un générateur électrochimique, électrique pour un électrolyseur, électrique pour un moteur).

S'entraîner

7 **1°** La puissance électrique fournie à cette lampe est $\boldsymbol{P = 20\ W}$ lorsqu'elle est alimentée sous 12 V.
2° L'énergie électrique fournie est :
$$\boldsymbol{W = P \cdot \Delta t.}$$
Numériquement :
$W = 20 \times 12 \times 3\,600 = \mathbf{8{,}6 \times 10^5\ J}$.
En wattheure : $W = 20 \times 12 = 240$ Wh.
3° Cette énergie est cédée à l'environnement par transfert thermique (chaleur) **et rayonnement**.
4° L'intensité du courant continu qui traverse cette lampe est donnée par :
$$P = U \cdot I,$$
soit $\boldsymbol{I = \dfrac{P}{U}}$.
Numériquement : $I = \dfrac{20}{12} = \mathbf{1{,}7\ A}$.

8 **1°** • Le sigle ~ signifie que l'appareil fonctionne en **courant alternatif**.
• **230 V** est la **tension efficace nominale** de fonctionnement (secteur).

• **1,8 kW** est la **puissance nominale**, c'est-à-dire la puissance électrique consommée lorsque le convecteur est branché sous une tension efficace de 230 V.

2° Aux bornes d'un conducteur ohmique, la tension efficace est reliée à l'intensité efficace du courant par la loi d'Ohm : $U = R \cdot I$,

or $P = U \cdot I$,

donc : $P = \frac{U^2}{R}$, d'où : $\boldsymbol{R = \frac{U^2}{P}}$.

Numériquement : $R = \frac{230^2}{1\,800} = \mathbf{29\ \Omega}$.

La loi d'Ohm et la loi de Joule sont les mêmes en courant alternatif qu'en courant continu à condition de prendre les valeurs efficaces du courant et de la tension.

3° La valeur de l'intensité efficace du courant est : $\boldsymbol{I = \frac{U}{R}}$.

Numériquement : $I = \frac{230}{29} = \mathbf{7{,}9\ A}$.

4° L'énergie consommée en 3 mois (90 jours) est : $\boldsymbol{W = P \cdot \Delta t}$.

Numériquement :

$W = 1{,}8 \times 90 \times 10 = \mathbf{1{,}6 \times 10^3\ kWh}$.

Pour obtenir W en kWh, il faut exprimer P en kW et Δt en heure.

9 1° Dans un électrolyseur, l'énergie électrique fournie est convertie en énergie chimique (l'énergie utile) et en énergie dissipée sous forme thermique (perte par effet Joule) :

$$W_e = W_{ch} + W_J.$$

2° Exprimons W_{ch} :

$W_{ch} = E \cdot I \cdot \Delta t$, soit $\boldsymbol{E = \frac{W_{ch}}{(I \cdot \Delta t)}}$.

Numériquement :

$$E = \frac{20{,}8 \times 10^6}{200 \times 18{,}2 \times 3\,600} = \mathbf{1{,}59\ V}.$$

3° L'énergie dissipée sous forme thermique est : $\boldsymbol{W_J = r \cdot I^2 \cdot \Delta t}$.

Numériquement :

$W_J = 4{,}0 \times 10^{-3} \times 200^2 \times 18{,}2 \times 3\,600$
$= \mathbf{10{,}5\ MJ}$.

4° L'énergie électrique fournie est :

$$W_e = W_{ch} + W_J.$$

Numériquement :

$W_e = 20{,}8 + 10{,}5 = \mathbf{31{,}3\ MJ}$.

5° Le rendement de la cuve est :

$$\eta = \frac{W_u}{W_e} = \frac{W_{ch}}{W_e}.$$

Numériquement : $\eta = \frac{20{,}8}{31{,}3} = \mathbf{0{,}66}$.

L'énergie utile W_u est l'énergie chimique que l'électrolyseur fournit.

Le rendement η est un rapport de deux grandeurs de même nature : il suffit de les exprimer avec la même unité. η n'a pas d'unité.

10 1°

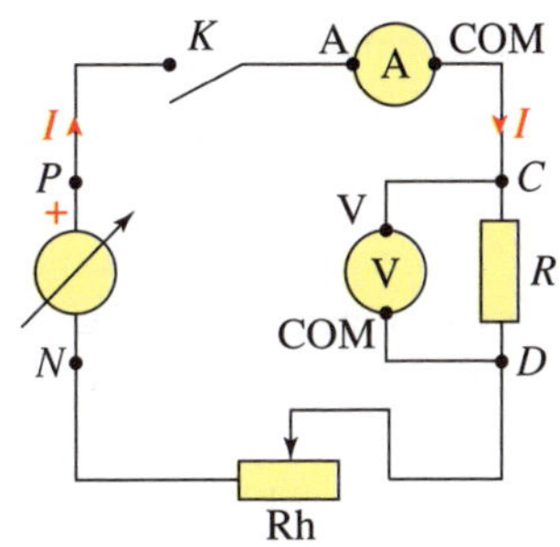

Le courant sort du générateur par sa borne (+).

Le courant entre dans l'ampèremètre par la borne A.

La borne V du voltmètre est branchée à la borne C, borne par où entre le courant dans le conducteur ohmique.

2° a) Caractéristique intensité-tension :

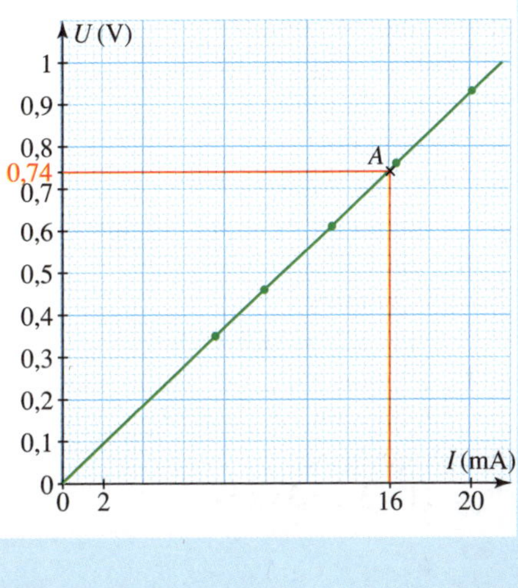

La caractéristique est une droite passant par l'origine.

b) Le coefficient directeur de cette droite est la valeur de la résistance, d'après la relation :

$U = R \cdot I \Leftrightarrow R = \frac{U}{I}$.

Pour déterminer ce coefficient directeur, on prend un point A quelconque sur cette droite.

$\boldsymbol{R} = \frac{0,74}{0,016} = \mathbf{46\ \Omega}$.

c) Calculons l'intensité maximale à ne pas dépasser.

La puissance maximale à ne pas dépasser est : $P_{max} = 0,25$ W.

Or : $P_{max} = R \cdot I^2_{max}$;

d'où : $\boldsymbol{I_{max} = \sqrt{\frac{P_{max}}{R}}}$.

Numériquement :

$\boldsymbol{I_{max}} = \sqrt{\frac{0,25}{46}} = 0,074$ A, soit **74 mA**.

11 **1° a)** Le moteur ne tourne pas : les forces électromagnétiques ne fournissent pas de travail. **La puissance mécanique est nulle.**

b) Dans cette situation, la f.é.m. du moteur est nulle. L'expression de la tension aux bornes du moteur est donc :

$U_{AB} = 0 + r \cdot I_0$; d'où : $\boldsymbol{r = \frac{U_{AB}}{I_0}}$.

Numériquement : $\boldsymbol{r} = \frac{18}{8,4} = \mathbf{2,1\ \Omega}$.

Si la puissance mécanique est nulle, $E \cdot I = 0$ implique $E = 0$, car $I \neq 0$.

2° a) On a maintenant :

$$U_{AB} = E + r \cdot I\ ;$$

d'où : $\boldsymbol{E = U_{AB} - r \cdot I}$.

Numériquement :

$\boldsymbol{E} = 18 - 2,1 \times 3,2 = \mathbf{11\ V}$.

b) La puissance P_J du transfert par effet Joule est : $\boldsymbol{P_J = r \cdot I^2}$.

Numériquement :

$\boldsymbol{P_J} = 2,1 \times 3,2^2 = \mathbf{21,5\ W}$.

c) La puissance P_m des forces électromagnétiques est : $\boldsymbol{P_m = E \cdot I}$.

Numériquement :

$\boldsymbol{P_m} = 11 \times 3,2 = \mathbf{35,2\ W}$.

d) La puissance électrique P_e reçue est :

$\boldsymbol{P_e = U_{AB} \cdot I}$.

Numériquement :

$\boldsymbol{P_e} = 18 \times 3,2 = \mathbf{57,6\ W}$.

On vérifie que : $P_e = P_J + P_m$ (aux approximations réalisées près).

Pour aller plus loin

12 **1° a)** La puissance électrique P_e reçue par le moteur est $\boldsymbol{P_e = U_{CD} \cdot I}$.

Calculons I à partir de la relation :

$U_{CD} = E + r \cdot I$; d'où $I = \frac{(U_{CD} - E)}{r}$.

Numériquement :

$I = \frac{(16 - 7,20)}{11,0} = 0,800$ A.

On en déduit :

$\boldsymbol{P_e} = 16,0 \times 0,800 = \mathbf{12,8\ W}$.

b) La puissance mécanique P_m des forces électromagnétiques est : $\boldsymbol{P_m = E \cdot I}$.

Numériquement :

$\boldsymbol{P_m} = 7,20 \times 0,800 = \mathbf{5,76\ W}$.

c) La puissance P_J dissipée par effet Joule est : $\boldsymbol{P_J = r \cdot I^2}$.

Numériquement :

$\boldsymbol{P_J} = 11 \times 0,8^2 = \mathbf{7,04\ W}$.

Cette puissance est aussi égale à $P_e - P_m$.

2° Calculons les quantités des différentes énergies mises en jeu pendant la durée $\Delta t = 2$ h 45 min = 2,75 h :

$\boldsymbol{W_e} = P_e \cdot \Delta t = 12,8 \times 2,75 = \mathbf{35,2\ Wh}$;

$\boldsymbol{W_m} = P_m \cdot \Delta t = 5,76 \times 2,75 = \mathbf{15,8\ Wh}$;

$\boldsymbol{W_J} = P_J \cdot \Delta t = 7,04 \times 2,75 = \mathbf{19,4\ Wh}$.

On vérifie, conformément au principe de la conservation de l'énergie, que :

$$W_e = W_m + W_J.$$

3° a) Le rendement de ce moteur est défini par : $\eta = \frac{P_u}{P_e}$, car c'est la puissance utile que l'on transmet à l'alternateur.

b) La conservation de l'énergie donne :

$P_e = P_m + P_J = P_u + P_{int} + P_J$;

donc $P_{int} = P_e - P_u - P_J$;

or $P_u = \eta \cdot P_e$; ainsi

$\boldsymbol{P_{int}} = P_e - \eta \cdot P_e - P_J$

$= \boldsymbol{P_e(1 - \eta) - P_J}$.

Numériquement :

$\boldsymbol{P_{int}} = 12,8 \times (1 - 0,18) - 7,04 = \mathbf{3,46\ W}$.

13 1° a) D'après le principe de conservation de l'énergie :

$$P_m = P_e + P_J,$$

avec P_m la puissance mécanique fournie à la dynamo, P_e la puissance électrique fournie au circuit extérieur et P_J la puissance perdue par effet Joule.

b) La puissance électrique fournie au circuit extérieur est donnée par la relation : $P_e = U_{PN} \cdot I$.

Numériquement :

$P_e = 11,8 \times 5,2 = $ **61,4 W**.

La puissance mécanique est donnée par :

$P_m = P_e + P_J$.

Numériquement :

$P_m = 61,4 + 6,80 = $ **68,2 W**.

2° • La puissance mécanique fournie à ce générateur s'écrit : $P_m = E \cdot I$.

D'où : $E = \dfrac{P_m}{I}$.

Numériquement : $E = \dfrac{68,2}{5,2} = $ **13,1 V**.

• Calculons la résistance de l'enroulement r.

$P_J = r \cdot I^2$, donc $r = \dfrac{P_J}{I^2}$.

Numériquement : $r = \dfrac{6,80}{5,2^2} = $ **0,25 Ω**.

3° On a Δt = 5 h 15 min = 5,25 h.

• L'énergie mécanique fournie à ce générateur pendant cette durée est :

$$W_m = P_m \cdot \Delta t.$$

Numériquement :

$W_m = 68,2 \times 5,25 = $ **358 Wh**.

• L'énergie électrique engendrée par ce générateur pendant cette durée est :

$$W_e = P_e \cdot \Delta t.$$

Numériquement :

$W_e = 61,4 \times 5,25 = $ **322 Wh**.

4° On peut définir le rendement par :

$$\eta = \frac{P_e}{P_m}.$$

Numériquement : $\eta = \dfrac{61,4}{68,2} = $ **0,90** soit 90 %.

14 1° Il faut utiliser un générateur, un rhéostat, un ampèremètre, un voltmètre et un électrolyseur.

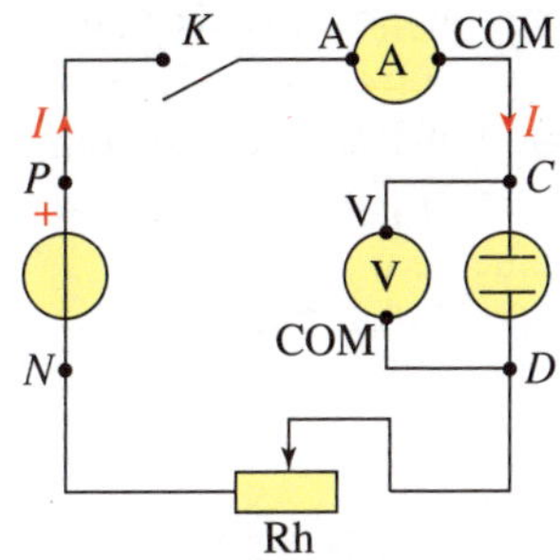

2°

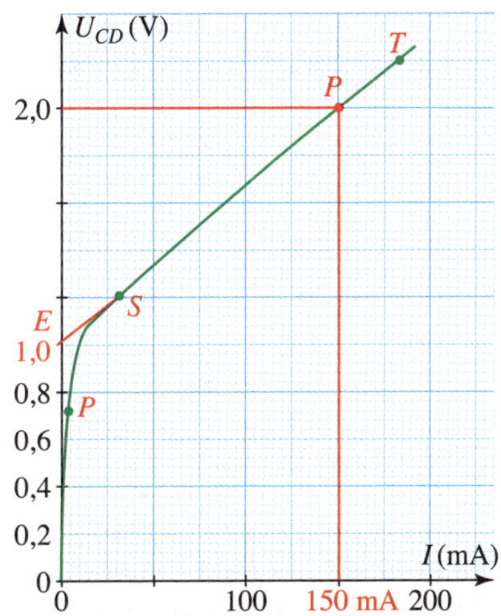

La caractéristique est linéaire entre les points S et T.

L'équation de cette droite est :

$$U_{PN} = E + r \cdot I.$$

Elle coupe l'axe des tensions pour $U(0) = $ **E = 1,0 V**.

Pour déterminer r, il suffit de prendre un point de fonctionnement, par exemple P (2,0 V ; 150 mA).

$$r = \frac{(U_{PN} - E)}{I} = \frac{(2,0 - 1,0)}{0,150} = \textbf{6,7 Ω}.$$

Il faut exprimer I en ampère : 150 mA = 0,150 A.

3° a) L'énergie électrique fournie au récepteur est : $W_e = U_{CD} \cdot I \cdot \Delta t$,

avec $U_{CD} = 2{,}0$ V, $I = 150$ mA
et $\Delta t = 30 \times 60 = 1\,800$ s.
Numériquement :
$\boldsymbol{W_e} = 2{,}0 \times 0{,}15 \times 1\,800 = \mathbf{540\ J}$.

b) L'énergie chimique engendrée est :
$\boldsymbol{W_{ch} = E \cdot I \cdot \Delta t} = 1{,}0 \times 0{,}15 \times 1\,800 = \mathbf{270\ J}$.

c) D'après le principe de conservation de l'énergie, on a : $W_e = W_{ch} + W_J$.
L'énergie Joule dissipée est donc :

$$\boldsymbol{W_J = W_e - W_{ch}}.$$

Numériquement :
$\boldsymbol{W_J} = 540 - 270 = \mathbf{270\ J}$.

On peut aussi calculer l'énergie Joule par :

$$W_J = r \cdot I^2 \cdot \Delta t.$$

L'interrogation écrite

15 **1° a)**

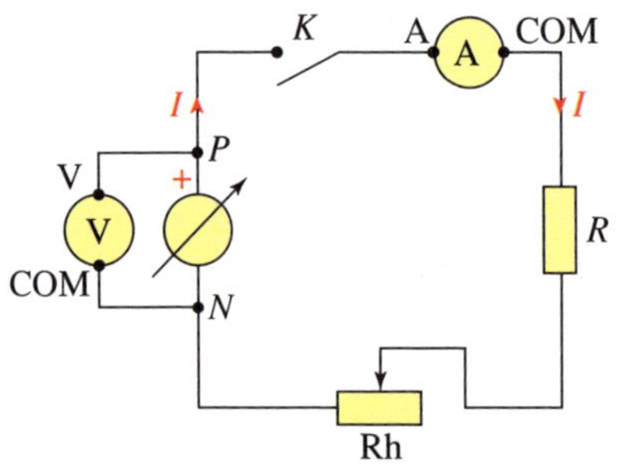

Le courant sort du générateur par sa borne +.
Le courant entre dans l'ampèremètre par la borne A.
La borne V du voltmètre est branchée à la borne *P*(+), la borne COM à la borne *N*(–).

b) **La résistance de protection permet de limiter l'intensité du courant** si, par inadvertance, la valeur de la résistance du rhéostat est ramenée à zéro.

2° a)

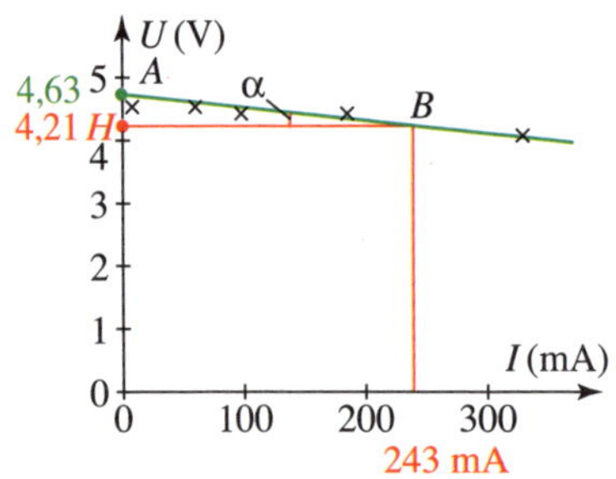

b) Aux bornes de la pile, on a :
$U_{PN} = E - r \cdot I$.

Pour $I = 0$, $U_{PN} = \boldsymbol{E} = \mathbf{4{,}63\ V}$.
r correspond à la valeur absolue de la pente de la caractéristique.
Cette pente peut être calculée à partir du triangle rectangle *AHB* :

$$\tan\alpha = \frac{AH}{HB} \Leftrightarrow \boldsymbol{r} = \frac{4{,}63 - 4{,}21}{0{,}243} = \mathbf{1{,}7\ \Omega}.$$

3° On a $U_{PN} = 4{,}21$ V ; $I = 0{,}243$ A.

a) La puissance électrique fournie au circuit extérieur est : $\boldsymbol{P_e = U_{PN} \cdot I}$.
Numériquement :
$\boldsymbol{P_e} = 4{,}21 \times 0{,}243 = \mathbf{1{,}02\ W}$.

b) La puissance chimique transformée en puissance électrique est : $\boldsymbol{P_{ch} = E \cdot I}$.
Numériquement :
$\boldsymbol{P_{ch}} = 4{,}63 \times 0{,}243 = \mathbf{1{,}13\ W}$.

c) La puissance Joule dissipée est :
$\boldsymbol{P_J = P_{ch} - P_e}$.
Numériquement :
$\boldsymbol{P_J} = 1{,}13 - 1{,}02 = \mathbf{0{,}11\ W}$.

On peut aussi calculer l'énergie Joule par :

$$P_J = r \cdot I^2.$$

4° a) Le rhéostat a une résistance comprise entre 0 Ω et 100 Ω.
Lorsque le rhéostat a une résistance 0 Ω, l'intensité du courant est égale à :

$$\frac{E}{R + r} = \frac{4{,}63}{13{,}7} = 0{,}34 \text{ A} = 340 \text{ mA}.$$

Lorsque le rhéostat a sa résistance maximale 100 Ω, l'intensité du courant est égale à :

$$\frac{E}{R_h + R + r} = \frac{4{,}63}{113{,}7} = 0{,}041 = 4 \text{ mA}.$$

L'intensité du courant dans le circuit est comprise entre 4 mA et 340 mA.

b) L'intensité maximale du courant qui peut circuler dans la résistance de protection *R* est :

$$I_{max} = \sqrt{\frac{P}{R}} = \sqrt{\frac{2}{12}} = 0{,}41 \text{ A} = 410 \text{ mA}.$$

La résistance de protection dans laquelle il passe un courant d'intensité inférieure à 340 mA **va** donc **résister**.
Le rhéostat fonctionnera aussi dans les conditions de sécurité, puisque l'intensité maximale (2 A) du courant qui peut le parcourir est nettement supérieure à 340 mA.

CLASSIFICATION PÉRIODIQUE DES ÉLÉMENTS

légende

masse molaire atomique en g.mol^{-1} (1)

numéro atomique → 4 9,0 Be Béryllium ← symbole (2)

nom

notes : (1) basé sur le ^{12}C
(2) état physique du corps pur simple à 25C et 1,013 bar :
noir = solide (sauf Br et Hg : liquide) ; vert = gaz ; bleu = préparé par synthèse

période																		
I	1 1,0 H Hydrogène																	2 4,0 He Hélium
II	3 6,9 Li Lithium	4 9,0 Be Béryllium											5 10,8 B Bore	6 12,0 C Carbone	7 14,0 N Azote	8 16,0 O Oxygène	9 19,0 F Fluor	10 20,2 Ne Néon
III	11 23,0 Na Sodium	12 24,3 Mg Magnésium											13 27,0 Al Aluminium	14 28,1 Si Silcium	15 31,0 P Phosphore	16 32,1 S Soufre	17 35,5 Cl Chlore	18 39,9 Ar Argon
IV	19 39,1 K Potassium	20 40,1 Ca Calcium	21 45,0 Sc Scandium	22 47,9 Ti Titane	23 50,9 V Vanadium	24 52,0 Cr Chrome	25 54,9 Mn Manganèse	26 55,8 Fe Fer	27 58,9 Co Cobalt	28 58,7 Ni Nickel	29 63,5 Cu Cuivre	30 65,4 Zn Zinc	31 69,7 Ga Gallium	32 72,6 Ge Germanium	33 74,9 As Arsenic	34 79,0 Se Sélénium	35 79,9 Br Brome	36 83,8 Kr Krypton
V	37 85,5 Rb Rubidium	38 87,6 Sr Strontium	39 88,9 Y Yttrium	40 91,2 Zr Zirconium	41 92,9 Nb Niobium	42 95,9 Mo Molybdène	43 99 Tc Technétium	44 101,1 Ru Ruthénium	45 102,9 Rh Rhodium	46 106,4 Pd Palladium	47 107,9 Ag Argent	48 112,4 Cd Cadmium	49 114,8 In Indium	50 118,7 Sn Étain	51 121,8 Sb Antimoine	52 127,6 Te Tellure	53 126,9 I Iode	54 131,3 Xe Xénon
VI	55 132,9 Cs Césium	56 137,3 Ba Baryum	57 138,9 La Lanthane	72 178,5 Hf Hafnium	73 180,9 Ta Tantale	74 183,9 W Tungstène	75 186,2 Re Rhénium	76 190,2 Os Osmium	77 192,2 Ir Iridium	78 195,1 Pt Platine	79 197,0 Au Or	80 200,6 Hg Mercure	81 204,4 Tl Thallium	82 207,2 Pb Plomb	83 209,0 Bi Bismuth	84 210 Po Polonium	85 210 At Astate	86 222 Rn Radon
VII	87 223 Fr Francium	88 226 Ra Radium	89 227 Ac Actinium															

VI	58 140,1 Ce Cérium	59 140,9 Pr Praséodyme	60 144,2 Nd Néodyme	61 145 Pm Prométhium	62 150,4 Sm Samarium	63 152,0 Eu Europium	64 157,3 Gd Gadolinium	65 158,9 Tb Terbium	66 162,5 Dy Dysprosium	67 164,9 Ho Holmium	68 167,3 Er Erbium	69 168,9 Tm Thulium	70 173,0 Yb Ytterbium	71 175,0 Lu Lutétium
VII	90 232,0 Th Thorium	91 231,0 Pa Protactinium	92 238,0 U Uranium	93 237,0 Np Neptunium	94 242 Pu Plutonium	95 243 Am Américium	96 247 Cm Curium	97 247 Bk Berkélium	98 251 Cf Californium	99 254 Es Einsteinium	100 253 Fm Fermium	101 256 Md Mendélévium	102 254 No Nobélium	103 257 Lr Lawrencium

Achevé d'imprimer en Slovaquie par Polygraf
Dépôt légal: janvier 2017 - Collection n° 21 - Édition 03
88/6675/5